AS PALAVRAS DE FREUD

PAULO CÉSAR DE SOUZA

As palavras de Freud

O vocabulário freudiano e suas versões

2ª edição

COMPANHIA DAS LETRAS

Grafia atualizada segundo o Acordo Ortográfico da Língua Portuguesa de 1990, que entrou em vigor no Brasil em 2009.

Capa
warrakloureiro

Preparação
Célia Euvaldo

Revisão
Huendel Viana
Márcia Moura
Adriana Bairrada

Dados Internacionais de Catalogação na Publicação (CIP)
(Câmara Brasileira do Livro, SP, Brasil)

Souza, Paulo César de
As palavras de Freud : O vocabulário freudiano e suas versões / Paulo César de Souza — 2ª ed. — São Paulo : Companhia das Letras, 2025.

ISBN 978-85-359-4094-7

1. Freud, Sigmund, 1856-1939 2. Psicanálise — Linguagem 3. Psicanálise — Traduções 4. Tradução e interpretação I. Título.

25-250388 CDD-150.1952

Índice para catálogo sistemático:
1. Psicanálise freudiana : Psicologia 150.1952

Cibele Maria Dias - Bibliotecária - CRB-8/9427

EDITORA SCHWARCZ S.A.
Rua Bandeira Paulista, 702, cj. 32
04532-002 — São Paulo — SP
Telefone: (11) 3707-3500
www.companhiadasletras.com.br
www.blogdacompanhia.com.br
facebook.com/companhiadasletras
instagram.com/companhiadasletras
x.com/cialetras

Para MAA
tanto tempo depois
(*mas sempre...*)

Sumário

Prefácio à nova edição

Ao escrever este livro, a intenção do autor foi preparar o terreno para uma nova tradução das obras de Freud em português, feita diretamente do alemão. E afinal surge essa tradução: seus primeiros volumes estão sendo publicados simultaneamente a esta nova edição de *As palavras de Freud*, também pela Companhia das Letras.

Portanto, este livro representa um acompanhamento teórico da tradução de Freud; e isso num sentido muito concreto, pois os textos freudianos nele utilizados foram traduzidos durante a sua redação, na primeira metade dos anos 1990 — e agora se encontram em dois dos primeiros volumes lançados, aqueles que incluem as obras surgidas entre 1914 e 1920.

O que aqui se oferece ao leitor não é um glossário comentado dos termos de Freud, com claros equivalentes em português. Pretendeu-se, isto sim, investigar a origem das diferentes versões desses vocábulos e a razão por que suscitaram discussões entusiasmadas. As questões envolvidas nesse debate não foram "solucionadas", mas sim problematizadas de outro ponto de vista, recorrendo-se a escritores (como Machado de Assis), filósofos (como Nietzsche) e linguistas (como Saussure). Constatou-se uma tendência, entre muitos discípulos do "pai da psicanálise", de erguer certos vocábulos à condição de termos técnicos e separá-los do restante da língua, que não recebe a mesma atenção.

Aqueles que têm a mão na massa, que trabalham realmente com a tradução e não apenas teorizam sobre ela, sabem da natureza camaleônica de muitos termos alemães, de como se modificam e adquirem nuances de sentido segundo o contexto. Ora, a dificuldade em traduzir todos eles, tanto os termos considerados técnicos como os outros, tem a mesma procedência, que é analisada no capítulo sobre a versão de *Trieb*: o fato de raramente existir correspondência exata entre os conteúdos de duas línguas, de os significados dos seus vocábulos não se superporem, como enfatizou o linguista Eugenio Coseriu.

Com uma ou outra exceção, Freud não se preocupa em definir ostensivamente seus termos, como fazem alguns teóricos e autores de vocabulários psicanalíticos. Lendo sua prosa, vê-se que os sentidos emergem naturalmente dos contextos. No fundo, a controvérsia relativa à tradução de seus textos decorre não apenas da natureza complexa e esquiva tanto do objeto de estudo como dos procedimentos da psicanálise, mas também do forte elemento ensaístico (de ensaio, tentativa) e literário da obra de Freud. Lembremos que jamais houve debates em torno da tradução das obras de Darwin, por exemplo.

Nesta nova edição foi acrescentado, em apêndice, um pequeno capítulo sobre o termo *Versagung* ("frustração"), que fora deixado de lado na primeira edição, e foram feitas algumas mudanças no texto; sobretudo, foram corrigidos uns poucos erros factuais e de... tradução. Nesse segundo caso, devo agradecer a ajuda de Christoph Fikenscher, que, conhecendo alemão e português e lendo com atenção o texto, flagrou alguns cochilos do autor-tradutor. Naturalmente, os erros que porventura ainda restem são de minha responsabilidade.

Em tempo: a primeira edição deste livro foi publicada pela editora Ática, de São Paulo, em 1998. No volume se acha, erroneamente, o ano de 1999; isso porque estava programado para 1999, mas foi adiantado para 1998 — o que não foi corrigido na página de créditos.

PCS
2009

Prefácio

Este livro foi originalmente uma tese de doutorado em Língua e Literatura Alemã, feita sob a orientação do professor Willi Bolle e apresentada à Faculdade de Filosofia, Letras e Ciências Humanas da USP em novembro de 1996. O texto é aqui publicado com algumas alterações — em geral, acréscimos. Os agradecimentos às pessoas e instituições que ajudaram na realização do trabalho estão no final do volume.

As teses acadêmicas são precedidas obrigatoriamente de uma sinopse, que dá ao leitor uma ideia geral do que virá. Parece-me útil, então, reproduzir o texto curto e sóbrio dessa sinopse:

"Esta tese representa um esforço de revisão filológica da tradução de alguns termos centrais de Freud. São objeto dessa revisão os vocábulos 'técnicos' em torno dos quais tem havido controvérsia na psicanálise: *Ich*, *Es*, *Besetzung*, *Verdrängung*, *Vorstellung*, *Angst*, *Nachträglichkeit*, *Verneinung*, *Verwerfung*, *Zwang* e *Trieb*. Isso é feito a partir de uma análise das traduções francesa e inglesa das obras de Freud, tendo por principal referência os textos da *História de uma neurose infantil* (1914) e dos ensaios metapsicológicos (1915).

A tese se divide em quatro partes. A primeira consiste numa exposição dos traços distintivos da prosa e do vocabulário de Freud, exposição que envolve um debate com os autores que já se manifestaram sobre o tema. Na segunda é abordada a *Standard* e os cinco primeiros termos referidos, cuja versão problemática é ligada sobretudo a essa edição. Na terceira passa-se à nova tradução francesa (*Œuvres complètes*) e aos cinco termos nela problematizados. Uma discussão das traduções divergentes para *Trieb* — *instinct*, em inglês, e *pulsion*, em francês — fecha a terceira parte.

Na parte conclusiva, uma interpretação das epígrafes do trabalho pretende resumir a postura do autor e esboçar os requisitos para uma nova tradução de Freud."

PCS

*I pray thee understand a plain man in his plain meaning.**
Shakespeare

Deutlichkeit ist die richtige Verteilung von Licht und Schatten.
J. H. Hamann

[...] *tordant les mots pour les besoins de l'ineffable.*
Proust

* As epígrafes são traduzidas e comentadas na conclusão do livro.

Chave para a pronúncia dos termos alemães:

ä ou *ae*: como *é* em português

äu ou *aeu*: como *ói* em português

c: sempre como *k*

ch: como o *j* gutural em espanhol

ei: como *ai* em português

eu: como *ói* em português

g: como o *g* antes de *a*, *o* e *u* em português

h: sempre aspirado antes de vogal

ie: como o *i* longo

j: como o *i* breve

ö ou *oe*: como *oe* em francês

s: como *z*, diante de vogal

sch: como *ch* em português

st: em geral, como *cht* em português

ü ou *ue*: como *u* em francês

v: como *f* em português

w: como *v* em português

z: como *ts*

Introdução

Este livro se ocupa dos problemas da tradução das obras de Sigmund Freud, em especial do seu vocabulário, a partir de uma análise da edição *Standard* inglesa e da nova edição francesa.[1] Naturalmente não será possível tomar todo o *corpus* freudiano para cotejo e discussão das traduções, devido à vastidão da obra, e também pelo fato de a edição francesa, iniciada em 1988, ainda estar em andamento. A solução foi tomar apenas um volume, o XIII das *Œuvres complètes*, o primeiro dessa coleção. O que motivou sua escolha foi a diversidade e a importância dos textos que reúne, redigidos em 1914 e 1915. Eles compreendem, entre outros, o mais célebre caso clínico (*História de uma neurose infantil*), os principais artigos teóricos (os chamados "ensaios metapsicológicos") e um exemplo de aplicação da psicanálise ao estudo de questões

[1] *Standard edition of the complete psychological works of Sigmund Freud*, 24 vols. Londres: Imago, 1955-74; traduzida sob a direção geral de James Strachey; *Œuvres complètes. Psychanalyse*. Paris: PUF, 6 vols. lançados até o momento [1996], sob a direção de Jean Laplanche.

sociais no sentido mais amplo ("Considerações atuais sobre a guerra e a morte"). Não havendo correspondência entre a divisão da *Standard* e a das *Œuvres complètes* (planejada para ter vinte volumes), esses textos se encontram nos volumes XIV e XVII da primeira. A edição original utilizada será *Gesammelte Werke* ("Obras reunidas"), a mais completa atualmente disponível.[2]

A tradução de Freud tem sido objeto de um intenso debate nos últimos anos. A versão inglesa, antes considerada paradigmática, foi questionada a ponto de se cogitar uma nova tradução. Na França, onde até então houvera apenas edições avulsas, os primeiros volumes da edição completa provocaram polêmicas que não se limitaram às revistas especializadas. Esses debates fornecem rico material para um exame crítico. No entanto, com frequência se reduzem a atritos entre orientações teóricas diversas, carecendo de maior rigor filológico. A originalidade deste trabalho talvez consista em recorrer a pontos de vista ignorados pelos psicanalistas, por ser obra de um germanista, de alguém que se aproximou de Freud por meio da língua e da literatura. A partir do cotejo dessas duas traduções com o original e da comparação entre as duas, pretendo discutir as versões de alguns termos básicos da teoria freudiana, termos como *Angst*, *Besetzung*, *Ich*, *Es*, *Nachträglichkeit*, *Trieb*, *Verdrängung*, *Vorstellung*, *Zwang* — que correspondem, nas versões inglesa e francesa, a *anxiety/ angoisse*, *cathexis/ investissement*, *ego/ moi*, *id/ ça*, *deferred action/ après-coup*, *instinct/ pulsion*, *repression/ refoulement*, *idea/ représentation*, *obsession/ contrainte*. Será preciso verificar como os tradutores estrangeiros chegaram a essas opções, e até que ponto elas "equivalem" semanticamente aos originais.

[2] Publicada em Londres: Imago, 17 vols., 1948-52; anos depois, a editora Fischer, de Frankfurt, assumiu essa coleção e lhe acrescentou um grosso volume de textos breves que haviam ficado de fora, o *Nachtragsband* [Volume suplementar]. Os textos selecionados estão nos volumes XII e XIV.

Um desvendamento das posturas que determinaram as escolhas terminológicas pode contribuir para uma maior consciência e maior rigor, quando se vier a cuidar de uma nova edição brasileira de Freud. Portanto, o objetivo maior deste livro é ajudar a preparar o terreno para um novo Freud em português. Se não nos preocupamos em mostrar as deficiências da edição atualmente disponível, a da Imago, isso ocorre por dois motivos. Primeiro, essa crítica já foi realizada a contento, e hoje em dia todos sabem quão precário é nosso Freud.[3] Segundo, e principal, este livro busca se defrontar, dialogar, com traduções realizadas a partir do original alemão. É curioso — e lamentável — constatar que o Brasil é provavelmente o único país onde as obras completas de Freud foram traduzidas duas vezes, mas nunca do original: a primeira, nos anos 1940 (Delta Editora), do espanhol e do francês;[4] a segunda, na década de 1970 (Imago), do inglês.

No Brasil, a leitura de alguns pensadores alemães tem se dado por via indireta, pela mediação de comentadores e tradutores estrangeiros — em geral franceses, atualmente. É certo que nos últimos anos tem aumentado o contato direto com os textos originais, mas ainda vigoram as intermediações de Paris, Nova York, Buenos Aires etc.

No caso da psicanálise, esse fenômeno se manifesta bem claramente na terminologia em voga. Ela resultou de leituras de versões

[3] Cf. Paulo César de Souza, "Nosso Freud", *Folha de S.Paulo*, 17 de março de 1985, e Marilene Carone, "Freud em português: uma tradução selvagem", ibidem, 21 de abril de 1985; essas e outras críticas dos mesmos autores foram incluídas na coletânea *Sigmund Freud & o gabinete do dr. Lacan*, organização de P. C. Souza. São Paulo: Brasiliense, 2ª ed., 1990.

[4] O principal tradutor dessa edição, Elias Davidovitch, confirmou, muitos anos depois, a impressão dos leitores atentos: "Não traduzi do alemão, mas do francês, um pouco do espanhol, algo do inglês" (depoimento a Sieni Campos, em *Ao pé da letra*, Caderno do Sindicato Nacional de Tradutores, v. I, n. 1, agosto de 1992, p. 6).

estrangeiras de Freud, condicionadas pela época e pelo lugar. Se o português é o único idioma neolatino que usa *ego*, *id* e *superego*, isto se deveu à hegemonia da *Standard* entre nós (quanto a *id*, especificamente, veremos que sua escolha foi decisão de apenas um indivíduo, Ernest Jones, no ano de 1924). Se "pulsão" veio a se tornar corrente, isso se deveu à reação francesa à versão britânica para *Trieb*. Uma nova tradução integral, feita do alemão, representaria um confronto imediato com a obra de Freud. A inexistência de uma tal edição contribui para que os interessados leiam o que os intérpretes dizem que Freud queria dizer. O modismo das teorias é ajudado pelo comodismo de procurar compêndios e manuais. Concentramo-nos principalmente nas edições de Strachey e Laplanche por serem, aquela, a mais influente, e esta, a mais ambiciosa. Também recorreremos às traduções para o espanhol e o italiano, mas não discutiremos os projetos dessas edições.

O trabalho se divide em duas partes principais, precedidas de um capítulo sobre o estilo e a terminologia de Freud. Esse capítulo, que originalmente pretendia ser apenas introdutório, adquiriu tonalidades polêmicas, na medida em que procuramos não só resumir, mas também avaliar as contribuições dos autores que nos precederam nesse estudo.

Na primeira parte se abordará a *Standard*, começando por um apanhado histórico de sua influência e de suas origens. Passaremos então a examinar seu vocabulário — ou, mais precisamente, os seus termos mais controversos. A tendência a usar palavras gregas e latinas, patenteada na introdução de *ego* e *id* para verter *Ich* e *Es*, foi o que mais chamou a atenção dos primeiros críticos. Ela se mostra igualmente na célebre *cathexis*, assim como em *repression*. Mas foi sem dúvida a utilização de *instinct* para verter *Trieb* que provocou a reação maior. Muitos viram aí uma "biologização" injustificável do conceito freudiano. Isso levou à introdução, pelos franceses, do neologismo *pulsion*, que aos poucos foi adotado também nas outras línguas latinas em que se traduziu (ou retraduziu) a obra de Freud. É significativo o fato de "pulsão" ter surgido e vindo a predominar na psicanálise francesa, sob a égide de Jacques Lacan. Por um lado, isso demonstra a interdependência das críticas às duas edições, a dificuldade de tratá-las autonomamente. Por outro lado, a adoção de *instinct* na tradução de Strachey e de *pulsion* na de Laplanche é, em si, emblemática da orientação de cada uma, e do respectivo ambiente cultural em que foram produzidas. Daí nos parecer mais pertinente relegar a discussão de *Trieb* para depois da abordagem da edição francesa, culminando com ela a análise das duas edições.

Abordando as *Œuvres complètes*, na segunda metade do trabalho, começarei por historiar brevemente os fatores que por tanto tempo adiaram a sua publicação. Já na década de 1960 ela era cogitada e disputada por correntes teóricas diversas. Quando finalmente apareceu, vinte anos depois, veio acompanhada de um volume contendo a "doutrina da tradução". Esse volume, que representa um marco na história das traduções de Freud, merecerá uma discussão particular, na qual se examinará primeiro a versão proposta para *Seele*, *âme* (em contraposição a *mind*, na versão inglesa). A orientação intransigentemente literal da equipe de Laplanche se evidencia também nos termos que passarão em seguida pelo nosso escrutínio: *angoisse*, *après-coup*, (*dé*)*négation*, *contrainte*.

Estes são os principais vocábulos de que nos ocuparemos. Eles têm em comum o fato de não serem "ponto pacífico", mas pomo de discórdia entre estudiosos e praticantes da psicanálise, em suas respectivas línguas, e de serem, na língua original, termos ambíguos ou de grande riqueza de significados e ressonâncias. No conjunto, talvez se possa dizer que constituem o núcleo da percepção psicanalítica freudiana.

I. Estilo e terminologia de Freud

Em 1930 sucederam dois fatos decisivos para a reputação literária de Freud: ele recebeu o Prêmio Goethe da cidade de Frankfurt e foi objeto de estudo de um renomado crítico suíço, Walter Muschg, num ensaio intitulado, de maneira simples e pertinente, "Freud como escritor".[1]

Sua qualidade de mestre da prosa alemã já fora reconhecida por vários de seus contemporâneos. Mas a conquista do prêmio que levava o nome do mais reverenciado autor alemão causaria uma impressão maior que qualquer testemunho. Ao mesmo tempo, confirmando talvez, mais uma vez, o dito de que "a fama é a soma dos mal-entendidos em torno de um nome", despertaria interpretações variadas e até mesmo opostas. Pois alguns viram nela o indício de que os méritos de Freud — como os métodos mesmos

[1] Muschg, "Freud als Schriftsteller", em *Die Zerstörung der deutschen Literatur*. Berna: Francke, 3ª ed., 1958, pp. 303-47. Sobre a concessão do Prêmio Goethe, cf. Ernest Jones, *Sigmund Freud: life and work*, v. III. Londres: Hogarth Press, 1974 [1957], p. 161; e Peter Gay, *Freud: a life for our time*. Nova York: Norton, 1988, pp. 571-2.

— eram sobretudo ou exclusivamente literários, mascarando veleidades científicas; enquanto outros chegaram a negar resolutamente que o Prêmio Goethe fosse literário.[2]

O próprio Freud se regozijou com o prêmio (não deixava de ser um consolo pelo fato de se ver preterido para o Nobel),[3] e em nenhum momento parece ter se equivocado quanto à sua natureza, como se depreende do texto que redigiu para a cerimônia de entrega, na casa natal de Goethe, em Frankfurt, no qual discerne prenúncios de concepções básicas da psicanálise na obra do grande "artista e pesquisador".[4] Conhecendo intimamente a obra de Goethe — o autor que mais citava, juntamente com Shakespeare —, sabia como era impróprio distinguir o sábio do poeta, o cientista do escritor. Toda a vida ele desconfiou da ênfase nas qualidades do seu estilo, enxergando nela uma possível "resistência", um tácito desdém ao teor do que dizia. Mas isso não significava ingenuidade ou ignorância dos próprios recursos. Pelo contrário, tinha plena consciência deles, e isso desde a juventude. Numa carta escrita aos dezessete anos, informando ao amigo Emil Fluss os resultados das provas de conclusão do secundário, revela que o professor de alemão elogiara seu estilo, e de modo brincalhão diz ao amigo que este pode estar se correspondendo, sem o saber, com um mestre da prosa alemã;

[2] "*Le prix Goethe, dont on parle beaucoup, n'est absolument pas un prix littéraire*", P. Cotet, intervenção nas *Cinquièmes assises de la traduction littéraire* (*Arles 1988*). Arles: Actes Sud, 1989, p. 80.

[3] Cf. *The diary of Sigmund Freud 1929-1939*, edição fac-similar, tradução, notas e introdução de Michael Molnar. Londres e Nova York: The Freud Museum/Macmillan, 1992, p. 8, anotação do dia 6 de novembro de 1930: *Im Nobelpreis endgiltig übergangen* — "Definitivamente ignorado para o Prêmio Nobel".

[4] GW XIV, 547-50; SE XXI, 208-12. As referências à *Standard edition* e aos *Gesammelte Werke* serão feitas deste modo: apenas as iniciais, seguidas do número do volume em algarismos romanos e do número da página em arábicos, após uma vírgula. Todas as citações são traduzidas por mim, do original alemão. A referência à *Standard* é feita por se tratar da edição mais difundida.

portanto, acrescenta, "guarde essas cartas com todo o cuidado; nunca se sabe".[5]

Se nos seus escritos é raro encontrarmos apreciações de sua própria escrita e do ato de escrever, isso se deve talvez à segurança de quem, sabendo-se rico, não vê necessidade de chamar a atenção para a própria riqueza. Ou poderíamos relacionar esse aparente descaso à evolução etimológica do adjetivo *bescheiden*, "modesto", que outrora significou "instruído, experimentado",[6] acepção que persiste no verbo de mesma grafia e nas expressões *Bescheid geben* ("comunicar") e *Bescheid wissen* ("saber, estar a par"). A *Bescheidenheit*, "modéstia", seria então inevitável para quem "sabe"...

Hoje em dia sabemos que ele teve Lessing como modelo. Esta revelação não se acha em nenhuma obra, mas no livro de memórias de um analisando.[7] Na *Psicopatologia da vida cotidiana* lemos a seguinte consideração sobre o estilo em geral: "Um modo de escrever claro e inequívoco nos mostra que o autor está em harmonia consigo mesmo, e onde vemos uma expressão forçada e tortuosa [...] podemos reconhecer a ação de um pensamento complicador, insuficientemente trabalhado, ou a voz abafada da autocrítica do autor".[8] Seria precipitado afirmar que o prosador Freud está sempre e a cada momento em harmonia consigo mesmo. Isto significaria

[5] Carta de 16 de junho de 1873, em *Briefe 1873-1939*. Frankfurt: Fischer, 1960, p. 6 (trata-se de uma seleção de cartas endereçadas a muitas pessoas, sobretudo a Martha Bernays, sua noiva e futura mulher).

[6] Cf. F. Kluge, *Etymologisches Wörterbuch der deutschen Sprache*. Berlim: De Gruyter, 20ª ed., 1967.

[7] Cf. Joseph Wortis, *Fragments of an analysis with Freud*. Nova York: Charter, 1963, p. 109. São características da prosa de Lessing a clareza e a vivacidade. Segundo Emil Staiger, ele possui um "estilo racional", em que as partes são nitidamente limitadas e harmoniosamente ligadas. O conjunto ressalta, sem esconder a interdependência das partes. "Isso leva ao estilo hipotático, no qual as conjunções lógicas têm papel significativo."

[8] GW IV, 122; SE VI, 101.

que todas as milhares de páginas que escreveu são igualmente claras e fluentes, quando sabemos que variam conforme o assunto tratado, o tipo de texto, a disposição ou estado de espírito em que foram produzidas etc. Assim, um relato clínico não exibe o grau de abstração requerido por um ensaio teórico, e uma síntese destinada ao público leigo difere essencialmente de um *paper* que proponha novos caminhos, apresentado a colegas de pesquisa. Algum trecho difícil e controverso, num dos trabalhos "metapsicológicos", por exemplo, poderia ser fruto de uma ideia insuficientemente pensada, expressa de maneira demasiado elíptica, canhestra, onde interfira a "voz abafada da autocrítica do autor".

A própria variedade e abundância da produção parece impedir uma generalização taxativa sobre o estilo de Freud. Um dos diretores da nova edição francesa de Freud, Pierre Cotet, elencou de modo admirável os diversos estilistas que estariam presentes em Freud. Segundo ele, há:

"— o filósofo e didata da metapsicologia;

"— o dialético da *Psicologia das massas*;

"— o conferencista real ou imaginário das *Conferências* e das *Novas conferências*;

"— o ensaísta da *Recordação de infância de Leonardo da Vinci*;

"— o orador das 'Considerações atuais sobre a guerra e a morte';

"— o debatedor que encontra, em *Totem e tabu* ou na *Análise de uma histeria*, o movimento mesmo de uma reunião pública;

"— o polemista da *Contribuição à história do movimento psicanalítico*;

"— o procurador que ajusta as contas com Jung, Adler ou Janet;

"— o panegirista de Charcot;

"— o biógrafo ou o exegeta de Moisés;

"— o memorialista de si mesmo (*Estudo autobiográfico*);

"— o prefaciador de ao menos quinze obras de confrades;

"— o linguista de 'O inquietante' ('Das Unheimliche');

"— o poeta das horas de graça concedidas pela natureza ('A transitoriedade'), pelo romance (*Gradiva*), pela comédia shakespeareana ('O tema da escolha do cofrinho');

"— o cronista de seus próprios sonhos ou de seus lapsos, inclinado à confidência ou à confissão;

"— o dialoguista que sabe fazer falar tanto o pequeno Hans como o interlocutor imparcial da 'Análise leiga';

"— o contador das 'Lembranças encobridoras';

"— o folhetinista da Viena burguesa, com suas ruas, suas moradias, seus pátios, suas escadas, suas alcovas;

"— o miniaturista do 'Bloco mágico';

"— o humorista que gosta de ditos espirituosos e analisa aqueles dos outros;

"— o mestre do aforismo, de todas as formas de imagens, comparações e metáforas, do paralelo, da citação que ele explora ou do exergo de que se apropria".[9]

Em suma, diz Cotet: *Si Freud a du style, il n'a pas un style, peut-être a-t-il même tous les styles* ("Se Freud tem estilo, ele não tem um estilo, talvez tenha mesmo todos os estilos"). Esta frase, sedutora como a lista que resume, peca não somente pela hipérbole, como pela imprecisão. Pois, tal como a listagem, mistura gêneros literários, estilos, perspectivas e modos de abordagem. Ela traz à lembrança a singela avaliação que Nietzsche fez de si mesmo como prosador, no fascinante "estudo autobiográfico" a que deu o título

[9] Cotet, op. cit., pp. 79-80; essa lista é reproduzida, com pequenas variações, em P. Cotet, A. Bourguignon, J. Laplanche e F. Robert, *Traduire Freud*. Paris: PUF, 1989, pp. 23-4 (Ed. bras.: *Traduzir Freud*, tradução de Cláudia Berliner. São Paulo: Martins Fontes, pp. 30-1).

de *Ecce homo.*[10] No caso de Freud, não é preciso recorrer a extremos para caracterizá-lo como escritor. É sem dúvida espantosa a sua gama de recursos, e a diversidade de seus escritos. Mas pode-se preferir enfatizar a unidade interna, aquilo que permite reconhecer como sendo do mesmo indivíduo tanto as primeiras como as últimas coisas que escreveu, as cartas do adolescente e os bilhetes do octogenário, e tanto os trabalhos mais simples como os mais complexos, as "Cinco lições de psicanálise" e o capítulo VII da *Interpretação dos sonhos.* Tudo o que ele produziu, em décadas de labor incessante, foi feito em obediência a uma profunda, inescapável necessidade de expressão. Uma lembrança da psicanalista e tradutora inglesa Joan Riviere, que foi analisada por Freud, é bem reveladora quanto a isso. Ela conta que, ao mencionar uma explicação que lhe ocorrera para algo, ele a exortou para que registrasse aquilo: "Escreva isso, coloque no papel; é a melhor maneira de lidar com isso"; e a recomendação se repetiu em outras ocasiões: "Bote para fora, faça algo com isso, dê-lhe uma existência independente da sua".[11]

A mais completa edição dos textos de Freud compreende 23 volumes de em média trezentas páginas. Ela não inclui os trabalhos de neurologia, que estão sendo publicados na Inglaterra e na Alemanha, em quatro volumes. Da enorme correspondência de Freud — que, segundo Gerhard Fichtner, pode ter chegado a 20 mil cartas —[12] apenas alguns volumes, em geral com as cartas enviadas

[10] F. Nietzsche, *Ecce homo: como alguém se torna o que é*, tradução, notas e posfácio de Paulo César de Souza. São Paulo: Companhia das Letras, 1995 [1985], cap. 3, "Por que escrevo tão bons livros", seção 4: "[...] considerando que a multiplicidade de estados interiores é em mim extraordinária, há em mim muitas possibilidades de estilo — a mais multifária arte do estilo de que um homem já dispôs".

[11] Joan Riviere, "A character trait of Freud's", em H. Ruitenbeek (org.), *Freud as we knew him*. Detroit: Wayne State University Press, 1973, p. 354.

[12] Gerhard Fichtner, "Freuds Briefe als historische Quelle", *Psyche*, v. 43, 1989, pp. 803-29. Esse artigo me foi gentilmente enviado pelo autor, que é professor apo-

e recebidas de um determinado amigo ou discípulo, chegaram a ser editados.[13] Tal como as obras, essas cartas eram escritas à noite, após um dia inteiro de atendimento clínico. Isso levou à crença de que ele escrevia com natural facilidade, rapidamente, sem necessidade de correções ou revisões. Reminiscências como a do antropólogo Abraham Kardiner, que também foi paciente de Freud, pareciam confirmar isso: "Tudo o que ele dizia estava praticamente pronto para ser impresso [...]. Freud falava como um livro. Seus manuscritos tinham o mesmo caráter: ele quase nunca riscava uma palavra".[14]

Essa afirmação, que também autores mais avisados subscreveram,[15] foi contestada pelas pesquisas recentes de Ilse Grubrich-Simitis. Frequentando o Arquivo Freud da Biblioteca do Congresso, em Washington, ela deparou com manuscritos que se acreditavam perdidos ou destruídos, e que constituem, em sua maior parte, versões preliminares de obras publicadas.[16] Verificou então que os textos de Freud eram produto de vários estágios de

---

sentado do Instituto de História da Medicina da Universidade de Tübingen, na Alemanha.

[13] São as correspondências com Abraham, Jung, Ferenczi, Lou Salomé, Jones, E. Silberstein, O. Pfister, L. Binswanger, G. Groddeck, E. Weiss, A. Zweig, S. Zweig e outros; elas foram precedidas por aquela seleção de cartas a muitos interlocutores diferentes: *Briefe 1873-1939*, op. cit.

[14] Kardiner, "Freud: the man I knew, the scientist, and his influence", em Benjamin Nelson (org.), *Freud and the 20th Century*. Londres: Allen & Unwin, 1958, pp. 46-58.

[15] Cf. Patrick Mahony, *Freud as a writer*. New Haven: Yale University Press, edição ampliada, 1987, pp. 2-6.

[16] Grubrich-Simitis, *Zurück zu Freuds Texten: stumme Dokumente sprechen machen*. Frankfurt: Fischer, 1993. Há tradução brasileira: *De volta aos textos de Freud: dando voz a documentos mudos*. Rio de Janeiro: Imago, 1995; para uma crítica dessa tradução, ver a resenha que publiquei no jornal *Folha de S.Paulo*, caderno Mais, 5 de novembro de 1995, incluída na coletânea *Freud, Nietzsche e outros alemães*. Rio de Janeiro: Imago, 1995.

elaboração. Primeiramente ele registrava ideias, hipóteses, dados e questões sugeridas pela prática com os pacientes, pela observação de si e dos que o cercavam, por leituras etc. Esse hábito representava um "permanente diálogo consigo"; eram páginas de um diário científico informal, apenas para uso próprio, de que se descartava quando não lhe pareciam mais úteis, ou que podia conservar por anos e décadas, enquanto persistissem como problemas ou fragmentos de descobertas.

O estágio seguinte era o rascunho ou versão provisória (*Entwurf*). O célebre "Projeto de uma psicologia científica", de 1894, é um rascunho ou esboço abandonado ("projeto" foi a tradução que os ingleses deram a *Entwurf*). Depois vinha o texto "limpo" (*Reinschrift*), pronto para ser enviado à tipografia. O trabalho no manuscrito final envolvia mais que simplesmente "passar a limpo" o anterior: significava revisão e elaboração, tanto conceitual como sintática. A diferença entre um e outro já se evidencia nos grandes riscos transversais que o autor fazia em cada parágrafo do rascunho, à medida que o transcrevia na versão final.

Portanto, Grubrich-Simitis mostra que a ideia tradicional de um autor prodigiosamente fértil e espontâneo, cujas obras já saíam irretocáveis de sua mente, não passa de um mito, fruto da idealização posterior de alguns discípulos. Naturalmente o grau de dificuldade varia conforme o tipo de texto, como dissemos acima — o que afinal é um truísmo, percebido por qualquer pessoa que escreve: um bilhete ou fax para um amigo, sobre um tema cotidiano qualquer, flui mais facilmente da pena (ou no teclado do computador) do que uma resenha de livro ou uma dissertação acadêmica. Devemos buscar aqui, então, traços que predominem no conjunto da produção de Freud, que permitam distinguir sua prosa como sua, diversa do estilo empregado pela maioria dos cientistas do seu tempo.[17]

[17] No que se segue são retomadas algumas observações de meu artigo "Freud como

Neste ponto o ensaio de Walter Muschg, infelizmente ainda inédito em português, nada perdeu em atualidade. Podemos partir de algumas de suas observações, comparando-as às de outros comentadores. Entre estes, vamos nos deter em alguns que tomaram o estilo de Freud como objeto de estudos específicos: o alemão Walter Schönau, o francês François Roustang e os americanos Robert Holt e Patrick Mahony. Por fim, a contribuição de Uwe Pörksen nos será útil para caracterizar preliminarmente o vocabulário de Freud.

Um traço marcante do prosador Freud é a relação de camaradagem, quase de cumplicidade, que logra estabelecer com o leitor. Todo escritor, seja qual for o texto, e de modo consciente ou não, assume determinada(s) atitude(s) ante o leitor: de simpatia, benevolência, indulgência, indiferença, desdém, arrogância etc. Atitude que deriva, em boa parte, da personalidade do autor; mas também do leitor que ele "cria" em sua mente, ao pressupor o que pode esperar dele. Existem coisas que todo escritor deve dar como sabidas por quem o lê ("Shakespeare é um poeta");[18] outras, que ele deve supor sabidas, mesmo que não o sejam, ao risco de insultar o leitor se não o fizer; e há coisas que pode tranquilamente dar por desconhecidas pelo leitor. Patrick Mahony observa que a maioria dos psicanalistas tem dificuldade em lidar com esses três níveis;[19] pode-se dizer o mesmo de não poucos autores.

Freud certamente não se inclui entre estes. A consideração pelo leitor se evidencia no tato em distinguir esses graus de conhe-

---

escritor", incluído na coletânea *Freud, Nietzsche e outros alemães*, op. cit.; nesse volume se inclui também a mencionada resenha da edição alemã do livro de Grubrich-Simitis.

[18] A distinção é do crítico Walter Ong, apud Mahony, *Freud as a writer*, op. cit., p. 61. Vale atentar para o título do ensaio de Ong: "The writers, audience is always a fiction" (*PMLA*, v. 90, pp. 9-21, 1975).

[19] Mahony, op. cit., p. 61.

cimento, tanto de modo geral como no interior de sua nova teoria, e no fato de se pôr no lugar do leitor, antecipando suas dúvidas e objeções, adivinhando o que lhe vai na cabeça. Muschg destaca essa "intensa relação com o público",[20] citando vários momentos que a comprovam. Uma frase típica é: "Meus leitores agora ficarão surpresos em saber que [...]". Infelizmente Muschg não dá indicação bibliográfica do que cita. Mas um bom exemplo que documentamos é aquele, no capítulo IV do "Homem dos Lobos", em que, após dizer que ali vai deixar de se apoiar estritamente na análise (partindo para especulações audaciosas sobre a vida afetiva inconsciente do protagonista, como se percebe em seguida), Freud reconhece, de maneira resignada e bem-humorada: "Receio que também neste ponto a crença do leitor me abandone".[21]

Ele inspira confiança no leitor-interlocutor, ao tempo em que o torna um confidente de suas dúvidas e hesitações. No obituário que redigiu sobre seu mestre Charcot, Freud relata a admiração que a franqueza do professor despertava em seus alunos-ouvintes, suprimindo a distância entre estes e aquele.[22] O mesmo se diria de Freud. Entre os que o conheceram pessoalmente, Joan Riviere já notara esse traço no homem e no escritor. "A estrutura de seu argumento", disse ela, "não é construída como que num vácuo; tem referência direta ao leitor; ele está se dirigindo a você."[23]

No entanto, há obras em que Freud parece não se dar conta do leitor, ou não tratá-lo com a deferência de que vimos alguns exemplos. Vêm-nos à lembrança, de imediato, a prosa seca e objetiva dos *Três ensaios sobre a teoria da sexualidade*, ou a abstração algo elíptica

[20] "[...] *eine überaus intensive Beziehung zu seinem Publikum*", Muschg, op. cit., p. 321.

[21] GW XII, 63; SE XVII, 36.

[22] GW I, 29; SE III, 18.

[23] Riviere, "A character trait of Freud's", op. cit., p. 353.

e ascética de *Inibição, sintoma e angústia*, além de alguns dos chamados textos metapsicológicos. Ele próprio esclareceu a diferença entre esses "modos de prosa", digamos, ao chamar de "dogmática" essa maneira de apresentação, em oposição a uma outra, por ele denominada "genética". Nesta há um retraçar do caminho percorrido pelo investigador, da gênese de suas descobertas. Naquela os resultados da pesquisa são apresentados na forma final, com pouca ou nenhuma informação de como foram alcançados.[24] Os *Três ensaios* e a obra em que estava trabalhando quando morreu, o *Abriss der Psychoanalyse* ("Compêndio" — mais conhecido no Brasil como "Esboço" — "de Psicanálise"), são claros exemplos de exposição "dogmática".

O modo predominante é aquele que busca envolver ou seduzir o leitor. A razão desse predomínio não estaria apenas na personalidade do autor ou em sua natureza artística, mas em algo próprio do seu estilo de pensamento. Nisso Mahony foi um passo além de Muschg e Riviere, pois insistiu em que o constante olhar para o leitor significa convidá-lo a pensar juntamente com o autor — ou seja, denota um pensamento em processo. É típica, nesse sentido, a franqueza na admissão de uma lacuna ou insuficiência (provisória, talvez) do saber psicanalítico. Lembremos de passagens como esta, do artigo "A transitoriedade": "[...] isso não compreendemos, e não conseguimos explicar por nenhuma hipótese até o momento". A impressão transmitida é de que o texto é pensado à medida que vai sendo escrito: exposição "genética", pensamento pensante (*pensée pensante*), distinto do pensamento pensado (*pensée pensée*).[25]

[24] GW XVII, 141-2; SE XXIII, 281.

[25] Mahony, op. cit., p. 119; ele toma a diferenciação ao crítico Morris Croll, autor de um influente ensaio sobre "The Baroque style in prose"; este, por sua vez, desenvolveu a ideia da bela metáfora de Pascal, *la peinture de la pensée*. Lembremos, a propósito, as palavras de Freud a respeito das palestras de Charcot, no já mencionado obituário: o mestre francês, segundo ele, "minuciosamente dava satisfação aos ouvintes sobre o curso dos seus pensamentos" (GW I, 29; SE III, 18).

Relacionado a isso está o uso de palavras que matizam ou modulam o sentido das afirmações. Não apenas advérbios como "talvez", "provavelmente", "certamente" etc., como termos alemães que se traduzem apenas por paráfrases — exemplos: *sozusagen* ("por assim dizer") e *gleichsam* ("como que"); e também partículas cujo significado pode variar segundo o contexto (caso de *wohl*, que em geral, mas nem sempre, exprime forte possibilidade). A isto acresce a mestria no recurso aos chamados *Modalverben* ("verbos modais"). São os que expressam obrigação, necessidade, possibilidade, desejo: *müssen*, *sollen*, *können*, *mögen*, *wollen* e *dürfen* — que correspondem, grosso modo, a "querer", "poder" e "dever". O fato de utilizarmos apenas três verbos portugueses para traduzir aqueles seis já é indício de que os verbos modais alemães transmitem uma maior gama de sentidos e nuances, variados quereres, poderes etc. Uma analogia com o inglês pode ser instrutiva. *Must* e *shall*, aparentados a *müssen* e *sollen*, são normalmente vertidos por "dever". No entanto, a conotação de *must* é mais forte, como se sabe: ele indica necessidade imperiosa, obrigação inescapável ou imensa probabilidade, enquanto *shall*, na sua forma pretérita, *should*, pode também exprimir obrigação ou probabilidade (entre outras coisas), mas de maneira não tão intensa. Os modais alemães têm maior amplitude e flexibilidade que suas contrapartidas em inglês ou português.

Devido a esses moduladores de sentido, o texto de Freud está sempre se movendo entre "níveis de certeza". O autor como que sinaliza o grau de segurança do terreno em que pisa. No entanto, às vezes tradutores e intérpretes não se apercebem desses sinais, de modo que as traduções ou comentários podem não reproduzir a flexibilidade, o espaço concedido à dúvida — em suma, a natureza de ensaio do que é pensado.

O ESTUDO DE SCHÖNAU

No único livro dedicado exclusivamente ao estudo do prosador Freud, o germanista Walter Schönau critica Muschg por acentuar a natureza beletrística dos textos freudianos.[26] Para Schönau, Freud não deve ser abordado como "escritor" (*Schriftsteller*), mas como "autor de prosa científica". Ele nega, portanto, a *Doppelnatur* de artista e cientista do criador da psicanálise, argumentando que se deve considerar a intenção. Freud não pretendeu ser visto como escritor, tendo subordinado seu inegável talento artístico às intenções científicas. A obra escrita, para Schönau, foi um meio — entre outros, como as discussões, preleções e cartas — de que ele se serviu para a difusão da psicanálise. Sua abordagem parte de uma distinção entre *Kunstprosa* ("prosa artística") e *Wissenschaftsprosa* ("prosa científica"). Naquela o autor tenta criar um mundo próprio, "poético" (*dichterisch*, que é semanticamente mais amplo: *Dichter* designa todo escritor imaginativo, não apenas um poeta), dirigindo-se tanto à razão como à sensibilidade do leitor. A segunda teria intenção mais modesta: a de transmitir conhecimentos, apelando somente à compreensão do leitor. Schönau admite que ela pode suscitar a admiração e o envolvimento estético de quem a lê, mas isso ocorreria apenas enquanto não prejudicasse a *ratio*. Beleza, sim, mas não à custa de sobriedade e clareza. Nisso ele se apoia em Wellek e Warren, na tradicional separação entre uma prosa científica denotativa e uma literária conotativa — nesta entrariam em jogo associações, alusões, ambiguidades que aquela buscaria evitar, e a própria linguagem seria parte consciente do jogo, na forma de aliterações, rimas, paronomásias etc. Ora, estas são fronteiras que já foram derrubadas, ou, no mínimo, problematizadas, por "ficcio-

[26] Walter Schönau, *Sigmund Freuds Prosa: literarische Elemente seines Stils*. Stuttgart: J. B. Metzler, 1968.

nistas" contemporâneos de Freud, como Thomas Mann, Robert Musil e Hermann Broch.[27] Os romances desses autores exibem uma prosa simultaneamente imaginativa e reflexiva, próxima tanto da "ciência" como da "arte", ou melhor, questionadora dos limites entre uma e outra. Isto foi observado por Heinz Politzer, na resenha que fez do livro de Schönau.[28] O próprio Mann já havia aclamado Freud, em 1936, como um "*Schriftsteller* europeu". A riqueza do problema é de molde a provocar confusão nos intérpretes. Politzer lembra que sem dúvida a prosa freudiana tendia à ciência, mas que foi impregnada pela educação austríaca da época, centralizada no *Gymnasium*, onde se cultivava o amor ao classicismo e o rigor na pesquisa. Mais ainda, nela se perceberia a atmosfera da classe judaica cultivada de Viena, seu linguajar, seu *esprit* (*Witz*), "sua inclinação por ambivalências e ambiguidades de toda espécie", merecedores de um estudo linguístico-sociológico ainda por fazer.

Delimitar uma prosa denotativa e uma conotativa representa uma enorme simplificação dos fatores envolvidos na linguagem. Um estudo desses fatores, em especial do lugar que entre eles ocupa a função poética, foi realizado pelo linguista Roman Jakobson.[29] Em todo ato de comunicação, afirma ele, há um remetente que envia uma mensagem a um destinatário.

[27] Limitando-nos, aqui, ao âmbito da cultura alemã. Fora dele, exemplos notórios seriam o de Marcel Proust e o de James Joyce. Não esquecendo Henry James, do qual se disse que escreveu romances que lembram ensaios, enquanto seu irmão, William James, deixou tratados de psicologia que fluem como romances.

[28] Heinz Politzer, "Book reviews", *The German Quarterly*, v. 42, 1969, pp. 739-41. Na verdade, a problematização da dicotomia ficção/ não ficção pode ser recuada até Nietzsche, pelo menos. Basta conferir, entre tantas passagens, os últimos aforismos de *Humano, demasiado humano* e *Além do bem e do mal*, tradução e notas de Paulo César de Souza. São Paulo: Companhia das Letras, 2000 e 1992, respectivamente.

[29] Jakobson, "Linguística e poética", em *Linguística e comunicação*. São Paulo: Cultrix, 13ª ed., 1988.

> Para ser eficaz, a mensagem requer um contexto a que se refere (ou "referente", em outra nomenclatura algo ambígua), apreensível pelo destinatário, e que seja verbal ou suscetível de verbalização; um código total ou parcialmente comum ao remetente e ao destinatário [...]; e, finalmente, um contacto, um canal físico e conexão psicológica entre aquele e este, que os capacite a entrar e permanecer em comunicação.[30]

Estes fatores determinam diferentes funções da linguagem. À orientação para o contexto corresponde à função referencial, também chamada de denotativa ou cognitiva. A função emotiva ou expressiva, que diz respeito ao referente, exprime a atitude dele ante o que diz ou escreve. Tendo por centro o destinatário, a função conativa procura incitá-lo ao esforço ("conato"), recorrendo portanto aos imperativos e vocativos.

A essas três, já apontadas tradicionalmente, Jakobson junta outras funções, que seriam: a "fática", dirigida para o contato, que verifica se a comunicação está de fato ocorrendo ("Alô, está ouvindo?" — "Sim!"); a metalinguística, que focaliza o código ("Que você quer dizer com isso?"); e, por fim, a poética, em que a mensagem assume o foco. Esta função não pode ser estudada separadamente das questões mais gerais da linguagem — e, em contrapartida, o exame da linguagem requer a consideração atenta de sua função poética:

> Qualquer tentativa de reduzir a esfera da função poética à poesia ou de confinar a poesia à função poética seria uma simplificação excessiva e enganadora. A função poética não é a única função da arte verbal, mas tão somente a função dominante. [...] As particularidades dos diversos gêneros poéticos implicam uma participação, em

[30] Idem, ibidem, p. 123.

> ordem hierárquica variável, das outras funções verbais a par da função poética dominante.[31]

Assim, na poesia épica se nota uma forte presença da função referencial, pois relata eventos na terceira pessoa; na lírica, centrada no Eu do autor, a função emotiva recebe maior ênfase.

Transpondo esses *insights* para a linguagem de Freud, temos que a função referencial, sempre hegemônica, é fortemente secundada pelas funções poética e metalinguística, e ocasionalmente é ainda acompanhada pelas funções fática, emotiva e mesmo conativa. O exemplo mais notório de metalinguagem, no conjunto dos textos de Freud, está no ensaio "O inquietante" ("Das Unheimliche"), de 1919, que parte de uma discussão filológica do termo alemão e sua complexa afinidade com *heimlich* (originalmente antônimo, derivado de *Heim*, "lar", *home*, em inglês, mas atualmente significando "secreto, oculto"). A função fática se evidencia nas muitas ocasiões em que ele interpela o leitor-ouvinte, assegurando-se de que a comunicação flui, nas *Conferências*, por exemplo. A função emotiva se revela sobretudo nos relatos dos próprios sonhos e experiências. E a conativa, mais rara, pode ser flagrada no texto sobre "A transitoriedade" (1915), onde ele exorta os leitores a não se deixarem abater pela fugacidade dos seres e das obras, tornada tão evidente pela Primeira Guerra Mundial.

O *status* das funções referencial e poética resulta mais problemático do que leva a entender a afirmação de que a primeira é "sempre hegemônica". Pois a natureza do referente está entre as questões mais delicadas da psicanálise — talvez seja a questão por excelência, nesse "edifício" teórico. O referente existe lá fora, na realidade objetiva, como vivência ou trauma experimentado pelo indivíduo numa idade tenra, ou seria fantasiado posteriormente

[31] Idem, ibidem, p. 128.

pelo indivíduo adulto, vindo a possuir a mesma qualidade patogênica de um fato vivido? Como distinguir entre "fora" e "dentro", realidade efetiva e realidade psíquica, quando esta se torna "efetiva", acarretando efeitos na vida "real"? Se não importar que o acontecimento tenha se dado ou não, como diz Freud no final do "Homem dos Lobos", vem a ser difícil traçar uma fronteira nítida entre a função referencial e a poética em sua obra. Será lícito falar de uma poetização do referente? Recordemos que o substantivo grego *poeisis* foi cunhado a partir do verbo *poiein*, "fazer, realizar". O paciente forjaria o referente como o poeta cria o poema? (Mas não esqueçamos que o referente permanece como realidade psíquica eficaz, não sendo então comparável, nesse aspecto, a um poema ou qualquer criação cultural). Nessa conexão se entenderia a frase de Wittgenstein, segundo a qual Freud "criou excelentes símiles", e a tendência de alguns intérpretes o colocarem no mesmo patamar de certos romancistas, de lerem a teoria como ficção.

Portanto, a diferenciação acatada por Schönau, entre uma prosa científica e outra artística, não pode ser sustentada facilmente. Ela se deve talvez ao vício de contrapor em demasia — à tendência, criticada por Nietzsche, de "falar em oposições, onde há somente degraus e uma sutil gama de gradações".[32]

Se a perspectiva mais ampla de Schönau é questionável, podemos dizer que seus méritos se concentram na análise minuciosa de alguns aspectos da linguagem de Freud, pela primeira vez realizada por um germanista. É certo que também a ele não escapa a referida "consideração pelo público", mas o seu forte reside na decifração de epígrafes e citações, na discussão de metáforas e símiles em geral, e no que isso revela sobre o autor Freud. Este se preocupava antecipadamente com as epígrafes das obras e dos capítulos que escreveria, como demonstram várias cartas, sobre-

[32] Nietzsche, *Além do bem e do mal*, op. cit., § 24.

tudo as endereçadas a Fliess. Schönau se detém em oito citações incluídas nessas cartas, que teriam utilização em diversas obras futuras. Quatro delas são de Goethe, as outras quatro, de poetas latinos. Tomemos, entre estas, uma que provocaria leituras diversas, ao aparecer na *Interpretação dos sonhos*: *Flectere si nequeo Superos, Acheronta movebo*. Freud não fornece o autor e o local da citação. Trata-se de uma passagem muito citada da *Eneida*, de Virgílio (VII, 312), e portanto registrada no compêndio de Büchmann.[33] São palavras ditas por Juno, que, enfurecida por não obter a ajuda dos deuses para sua protegida, Dido, decide recorrer às forças do Inferno. Embora conhecesse seu Virgílio, como todo homem culto de então, Freud a encontrou num texto de Ferdinand Lassalle, "A guerra italiana e a tarefa da Prússia" (1859). Lassalle a emprega num sentido político-revolucionário: se não pode influenciar os governantes, o jeito é atiçar os governados. O significado pretendido por Freud se depreende no final do livro, onde subitamente reaparece a epígrafe, no contexto da teoria da repressão:

"O psiquicamente reprimido, que na vida desperta foi impedido de achar expressão e cortado da percepção interna pelo fato de as contradições serem eliminadas mutuamente, encontra na vida noturna, sob o domínio das formações de compromisso, meios e caminhos de se impor à consciência.

"*Flectere si nequeo Superos, Acheronta movebo.*

"Mas a interpretação dos sonhos é a via régia para o conhecimento do inconsciente na vida psíquica."[34]

Numa nota à edição dos *Gesammelte Schriften*, Freud explicitou que este verso de Virgílio, no novo contexto em que é utilizado,

[33] Georg Büchmann, *Geflügelte Wörter*. Stuttgart: Johannes Asmus, ed. revista, 1953, p. 240.

[34] GW II/III, 613; SE V, 608.

"pretende descrever os esforços dos movimentos instintuais reprimidos".[35] Este o sentido conscientemente buscado pelo autor. A mesma explicação se acha numa carta ao filósofo Werner Achelis, que discernira um tom "prometeico" na citação. "O desejo que é rechaçado pelas instâncias psíquicas superiores (o desejo onírico reprimido) põe em movimento o inframundo psíquico (o inconsciente), para chegar a se impor. O que pode o senhor achar de 'prometeico' nisso?", replicou Freud.[36] É nessa carta que ele revela ter visto a frase em Lassalle, observando que este a empregou num sentido pessoal e com referência a camadas sociais, não psíquicas. Não obstante esta ressalva de Freud — que condiz com o efetivo uso da citação no final da *Interpretação*, como vimos —, a maioria dos leitores e comentadores prosseguiu vendo nela um tom desafiador, "prometeico". É difícil nos furtarmos a tal impressão, se a lemos fora do seu contexto imediato; o que normalmente acontece, pois este se acha ao fim de um volume de centenas de páginas, e porque o autor a apresenta de modo abrupto, sem explicar seu nexo com a teoria que expõe, implicitamente convidando o leitor à interpretação, à *Deutung* da epígrafe.

É significativo que Freud, na mencionada carta, se engane ao criticar a tradução que Achelis teria dado a *Acheronta movebo*: "[...] o senhor a traduz por *die Festen der Erden bewegen* [mover as cidadelas da Terra]. Mas significa antes *die Unterwelt aufrühren* [revolver o submundo]". Na verdade, Achelis havia usado a expressão (com outro verbo) referindo-se ao próprio Freud: "[...] *das Genie Freuds an den Festen der Erde rüttelte*" [o gênio de Freud sacudiu (...)].[37] Ou seja, o criador da psicanálise pode ter revelado sua vocação de Prometeu, traindo sua intenção oculta

[35] Apud Strachey, SE V, 608.

[36] Freud, *Briefe 1875-1939*, carta de 30 de janeiro de 1927, p. 372.

[37] Apud Schönau, op. cit., p. 65.

(também a si mesmo), ao lembrar-se equivocadamente do contexto da expressão de Achelis. Este falava de Freud mesmo, não da frase de Virgílio...

Schönau não esquece de várias outras interpretações para essa epígrafe. A de Peter Heller, que entre outras coisas distingue uma alusão aos "deuses da hierarquia acadêmica", os quais, indiferentes à psicanálise, seriam por esta derrubados. As interpretações psicanalíticas, como a que remete ao conflito edipiano do autor: "*If I cannot change my father's attitude towards me, I will let all hell loose*" ["Se não posso mudar a atitude de meu pai para comigo, vou desatar o inferno"]. Não é necessário citar outras. Todas comprovam que afinal veio a predominar a leitura não intencionada pelo autor, a que diz respeito à sua pessoa, não à sua teoria. E o fato de esse "equívoco" ser praticamente unânime é também revelador, sobretudo se o ligarmos ao tema da vingança, trazido à tona pela autoanálise levada a efeito na *Interpretação dos sonhos*, e à negação malsucedida de Freud, na carta a Achelis — que, como bem lembra Schönau, corresponderia à atitude de um paciente ante uma ideia ou revelação malquista e "malvinda" à consciência; no fundo uma afirmação, portanto. Intenção consciente e significado inconsciente jamais se excluem, em Freud como em qualquer outro. Suspeita é a defesa inexorável da primeira e a recusa igualmente firme do segundo.

Entre as quatro epígrafes tomadas a Goethe, discutidas por Schönau, vejamos aquela do capítulo III da "História do movimento psicanalítico". Ela diz, faceiramente (e quase fesceninamente): "*Mach es kurz!/ Am jüngsten Tag ist es nur ein Furz*" — o que literalmente significa: "Faça isso rápido!/ No Juízo Final não passa de um peido". Sabendo-se que o capítulo trata das dissidências de Adler e Jung, e que o faz com brevidade, a citação exprime de maneira jocosa e altiva a atitude de Freud para com seus ex-discípulos. Schönau reproduz o poema de onde ela foi extraída. Nele, no dia do

Juízo Final, Napoleão Bonaparte está diante de Deus, e Satã principia a ler o registro das más ações de Napoleão e sua família. É uma longa lista, pois ele foi *ein wundersam verruchtes Wesen* ("um ser peculiarmente infame"). Então Deus Pai — ou Filho, ou talvez o Espírito Santo, pois Goethe não distingue a voz — interrompe o Diabo: "Não repita novamente para ouvidos divinos/ Você fala como os professores alemães./ Sabemos tudo, seja breve!/ No Juízo Final isso é apenas um peido./ Se você ousar prendê-lo,/ Pode arrastá-lo para o Inferno".[38]

Está clara a identificação com a figura de Napoleão: também Freud foi infame para muitos de seus contemporâneos — e foi atacado por professores alemães, recorda Schönau. Além disso, correspondeu-se com Thomas Mann sobre a vida de Napoleão, oferecendo uma interpretação para a temerária campanha do Egito. Nessa e em outras epígrafes e citações deve-se igualmente notar o gosto de Freud por gnomas, seu talento epigramático.

Em ambas as citações discutidas é de perceber o vínculo com Goethe. Na primeira, de Virgílio, insinua-se o elemento fáustico, ostensivamente negado pelo citador (naquele caso específico). Sobre o seu ex-colaborador Joseph Breuer, que abandonara a paciente Anna O., desistindo do trajeto que resultaria na psicanálise, Freud afirmou certa vez: "Com todos os seus grandes dotes intelectuais, ele nada tinha de fáustico".[39] Uma resenha do volume de cartas que contém essa frase, resenha assinada pelo romancista Walter Jens, intitulava-se "Um Fausto judeu".[40] Outro romancista, Thomas Mann, já fizera tal aproximação, num ensaio com o título

[38] Goethe, "Zahme Xenien", IX, 22, apud Schönau, op. cit., p. 83. No original: "*Wiedehol's nicht vor göttlichen Ohren!/ Du sprichst wie die deutschen Professoren./ Wir wissen alles, mach' s kurz!/ Am jüngsten Tag ist's nur ein* [...]/ *Getraust du dich, ihn anzugreifen,/ So magst du ihn nach der Hölle schleifen*".

[39] Freud, *Briefe 1873-1939*, carta a Stefan Zweig, 2 de junho de 1932, p. 406.

[40] Walter Jens, *Zueignungen*. Munique: Piper, 1962, pp. 63-8. O título mencionado

de "Freud e o futuro".[41] No final da vida, Fausto imagina deter o mar, conquistando um pedaço de terra onde viva seu povo. Em plena maturidade, Freud caracterizou a sua teoria dos sonhos como um terreno conquistado para a ciência, onde vigorava antes o misticismo; uma obra de razão e civilização, análoga à aterragem do Zuidersee, na Holanda. E a caracterização que Freud fez de Goethe, no discurso de agradecimento pelo prêmio com o nome deste, adequa-se muito bem a ele próprio: disse que, embora o autor do Fausto fosse notoriamente dado a confissões (*ein grosser Bekenner*, "um grande confessador"), não descuidou do que era preciso esconder (foi *ein sorgsamer Verhüller*, "um cauteloso ocultador").[42]

A segunda epígrafe, diretamente retirada de Goethe, teve seu uso cogitado ainda na década de 1890, muito antes de sua efetiva aplicação. Isso ocorreu com várias outras citações. Também não é raro deparar com citações e fórmulas que se repetem, tanto nas obras como nas cartas. Como único exemplo seja dado aqui o de dois versos conhecidos de Heine, em que ele troça do afã de construir sistemas para explicação do mundo, típico do professor-filósofo alemão: "*Mit seinen Nachtmützen und Schlafrockfetzen/ Stopft er die Lücken des Weltenbaus*" ("Com seus gorros de dormir e pedaços de roupão/ Ele tapa os buracos do edifício do mundo"). Schönau rastreia esses versos, em citação direta ou alusão, na *Interpretação*, numa carta a Jung, em 1908, e nas *Novas conferências introdutórias à psicanálise*, de 1932. Entre outras coisas, tal repetição indica, segundo ele, "a unidade interior dessa imensa obra de uma vida",

---

é o original, quando da publicação do texto em *Die Zeit*, 23 de fevereiro de 1962; ele foi incluído nessa coletânea de Jens.

[41] Thomas Mann, "Freud und die Zukunft", em *Leiden und Größe der Meister*. Frankfurt: Fischer, 1982, pp. 905-29.

[42] GW XIV, 550; SE XXI, 212.

unidade essa, porém, que "se fundamenta antes no autor que na obra".[43] Esta afirmação será retomada adiante.

ROUSTANG

A reação do psicanalista francês François Roustang ao estudo de Schönau contrasta fortemente com sua apreciação do artigo de Muschg. Embora levante a objeção de que este ignora "a psicanálise em sua relação com o estilo", é pródigo em elogios ("Nada de mais fino e de mais penetrante se escreveu até hoje sobre o estilo do inventor da psicanálise"), ao passo que a contribuição de Schönau é menosprezada sem maior cerimônia: "decepcionante [...] infelizmente, nada se pode tirar dele".[44]

Diferentemente dos dois, Roustang parte de uma microanálise do texto freudiano. Tendo escolhido dez parágrafos do capítulo VII da *Interpretação*, ele os traduz literalmente, a fim de chegar ao aspecto mais *tranché*, mais decisivo do estilo de Freud, "o único passível de transposição de uma língua a outra". Nesses trechos, Roustang acredita flagrar alguns procedimentos peculiares, que responderiam pelo estilo e pela própria *démarche* do pensamento freudiano. São, primeiramente, figuras tradicionais da retórica, conhecidas dos que leem textos antigos em hebraico ou grego, segundo Roustang. São elas: a) concatenação — ou repetição, no começo de um parágrafo, de palavras existentes no final do anterior; b) quiasmo — repetição de palavras na ordem inversa; c) inclusão — repetição das mesmas palavras no início e no fim do parágrafo. A estas ele acrescenta uma quarta, que, tanto quanto sabe, "*n'a*

[43] Schönau, op. cit., p. 115.

[44] François Roustang, "Du style de Freud", em ...*Elle ne lâche plus*. Paris: Minuit, 1980, pp. 9-46.

jamais été répertoriée" ("nunca foi registrada"), e que denomina de pericentro; consistiria em "repetir, no centro de um parágrafo, uma ou mais palavras que se achavam na periferia de um parágrafo precedente".[45]

O segundo, o quinto e o sétimo parágrafos são os que mais se prestam para ilustrar a tese de Roustang, e já no segundo se revela uma imprecisão de sua parte. Este conteria a seguinte sucessão de termos:

> *sans but et arbitraire* (*ziellos und willkürlich*)
> *pensées du rêve*
> *pensées du rêve*
> *arbitraire et de mot de l'esprit* (*Willkür und witzig*)

No comentário que segue, ele já não distingue entre "inclusão" e "quiasmo". Sem considerar, além disso, que as expressões que abrem e as que fecham tal "inclusão" não são exatamente as mesmas, flagramos o autor dando um passo enorme, injustificado, ao afirmar que tal sucessão "é importante aqui, pois ela por si basta para dar o sentido do parágrafo: os pensamentos do sonho, aos quais chega o trabalho de interpretação, procedem do arbitrário, do sem meta e da brincadeira".[46]

A rigor, um quiasmo é a disposição de um período em quatro partes que se cruzam, correspondendo a primeira à quarta e a segunda à terceira. A designação tem origem no verbo grego para "cruzar", χιά ζω, cunhado a partir da letra χ. Eis dois exemplos

[45] Idem, ibidem, p. 24.

[46] Idem, ibidem, p. 22. Eis o comentário, no original: "*Cette succession, figure de style connue sous le nom d'inclusion, comportant un chiasme, est ici importante, car elle suffit à elle seule à donner le sens du paragraphe: les pensées du rêve, auxquelles aboutit le travail d'interprétation, relèvent de l'arbitraire, du sans-but et de la plaisanterie*".

dessa figura, retirados de *Os lusíadas*: "Brama toda a montanha, o som murmura" (I, 35); "A Lápia fria, a inculta Noruega" (III, 10). Ao projetar ou extrapolar para um parágrafo o que constitui o fenômeno dos termos restritos de um período, Roustang pode escolher as palavras que comporão o "quiasmo", deixando de lado outras que não interessam ao seu propósito. Ou seja, ele compõe a figura, e assim fazendo lhe expande ou desvirtua o significado tradicional. A mesma ampliação questionável de sentido vem a ser notada em sua conclusão de que as figuras de estilo que vislumbrou em Freud "indicam que a sintaxe freudiana é *sous-tendue et soutenue* [subtendida e sustentada] por formas paratáticas".[47] Ele explicitamente reconhece a parataxe como a disposição dos termos ou períodos um ao lado do outro, sem nexo de subordinação (conforme a etimologia que remonta ao grego: παρά, "junto a", τάξις, "ordem, disposição"). Mas ao mesmo tempo lhe atribui um alcance extraordinário, opondo-a à sintaxe. Censura aos tradutores de Freud em geral, e ao britânico em particular, preocuparem-se demais com a sintaxe, em detrimento do "lugar das palavras e de suas repetições. [...] De uma sintaxe a outra, é a parataxe que desaparece".[48]

Roustang se apoia na tradução e exegese que Martin Heidegger fez de uma frase de Parmênides, ignorando ostensivamente a objeção de especialistas ao estratagema de Heidegger, pois sabe-se que em grego uma oração infinitiva não constitui parataxe: o verbo "ser", que Heidegger substitui por dois pontos na sua versão, deve adquirir corpo nas traduções. Construções paratáticas são notoriamente encontradas em Homero. Desprezando inteiramente as ligações hipotáticas (de υπό, "debaixo de"), Roustang tem a ilusão de descobrir "uma verdadeira definição de parataxe" no trecho seguinte das *Novas conferências*: "Todos os meios linguísticos com

[47] Idem, ibidem, p. 34.
[48] Idem, ibidem, p. 35.

que são expressas as relações de pensamento mais sutis, as conjunções e preposições, as mudanças na declinação e na conjugação, caem fora, por faltarem os meios de representá-los; como numa língua primitiva sem gramática, apenas o material bruto do pensamento é expresso [...]".[49] Confundindo parataxe com ausência de nexo evidente, manifesto, Roustang enxerga em Freud, "através de todas as sutilezas de sua sintaxe, e apesar delas, uma regressão paratática". Deixando de lado o equívoco de imaginar línguas sem escrita como primitivas e incapazes de pensamento abstrato — aceitável num autor do século XIX, mas não num contemporâneo de Lévi-Strauss —, consideremos o simplismo de identificar parataxe com processos psíquicos infantis; pois Roustang acha que tal regressão, provavelmente não deliberada, ocorreu em Freud "à força de escrever sobre o sonho que retirava sua energia do infantil, à força de mostrar o laço entre o sonho e a psiconeurose [...]".[50]

Regressiva, quer nos parecer, é a metáfora que sustenta essa apreensão do texto de Freud. As palavras eleitas por Roustang são vistas como peças de uma máquina, as quais não podem ser deslocadas ou substituídas sem dificultar ou impossibilitar o funcionamento do conjunto. O simples mapeamento das formas paratáticas, das peças, não basta contudo para explicar a movimentação do aparelho. Daí ele pôr em cena a diataxe (de διά, "através de"), "que corta a ordem da frase pela introdução de um elemento novo e a organiza de modo diferente. É a diataxe que dá à parataxe seu dinamismo, que a põe em movimento [...]."[51] Ela se confunde com o pericentro, assim como antes mal se distinguira o quiasmo da inclusão. Ela constitui o "princípio dinâmico do estilo de Freud e de sua teoria". A introdução das hipóteses e conjecturas que fazem

[49] GW XV, 20; SE XXII, 20.
[50] Roustang, op. cit., pp. 35-6.
[51] Idem, ibidem, pp. 36-7.

evoluir a máquina se dá conforme a diataxe. "Por uma série de procedimentos paratáticos, ele [Freud] pode tecer o fio de suas descobertas e fazê-los aparecer em uma trama." A sintaxe é desnecessária nessa construção, ao que parece. No entanto, nas palavras de um poeta-pensador, "sem sintaxe não há emoção duradoura"[52] — e tampouco há teoria, seja duradoura ou efêmera.

Essa máquina teórica é o próprio aparelho psíquico: "*son écrit est la machine même qu'il monte*". Roustang se apega a uma nuance da *Interpretação*, obliterada na tradução francesa de Meyerson, em que Freud diz, literalmente: "Nós havíamos nos aprofundado [*vertieft*] na ficção de um aparelho psíquico primitivo".[53] Na exegese de Roustang, "Freud mergulhou na ficção que ele tece", tal como os sonhos são tecidos. De vez em quando é preciso que ele venha à tona, advertindo a si mesmo e ao leitor de que está lidando com uma construção. De outro modo estaria delirando, e a diferença entre o delírio e a teoria está precisamente no fato de esta ser reconhecida como ficção. Mas, prossegue Roustang, não é tão fácil evitar ser absorvido, tomar distância do que se tramou; pois é preciso "fazer funcionar esse aparelho, dar-lhe a consistência da realidade". Parece-me que o problema está em definir o que se entende por ficção. Um romancista que meditou sobre sua arte recorreu a palavras semelhantes às desse teórico francês. Henry James escreveu que a maior virtude de um romance é o "ar de realidade (a solidez de especificação)".[54] Roustang confunde o fictício, próprio dos artistas, com o hipotético, peculiar aos cientistas. Sem dúvida o hipotético tem algo ou muito de imaginativo. Parodiando James, a

[52] Fernando Pessoa, *Livro do desassossego, por Bernardo Soares*, seleção e introdução de Leyla Perrone-Moisés. São Paulo: Brasiliense, 1986, p. 357 (a frase está no fragmento 14 da antiga edição portuguesa em dois volumes).

[53] GW II/ III, p. 541; Roustang, op. cit., p. 38.

[54] H. James, "The art of fiction", em Morton Dauwen Zabel (org.), *The portable Henry James*. Nova York: Penguin, 1979, p. 399.

virtude maior da teoria seria o ar de coerência. Mas ela existe enquanto teoria, é uma realidade teórica, não uma ficção real.

Com base na diferenciação sugerida por Freud entre dois princípios do funcionamento psíquico, um regido por processos primários e outro por processos secundários, Roustang situa a sintaxe no lado destes, e a parataxe, no daqueles.[55] Isso equivale, porém, a aproximar automaticamente o infantil ao primário e o adulto ao secundário — algo que não se sustenta, pois ambos os tipos de processos continuam a atuar ao longo de toda a vida do indivíduo. Como parte dessa leitura, Roustang credita ao "paratático" a faculdade de exprimir, ou mesmo incorporar, a natureza simultânea do inconsciente. Daí o estilo de Freud ser em muitos aspectos igual ao do analisando, afirma ele. Em abono dessa afirmação ousada, ele recorda uma carta a Fliess, na qual Freud, citando uma anedota ídiche ("Aonde vais, Itzig? — Não sei, pergunta ao meu cavalo"), relata como foi dirigido pelo inconsciente, ao redigir a *Interpretação dos sonhos*.[56] O que introduz a diferença, porém, é a diataxe, caracterizada como a "figura de estilo da interpretação".[57] À intervenção do analista, na prática, corresponde a hipótese ou conjectura (*Vermutung*), no estilo. Essa hipótese não se pretende verdadeira, não é explicação ou tradução em linguagem mais genuína, mas pode ser a todo momento questionada ou invalidada (*infirmée*). Sua estrita função é fazer prosseguir o discurso do analisando. Aqui Roustang diverge, sem explicitar a divergência, do ponto de vista de Freud sobre o status da interpretação na clínica psicanalítica. Pois para Freud não é indiferente que as conjecturas acerca da história psíquica do paciente sejam ou não válidas. Sendo "verdadeiras", elas tocarão o paciente (ou ao paciente) e o farão reagir,

[55] Roustang, op. cit., p. 42.

[56] Carta de 7 de julho de 1898.

[57] Roustang, op. cit.

trazendo à tona novo material. Sendo "falsas", não o afetarão, ainda que repetidas. A reação dele é o diapasão para aferir a validade das construções do analista. Mas como Roustang entretém ou entretece um modelo de leitura cuja referência é apenas o texto, ele é levado a dispensar o referente exterior (o interior do paciente). O pano de fundo inexplicitado e onipresente, aqui, é a visão lacaniana da psicanálise. Se o inconsciente é estruturado como uma linguagem, não surpreende que o aparelho psíquico se movimente como um texto.

HOLT

Na bibliografia de língua inglesa sobre o estilo de Freud, um lugar à parte pertence ao ensaio de Robert Holt, "On reading Freud", originalmente editado como introdução aos resumos da *Standard* e depois incorporado a um livro, formando, juntamente com outro texto, um capítulo intitulado "Freud's cognitive style".[58] A expressão remete à diferença que o autor procura estabelecer entre estilo literário e estilo "cognitivo". Este designaria "a estruturação [*patterning*] das maneiras de uma pessoa acolher, processar e comunicar informação a respeito de seu mundo". Holt tomou o conceito de um colega que o desenvolvera a partir do trabalho num laboratório de psicologia experimental, em que os indivíduos eram solicitados a reconhecer figuras camufladas, por exemplo. Ele admite candidamente que pode "estar distorcendo de modo sutil o conceito" (não tão sutil, somos tentados a acrescentar), mas adota-o de toda forma, com a ressalva de que seus métodos se aproximam mais daqueles

[58] Em Robert Holt, *Freud reappraised: a fresh look at psychoanalytic theory*. Nova York e Londres: Guilford, 1989, pp. 35-68; os dois textos, dos quais o primeiro deu título ao capítulo, são de 1965 e 1974.

de um crítico literário. Um crítico singular, que lê o objeto de seu estudo apenas em tradução, e que, no entanto, tem coisas estimulantes a dizer. Isso porque "estilo cognitivo" talvez não passe de outra formulação para a dupla natureza a que já nos referimos, em que o substantivo remeteria ao elemento artístico-intuitivo em Freud, e o adjetivo, ao científico-racional — de modo simetricamente inverso (e semanticamente igual, afinal) ao título de Walter Kaufmann: "A ciência poética de Freud".

Holt não cuida do estilista Freud, à maneira de Muschg (que ele não menciona), ou do prosador científico, à maneira de Schönau (que também ignora). Ele se preocupa em divisar, através e para além dos textos freudianos, o estilo de pensar, de teorizar, mesmo de sentir, desse autor tão singular. O uso de "mesmo" no sentido de "até", nesta última frase, parecerá redundante a quem tiver presente a origem do termo "estilo". *Stilu*, em latim, designava o ponteiro metálico com que os romanos escreviam, gravando, em pequenas tábuas cobertas de cera.[59] Daí a transposição, por metonímia, do objeto para a coisa escrita — e a extensão do sentido, figuradamente, para todo conjunto de características mostrado por uma personalidade, uma obra, uma corrente artístico-intelectual etc. Holt não recorre ao verbo "sentir", mas seu tipo de abordagem traz implícita a unidade sentir-pensar, a consciência da inseparabilidade dos aspectos cognitivo e sensível: no estilo se acha "gravada" a maneira de ser-agir-pensar (por um lapso freudiano já ia escrevendo "penar"...) do autor.

A pergunta que inicialmente se coloca Holt concerne à natureza do intelecto de Freud. "*What kind of intelligence was it, then*?" ["Que tipo de inteligência era, então?"]. Predominantemente verbal, é a resposta. Ele não se destacava em qualquer habilidade

[59] Cf. Antenor Nascentes, verbete "Estilo", *Dicionário etimológico da língua portuguesa*. Rio de Janeiro: Instituto Nacional do Livro, 1932.

manual, e seus únicos esportes eram "andar e catar cogumelos".[60] Isso ia de par com uma acentuada passividade, já aludida por Jones em sua biografia: ele tendia a observar e internalizar, mais que a agir. Por isso comentou que governar, curar e educar lhe pareciam tarefas muito difíceis. E a técnica de análise psicológica que desenvolveu está intimamente relacionada a esse aspecto de seu caráter. Outros psicanalistas, discípulos menos passivos que o mestre, não se adaptaram ao preceito da neutralidade ou "indiferença" do terapeuta, e experimentaram métodos mais "ativos", de interação mais afetiva (não necessariamente mais efetiva) com o paciente. As simples palavras não lhes pareceram bastar.

No entanto, o grande mérito de Freud estaria em não subestimar o poder da palavra. Já no início das *Conferências introdutórias à psicanálise* ele escreveu:

> Originalmente as palavras eram mágicas; e ainda hoje conservam muito da velha magia. Com palavras uma pessoa pode tornar outra feliz ou levá-la ao desespero, com palavras o professor transmite seu saber aos alunos, com palavras o orador arrebata uma plateia e determina os julgamentos e decisões de seus ouvintes. Palavras despertam afetos, e são o meio universal de os homens influenciarem uns aos outros.[61]

Um outro traço do estilo freudiano, segundo Holt, consiste na tendência a, primeiro, lançar ideias tentativamente, modestamente, e pouco a pouco habituar-se a elas de tal forma, que termina por considerá-las ponto pacífico, certezas inatacáveis. Isso decorreria da tensão entre as dúvidas da autocrítica e a autoconfiança exacerbada.

[60] Holt, op. cit., p. 36.
[61] GW XI, 10; SE XV, 17.

> Trabalhando numa nova área, sem critérios convencionais para estabelecer conhecimento válido, ele tinha de se proteger contra as inevitáveis dúvidas de si mesmo [*self-doubts*] [...] através de uma irracional confiança em si, uma crença de que suas intuições e hipóteses resultariam verdadeiras [*would be vindicated*], e até mediante um certo grau de autoilusão, de que havia estabelecido questões de modo mais firme do que de fato conseguira fazer.[62]

Um exemplo foi a postulação de um "instinto de morte" (*Todestrieb*) inerente a todo ser vivo, inicialmente cercada de reservas, no ensaio *Além do princípio do prazer* (1920), mas depois integrada completamente ao seu modo de pensar.

A autocrítica não descansava, porém, e se mostrava tanto na disposição a mudar de rumo, se necessário, como no reconhecimento dos fracassos: "É quase vergonhoso que, depois de tanto trabalho, ainda encontremos dificuldades na apreensão das coisas mais fundamentais, mas nós nos propusemos nada simplificar e nada esconder. Se não podemos ver claramente, ao menos vejamos nitidamente o que não é claro".[63] Esta passagem ilustra, ainda uma vez, a referida exposição "genética", a comunhão com o leitor. Além disso, a última frase constitui exemplo acabado do talento epigramático de Freud, bem evidenciado por Schönau.[64]

Benevolentemente, Holt acha natural que Freud às vezes tomasse por axiomas algumas hipóteses, e "confundisse seus conceitos com realidades". Assim, prossegue ele, Freud se referiu ao

[62] Holt, op. cit, p. 40.

[63] GW XIV, 154; SE XX, 124; nossa tradução recorre, improvisadamente, a "coisas" para verter *Verhältnisse*, que em geral significa "relações, condições"; de maneira mais positiva, Strachey (citado por Holt) usa *facts*; já o novo tradutor castelhano utiliza *constelaciones* (AE [*Obras completas*. Buenos Aires: Amorrortu Editores] XX, p. 118). O trecho está na parte VII de "Inibição, sintoma e angústia".

[64] Schönau, op. cit., pp. 123-9.

superego como "um dos achados da última fase [*later findings*] da psicanálise", e à "descoberta [*discovery*] de que o próprio ego é catexizado [*cathected*] com libido".[65] Essas falhas seriam as "inevitáveis consequências de ser humano" [*the necessary consequences of being human*] (!) — uma frase ampla e vaga o suficiente para perdoar o que quer que seja, na teoria, no amor ou na guerra. A crítica à tendência "reificadora" de Freud pode ter seu grão — ou mais que isso — de pertinência. Mas as abonações escolhidas por Holt não se sustentam, por se apoiar em traduções deficientes do original. Checando as palavras vertidas por *findings* e *discovery* na *Standard* inglesa, descobre-se que no primeiro caso Freud utiliza um verbo, *erkennen*, que nos dicionários bilíngues é traduzido por "reconhecer, conhecer, discernir, perceber", jamais por "descobrir"; no segundo temos o substantivo *Einsicht*, aparentado ao inglês *insight*, "penetração, discernimento" etc. — jamais "descoberta".[66] Holt não cogitou sequer de verificar os termos efetivamente empregados por Freud. Durante décadas os analistas e intérpretes de expressão inglesa tomaram a versão de Strachey como a palavra de Freud. Atualmente começam a chegar à *Einsicht* de que é uma temeridade estudar um autor em uma língua outra que não a original.

Característica do modo de pensar freudiano seria a preferência pela análise, em detrimento da síntese. Naturalmente isso não constitui novidade: está inscrito no próprio nome da técnica e teoria, e se mostra no uso de analogias como "dissecação", frequentes em Freud. Foi algo explicitado por ele mesmo, da maneira mais clara, talvez, numa carta dirigida a Lou Andreas-Salomé, muito bem lembrada por Holt. "Eu com frequência sinto pouca necessi-

[65] Apud Holt, op. cit., p. 40; os grifos são dele.

[66] GW II/ III, 564n, SE V, 558n; GW XIV, 477, SE XXI, 118. A primeira passagem se encontra no capítulo VII, seção C da *Interpretação*, numa nota acrescentada posteriormente; a segunda, no capítulo VI de *O mal-estar na civilização*.

dade de síntese", diz ele à amiga. "A unidade deste mundo me parece algo evidente por si, que não vale a pena enfatizar. [...] O que me interessa é a separação e divisão daquilo que de outro modo iria convergir-fluir numa pasta primordial."[67] Holt denomina essa orientação de "*dissectional*", querendo dizer que Freud tende a analisar-decompor algo nas partes que o constituem, não em propriedades abstratas.

Prosseguindo na sua abordagem antitética, Holt a justifica pela inclinação de seu próprio objeto de estudo: a psicanálise prima pelo dualismo, como se sabe. Enxergando no conflito o móvel fundamental da vida psíquica, sempre destaca as oposições e polaridades: atividade-passividade, Eu-mundo exterior, prazer-desprazer, amor-ódio, vida-destruição. "Dualismo dialético" é a expressão que ele usa para qualificar esse pendor freudiano, tendo em mente que os pares de contrários são polos de um continuum, ao longo do qual se dispõem muitas formas intermediárias.[68]

Após tocar em outras "antíteses" da compleição intelectual de Freud, como racionalismo versus intuição, devoção ao realismo versus atração pelo oculto, Holt aborda rapidamente a sua concepção do método científico. Nela haveria uma incomum tolerância ante a inconsistência, que admitiria a ambiguidade, mesmo a nebulosidade de conceitos básicos, e a variação de seu(s) significado(s) através dos anos. Além disso, o seu modo de teorizar lança mão de recursos retóricos clássicos, dos quais a hipérbole é um dos favoritos. Isso foi notado já por Josef Breuer, o coautor dos *Estudos sobre a histeria* (1895), que afirmou: "Freud é um homem dado a formu-

[67] Apud Holt, op. cit., p. 41; cf. o texto alemão em Freud, *Briefe 1873-1939*, carta de 30 de julho de 1915, pp. 306-8; na última oração, utilizei dois verbos para verter um só no original: "[...] *was sonst in einen Urbrei zusammenfliessen würde*".
[68] Holt, op. cit., pp. 42-3.

lações absolutas e exclusivas; é uma necessidade psíquica que, a meu ver, leva a generalizações excessivas".[69] Quanto às analogias, Holt as vê como inessenciais, acréscimos ilustrativos aos argumentos, "um descanso pitoresco do raciocínio teórico pesado".[70] E se considera Freud capaz de "manter um pé na literatura e outro na ciência", isso pôde contribuir para a sua criatividade e, depois, sua notoriedade, mas não constitui mérito, afinal, pois na concepção de Holt esses são dois mundos estanques. Daí ele prevenir o leitor contra a linguagem figurativa de Freud, lembrando-o da função predominantemente lúdica desta, e que ela às vezes o induziu a erros. Ou seja, se ele tinha apenas um pé na ciência, e a literatura não conta, seu pensamento claudica como um coxo, ou salta como um saci. É preciso então revisar nossa impressão inicial de que o "estilo cognitivo" poderia designar a *Doppelnatur* da psicanálise.

No entanto, é de notar que algumas das observações mais pertinentes de Holt são expressas em imagens, e que sem se dar conta ele admite o Freud literato, ao atentar para sutilezas peculiares aos artistas da palavra.[71] Por isso o "Decálogo para o leitor de Freud", com que finaliza seu estudo, pode ser lido com proveito (embora talvez não precise ser "afixado permanentemente nas salas de aula dos institutos psicanalíticos", como afirmou hiperbolicamente Patrick Mahony;[72] é significativo que, entre os mandamentos desse decálogo que Mahony reproduz, não se encontre o quarto). Eis o "Decálogo" de Holt em forma condensada:

[69] Apud Holt, op. cit., pp. 50-1; a citação é de uma carta de 1907.
[70] Holt, op. cit., p. 56; em inglês é mais saboroso: "[...] *a pictorial holiday from hard theoretical thinking*".
[71] Cf., a propósito, a frase que ele cita de Ellenberger, quando este elenca os atributos de Freud como escritor: "Para um homem de letras [*sic*], é mais importante registrar suas ideias e impressões do que checar a exatidão delas" (apud Holt, op. cit., p. 67).
[72] Mahony, op. cit., p. 13.

"1. Cuidado para não retirar dos contextos as afirmações. [...] Não há outra forma senão ler Freud o bastante para obter seu sentido integral, que quase nunca é inteiramente expresso num só parágrafo, por mais específica que seja a questão."

"2. Não tome literalmente as formulações extremas de Freud. Trate-as como a maneira de ele chamar sua atenção para uma questão. Quando ele disser 'nunca', 'invariavelmente', 'definitivamente' etc., continue a ler, à espera das afirmações que atenuam ou matizam o que foi dito."

"3. Esteja alerta para inconsistências; [...] tome-as como formulações dialéticas incompletas, que aguardam a síntese que o estilo cognitivo de Freud o fazia consistentemente evitar."

"4. Atente para a linguagem figurada, particularmente a personificação" etc.

"5. Não espere definições rigorosas; procure antes o sentido dos termos nas maneiras como são usados por um período de tempo. E não desanime se encontrar uma palavra sendo usada num lugar em seu sentido ordinário, literário, e em outro num sentido técnico especial que muda com o estágio de desenvolvimento [*developmental status*] da teoria. [...]"

"6. Adote um ceticismo benévolo ante as asserções de que a prova de algo foi estabelecida fora de qualquer dúvida. [...]"

"7. Em geral, não suponha que a teoria seja invalidada por ser expressa, em boa parte, de forma metodologicamente indefensável. [...]"

"8. Cautela com o poder de persuasão de Freud. [...] Embora frequentemente ele tivesse razão, nem sempre era pelos motivos que dava, que quase nunca bastam verdadeiramente para provar sua instância [*his case*], e nem sempre na medida em que ele esperava."

"9. Não tome cada frase de Freud como uma verdade profunda [...]."

"10. Não se deixe ofender pelos lapsos de pureza metodológica de Freud, a ponto de dispensá-lo completamente. [...]"[73]

MAHONY

Dos chamados *Freud scholars* de expressão inglesa, o americano Patrick J. Mahony foi o único a dedicar todo um livro ao estudo do prosador Freud. *Freud as a writer*, publicado originalmente em 1982 e relançado quatro anos depois, em edição revista e ampliada, é provavelmente o mais instigante e mais bem documentado estudo sobre o tema. Mahony é também o único dos autores aqui discutidos que foi traduzido para o português (infelizmente em mau português). Sua dupla condição de professor de letras e de psicanalista — ele ensina literatura inglesa na Universidade de Montreal e mantém um consultório na mesma cidade — é algo que o distingue dos outros autores, que em geral se incluem na categoria dos acadêmicos (Muschg, Schönau, Holt) ou na dos terapeutas (Roustang). Certamente ele é devedor desses e de outros que o precederam na atenção ao tema. Já tivemos oportunidade de citá-lo ao descrever a "consciência da plateia" que evidencia o texto freudiano, algo notado primeiramente por Joan Riviere. Mahony desenvolve esse leitmotiv num capítulo intitulado "The fulfilling appeal to the audience", no qual, à guisa de ilustração, compara rapidamente as atitudes de Freud e de Jacques Lacan diante do leitor. Não poderiam ser mais contrastantes, diz ele, sendo a escrita de Lacan "deliberadamente polissêmica e ambígua, [...] elíptica e poética", pretendendo desafiar a interpretação racional".[74] Tal estilo pode facilmente resvalar para o exibicionismo egocêntrico, arriscando tornar-se

[73] Holt, op. cit., pp. 67-8.
[74] Mahony, op. cit., p. 55.

"um perturbador *acting out* do inconsciente"; enquanto o de Freud, visando elucidar, é sem dúvida guiado por processos inconscientes, mediados porém por funções do Eu.

Também nos referimos à ênfase de Mahony no caráter processivo do texto de Freud, no fato de o leitor frequentemente sentir-se acompanhando o pensamento à medida que este é apresentado, como se a escrita partejasse o pensamento.[75] Ligado a isso, o recurso constante a moduladores do sentido, a indicação — nem sempre notada pelos exegetas e tradutores — do grau de certeza ou incerteza em que o autor se acha. Além de claros advérbios ("provavelmente" etc.), Freud usa termos aproximativos como *sozusagen*, *gleichsam* ("por assim dizer", "como que") e partículas furta-cor como *wohl*, cujas nuances de significado dependem do *intorno*. Frases assim moduladas testemunham uma elevada consciência da natureza esquiva dos processos mentais, do grão de incerteza inerente a todo saber: "Os espíritos medíocres exigem da ciência um tipo de certeza que ela não pode dar, uma espécie de satisfação religiosa", disse Freud a Marie Bonaparte.[76] Por isso ele tendia a evitar definições e a satisfazer-se com aproximações descritivas: "A elaboração sistemática do material não é possível para mim; a natureza fragmentária de minhas experiências e o caráter esporádico da minha percepção não o permitem".[77]

Em capítulos dedicados às figuras de estilo empregadas por Freud e à relação entre a teoria e seu autor, Mahony faz observações de interesse sobre as analogias e tipos de imagens recorrentes em

[75] Nisso ele reconhece a dívida para com Jacques Schotte, nas notas que este fez à sua tradução do ensaio de Muschg: "Freud écrivain", *La Psychanalyse*, n. 5, 1959, pp. 69-124; cf. Mahony, op. cit., pp. 119-20.

[76] Citado por Mahony, op. cit., pp. 77-8; cf. Jones, *Sigmund Freud*, op. cit., v. II, p. 419.

[77] Em carta a Lou Andreas-Salomé, 2 de abril de 1919; apud Mahony, op. cit., p. 80.

Freud e sobre possíveis nexos entre sua compleição afetiva, traços fundamentais de sua concepção (dualismo, por exemplo) e a evolução de seus pontos de vista acerca da sexualidade feminina e a agressividade humana. É no Pós-escrito, porém, que deparamos com uma síntese e um refinamento de suas afirmações anteriores. A sutileza de Freud, de acordo com Mahony, permitiu-lhe compreender a psicanálise como uma verdadeira "semiótica de aproximações", em si mesma aproximada e fragmentária. Isto se evidencia na predileção pela palavra *Stück* ("pedaço, porção, parcela"), tão frequente nas páginas de Freud.

Três aspectos do estilo "genético" do criador da psicanálise são lembrados: o remontar à própria origem, a natureza colaborativa (o olhar para o leitor) e a impressão de efetuar-se no presente (*ongoingness in the present*). O que Mahony chama de *temporal vividness* ("vivacidade temporal") é um dado essencial, pelo contraste com a prosa normalmente adotada por escritores teóricos. Tudo parece estar se dando no presente, ante os olhos do leitor. Isso se mostra particularmente nos relatos de casos clínicos: a vida do paciente, seus sonhos, o tratamento, a tentativa de enxergar nexos, a teorização do terapeuta se colocam no tempo presente. O fato de, na *Standard edition*, Strachey havê-lo substituído pelo passado contribui para a maior impressão de rigidez transmitida por suas versões. (É preciso lembrar, porém, que todos os casos clínicos, se fossem reunidos, não ocupariam mais que um volume das obras completas.)

Traços da "cultura oral", segundo Mahony, também concorrem para a vivacidade da prosa freudiana. As diferenças entre linguagem falada e linguagem escrita formal estariam em que nesta predominam as substantivações, a impessoalidade e a voz passiva, enquanto a conversa é marcada por autorreferências e revelações do que pensa o falante. A fim de ressaltar outra qualidade do estilo de Freud, Mahony faz distinção entre a prosa legível, compreensível, e a prosa memorizável. Ao mesmo tempo, recordando o exemplo de Wittgenstein, também distingue entre o legível e o compreensível: muito do que escreveu esse filósofo austríaco é de sintaxe e vocabulário perfeitamente cristalinos, mas de difícil compreensão. Já a prosa de Kant, porém, é de leitura e de compreensão igualmente difíceis.

Contrastando com os dois, mestre Freud é não só legível e compreensível, mas também memorizável (além de memorável). Essa outra característica tem a ver com a natureza eminentemente citável de muitas construções de Freud, com a qualidade aforística da prosa de influência oral. De fato, ele foi um emérito cunhador de títulos, palavras, frases que ficaram na memória do Ocidente (se nos for permitida a hipérbole). Muschg já chamara a atenção para os títulos freudianos; Schönau compilou uma série de frases que se leem como aforismos.[78] A comparação entre os estilos de Freud e Kant foi retirada de Walter Kaufmann, que inscreveu o psicanalista-mor numa linhagem antiacadêmica da prosa alemã, na qual se incluiriam também Lessing, Goethe, Heine, Nietzsche e Kafka.[79] Mais que da prosa, esta seria uma linhagem antikantiana do pensamento alemão. Esses autores partilhariam, além da clareza e do amor à língua, uma estranheza ante a secura e abstração da filosofia acadêmica. Também a pretensão totalizadora dos criadores de sistemas lhes pareceria estranha e até mesmo cômica: o professor alemão, nos versos de Heine que Freud citou, "com seus gorros de dormir e farrapos de camisola/ Tapa as lacunas do universo".[80]

O estabelecimento de uma tal linhagem é discutível; a um exame mais atento, talvez se revele como uma generalização apressada. No

[78] Schönau, op. cit., pp. 128-9.

[79] Kaufmann, *Discovering the mind*, v. III: *Freud vs. Adler and Jung*. Nova York: McGraw-Hill, 1980, p. 15.

[80] No original, "*mit seinen Nachtmützen und Schlafrockfetzen/ Stopft er die Lücken des Weltenbaus*"; apud Kaufmann, op. cit., p. 18. Freud citou estes versos na última das *Novas conferências introdutórias à psicanálise* (GW XV, 173; SE XXII, 161).

tocante a Freud, os comentários de Kaufmann têm valor para o esclarecimento de sua atitude frente à filosofia, para entender o que ele queria dizer ao afirmar, por exemplo, que se sentia fazendo filosofia ao escrever o *Entwurf*. O âmago de sua crítica aos filósofos se acha na mesma página em que cita Heine: eles "superestimam o valor cognitivo de nossas operações lógicas". A essa frase podemos justapor uma afirmação do primeiro biógrafo de Freud, Fritz Wittels, que num capítulo de nome "Freud, o antifilósofo", escreveu: "Ele aspira, creio, a uma ciência natural artística no sentido de Goethe".[81]

Outro importante traço do estilo freudiano, conforme Mahony, está na sua *playfulness* (que pode ser vertido por "ludicidade", embora essa palavra latina seja de registro mais culto e de menor poder evocador que a inglesa, formada com base no monossílabo *play*, semanticamente muito rico). Uma anedota conservada por Erik Erikson é lembrada com relação a isso. Certa vez perguntaram a Freud o que, segundo ele, uma pessoa normal deveria saber fazer. Esperando uma resposta complicada, o interlocutor ficou surpreso ao ouvir apenas: "Amar e trabalhar". A isso Mahony acrescenta um matiz, retirado de uma carta a Oskar Pfister: "[...] o trabalho e o livre jogo da imaginação constituem para mim a mesma coisa", disse Freud então.[82]

Tudo somado, o impacto estético-iluminista da leitura de Freud é de tal ordem que nos arriscamos a aceitar *in totum* o que ele

[81] Citado por Kaufmann, op. cit., p. 37; Wittels não desenvolve essa afirmação. Ele cita a passagem em que Goethe diz ter herdado do pai a aplicação e seriedade e da mãe o "gosto de fabular", e então discerne influências paternas e maternas em Freud, ou melhor, o conflito entre injunções do pai ("Cautela para não cair!") e da mãe ("Você é um eleito!"). Nisso parece identificar traços paternos com a cientificidade, o rigor, e a natureza materna com a arte. Ele relaciona isso também, de modo pouco claro, à questão de a psicanálise ser uma ciência "natural" ou "mental" (cf. Wittels, *Freud and his time*, 1931, pp. 72-4).

[82] Apud Mahony, op. cit., p. 171.

diz, e nos inclinamos a ter como verdades o que ele apresenta como hipóteses. Mahony crê que em virtude disso passaram-se décadas até os psicanalistas notarem deficiências gritantes em alguns casos clínicos, sobretudo no "Caso Dora". O "Homem dos Ratos" e o "Homem dos Lobos" foram outros casos em que Freud exagerou bastante os resultados terapêuticos obtidos.[83] Não cabe aqui nos determos nas revisões dessas falhas, que vêm constituindo uma bibliografia crescente nos últimos anos.[84] Importa o motivo que Mahony sublinha para o acolhimento acrítico mencionado, ao propor que, ao ler Freud, deveríamos "analisar nossa transferência ante a sua autoapresentação escritural (*his scriptive self-presentation*, uma formulação que me parece cair no "academês" de muitos professores)". O título do seu pós-escrito, "A leitura psicanalítica de Freud", já remete a essa proposta de não ler Freud com o olhar desarmado. A questão seria a pertinência ou não de estender a noção de transferência à situação do leitor de Freud. Seria este um alongamento válido do conceito, ou algo discutível como o alargamento da definição de quiasmo operada por Roustang? Freud utilizou o termo (*Übertragung*, em alemão) para designar o fenômeno que observou na prática analítica, em que o paciente "transfere" para o terapeuta sentimentos e desejos infantis, que originalmente tocavam aos pais e outras pessoas do convívio. Assim ele repete ou reproduz (inconscientemente, escusado dizer) antigos afetos reprimidos. O analista se serve do "amor de transferência" para dar solução a esses afetos, como que guiando-os rumo a uma maior consciência e harmonia.

[83] Mahony, op. cit., pp. 181-4.

[84] O próprio Mahony dedicou boa parte de suas pesquisas a uma releitura dos casos clínicos freudianos. Além de papers sobre "Dora" e "Katharina", publicou monografias sobre o "Homem dos Ratos" e o "Homem dos Lobos", e está preparando um estudo minucioso de "Dora" (segundo comunicação pessoal).

O termo tem sido usado para qualificar igualmente outras relações afetivas, já que o amor de transferência não se distinguiria essencialmente de outros amores: o afeto de um aluno a um professor, de um empregado a um chefe, de um fã a um artista. Em toda situação social, os afetos em jogo repetiriam de alguma forma aqueles da infância, de modo que as disputas no interior de um clube esportivo ou de uma sociedade psicanalítica, por exemplo, poderiam ser interpretadas como brigas entre irmãos, disputas pelo amor ou pelo lugar dos pais. Isto se dá em relações interpessoais diretas, com a presença de corpos, olhares, vozes, gestos. Resta inquirir se a personalidade do autor Freud, de tão intensa — e realçada por sua ubiquidade, sua assunção a ícone da cultura de massas — chega a se impor tão fortemente a ponto de a ele reagirmos como a um ente próximo.

A noção de transferência sofre ainda outra expansão, num texto de Mahony que é uma espécie de complemento ao volume *Freud as a writer*, e que se intitula "A psychoanalytic translation of Freud".[85] Aí ele diz que, mesmo quando um paciente relata um acontecimento casual em linguagem cotidiana e literal, "na medida em que esse relato é afetado pela transferência ele é também figurado — *übertragen*". Para fazer essa afirmação ousada, Mahony se apoia em outro significado da palavra alemã, que no uso adjetivo se traduz por "figurado" (*figurative*, em inglês). Literalmente, *übertragener Sinn* significa "sentido transferido". Há uma correspondência com a etimologia da palavra "metáfora", que em grego deriva do verbo *metaphéro*, "trasladar, transportar para outro lugar". Ao se dizer que, no ambiente psicanalítico, toda proposição é figurada ou metafórica, está-se fazendo um jogo semântico de base etimo-

[85] Incluído na coletânea organizada por Darius Gray Ornston, *Translating Freud*. New Haven e Londres: Yale University Press, 1992, pp. 24-47.

lógica — de maneira não muito diferente da que alguns pensadores fazem com seus conceitos.[86]

Se, por um lado, a dupla formação de Mahony lhe favorece o escrutínio das apresentações clínicas de Freud, a descoberta de lacunas e mesmo equívocos nas suas construções, por outro lado o leva a sugestões excêntricas no que toca à tradução desses textos. Temos de concordar em boa medida com o seu questionamento do status canônico da versão de Strachey; mas o que dizer da proposta de traduzir Freud "psicanaliticamente", isto é, "identificando em notas de rodapé os sentidos de palavras do texto original que podem ter escapado à consciência alerta (*conscious awareness*) do autor"?[87] Ora, essas notas equivaleriam a comentários e exegeses; nelas poderia entrar tudo o que viesse à mente do leitor-intérprete, com relação ao texto a traduzir. Com que direito esse "tradutor psicanalítico" estamparia na mesma página de Freud os pensamentos que outros exegetas publicam à parte, em artigos ou livros assinados apenas por eles? Seria como se, por exemplo, Didier Anzieu incorporasse boa parte de sua obra *A autoanálise de Freud*, em forma de notas, a uma tradução que fizesse da *Interpretação dos sonhos*.

Outra objeção à ideia de uma tal tradução comentada seria de ordem propriamente linguística, ligada à concepção — equivocada e muito corriqueira — de que existem palavras que não se traduzem, por despertar, nos falantes nativos, sentimentos distintos, ou não exatamente iguais, àqueles que suas correspondentes em

[86] O caso mais notório, contemporaneamente, sendo o de Martin Heidegger, conforme a crítica de Mario Wandruszka, "Philosophie und Etymologie", em *Wörter und Wortfelder*. Tübingen: Tübinger Beiträge zur Linguistik, 1970, pp. 107-21.

[87] Mahony, "A psychoanalytic translation", em Ornston, op. cit., p. 46. A ideia surge apenas no parágrafo final do texto, e o título deste foi dado pelo organizador, não pelo autor (segundo comunicação pessoal de Mahony). Mas isto não chega a lhe diminuir a extravagância. Quanto ao título, além de editorialmente atraente, forma uma "dobradinha" com aquele do pós-escrito de *Freud as a writer*.

outra língua despertam nos falantes e escreventes desta. O linguista romeno Eugenio Coseriu criticou argutamente esse lugar-comum.[88] O fato de determinados sentimentos não se comunicarem a pessoas de outra nacionalidade não denota insuficiência da tradução, mas um de seus limites racionais. Aí se está exigindo, da tradução, algo que não se exige do falar original, que também não evocaria por si só esses sentimentos — algo efetuado pelos *realia* a que o falar diz respeito ou que pressupõe. Na parte do seu argumento que se aplica mais diretamente à solicitação de Mahony, Coseriu diz o seguinte: "Não é tudo o que num texto é indicado (*das Gemeinte*), mas — excetuando a diferente medida da 'verbalização' costumeira ou necessária nas diferentes línguas — apenas o que nesse texto é dito (*das Gesagte*), ou seja, o expresso pela língua em sua função semiótica, o 'verbalizado', é [...] objeto da tradução e pode em princípio ser traduzido".[89] Querer explicitar o não dito pelo autor, e aquilo de que ele próprio não se deu conta, significa, mais (ou menos) que traduzi-lo, psicanalisá-lo.

Outra dupla condição de Mahony está no fato de, nova-iorquino, ensinar na Universidade de Montreal, vivendo há décadas no Québec, a região francesa do Canadá. Quem observa, ainda que panoramicamente, a produção e o modo de atuar dos meios psicanalíticos estrangeiros, constata um divórcio entre a prosa direta, sem adornos e apegada à referência clínica, própria da psicanálise nos países de expressão inglesa, e a prosa mais refinada e um tanto vaga, cônscia de si mesma e autorreferente, peculiar a boa parte do movimento psicanalítico francês. Procurando não descuidar da

[88] Coseriu, "Falsche und richtige Fragestellungen in der Übersetzungstheorie", em L. Graehs, G. Korlén e B. Malmberg (orgs.), *Theory and practice of translation, Nobel Symposium 39*. Berna: Peter Lang, [s.d.], pp. 17-32; (Ed. bras.: "O certo e o errado na teoria da tradução", em Coseriu, *O homem e a sua linguagem*. Rio de Janeiro: Presença/ São Paulo: Edusp, 1987, pp. 155-71).
[89] Coseriu, op. cit., p. 26.

clareza na exposição e da experiência clínica, e atentando igualmente para as nuances da letra e os influxos de saberes afins, Mahony parece fazer uma ponte entre o Novo e o Velho Mundo, entre Nova York e Paris. No entanto, se muito do que tem a dizer beneficiou-se da consideração por *la lettre*, isso talvez responda igualmente por algum pendor formalista que nele detectamos. A referência elogiosa que faz ao ensaio de Roustang tem seu motivo: Mahony adota o quiasmo sugerido por esse autor, e propõe mesmo expandi-lo ainda mais. Diz que, enquanto para o psicanalista francês essa figura não passa de uma "manifestação estilística localizada do processo primário", ela pode também indicar padrões (*patterns*) dos efeitos desse processo em escala mais ampla. Como exemplo, aduz a transformação na vida do poeta inglês John Donne, que, quando jovem e mundano, escreveu poesia erótica com uma certa religiosidade subjacente, e depois, um maduro pregador anglicano, deixou versos religiosos com imagens eróticas. Então o "desenvolvimento quiástico" de Donne é expresso por Mahony com esta fórmula:

poesia erótica — poesia religiosa
religião — erotismo

A estruturação "quiástica" estaria presente tanto nos escritos iniciais como naqueles da maturidade de Freud. Assim, nos *Estudos sobre a histeria*, Breuer, o coautor, pretendia abordar o tema de um ângulo psicológico, mas falou de excitações intracerebrais e paralelos com circuitos elétricos. E Freud, que buscava nexos puramente fisiológicos, acabou admitindo que seus casos clínicos pareciam romances. No *Futuro de uma ilusão* (1927), outro quiasmo estaria na momentânea troca de papéis entre o autor e seu interlocutor imaginário. A aplicação dessa figura ao desenvolvimento de Freud culmina na constatação, feita por Laplanche e avalizada por Mahony, de que se pusermos frente a frente os termos que designam os pares de opostos na teoria de Freud, "essa genealogia toma a forma de um estranho quiasmo que nós, como sucessores de Freud, começamos a decifrar".[90] Eis o tal quiasmo:

Processo primário	Processo secundário
Energia livre	Energia presa
Desligamento	Ligação
Sexualidade	Eu
Pulsão de morte	Eros

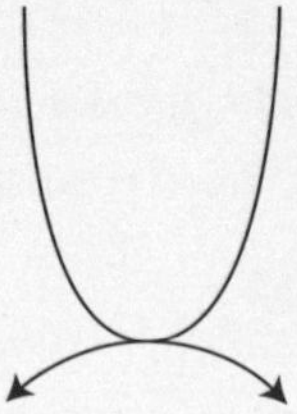

O que parece ocorrer, no caso, é mais uma vez a utilização excessiva de uma noção; esta é aplicada de forma tão abrangente que perde sua especificidade. Freud tinha consciência da inevitabilidade e das limitações do uso de símiles. Mas nem sempre os comentadores exibem essa consciência. De modo que em algumas exegeses os símiles se veem de tal forma estendidos que ficam esgarçados, perdendo a vitalidade.

Um movimento análogo está na identificação do texto ao próprio aparelho psíquico que ele descreve, feita por Roustang e também aceita por Mahony. Disso decorreria que o estilo de Freud (e, deduz-se, de todo analista) na página reproduz o seu estilo no consultório. Uma elaboração refinada desse movimento se acha no estudo de Jacques Derrida sobre *Além do princípio do prazer* (1920), igualmente lembrado com aprovação por Mahony. Nesse pequeno livro, Freud especulou sobre a existência de uma compulsão à repetição, que seria ainda mais fundamental que a tendência a acabar com a tensão (o "princípio do prazer"), e que explicaria a insistência de muitos analisandos em reviver experiências doloro-

[90] Apud Mahony, op. cit., p. 100; ele cita uma passagem de *Vie et mort en psychanalyse*, de J. Laplanche (Paris: Flammarion, 1970).

sas. Indo mais longe, num passo dos mais controversos, ele enxergou nisto a ação de um "instinto de morte" partilhado por todos os seres vivos, que os faria buscar, no fundo, o retorno ao estado inorgânico, ao repouso total. Entre os indícios de um pendor básico à repetição ele aduziu a brincadeira de um bebê de um ano e meio que tivera ocasião de observar (era seu neto, na realidade). Ela consistia em pôr para fora do berço um carretel de madeira atado a um cordão, ação esta acompanhada de um *oooooo* (interpretado pela mãe e pelo avô como significando *fort*, "embora"), e em seguida puxá-lo até que reaparecesse, quando então dizia alegremente *da*, "aqui". Com isso o bebê estaria reproduzindo a vivência do desaparecimento e da reaparição da mãe.

Esse exemplo, que veio a se tornar famoso, surge no capítulo II de *Além do princípio do prazer*. No ensaio aludido, Derrida argumenta que o próprio texto de Freud é produto de repetição e desvio, pois por quatro vezes o autor começa a abordar o fenômeno da repetição e interrompe o raciocínio; até em detalhes se notaria um paralelo entre o *fort/ da* da criança e o jogo especulativo do ancião. Em suma, não apenas o escrito de Freud "tem uma estrutura mimética, mas também é em si mesmo uma performance".[91]

Na sugestão de traduzir "psicanaliticamente" Freud vimos a tentativa de discernir, nos escritos freudianos, pistas do inconsciente do autor — algo que nos revelaria mais sobre o autor que sobre o texto, indo contra a máxima de um outro mestre do ofício de escrever, o romancista D. H. Lawrence, que disse: "*Trust the tale, not the author!*" ["Confie na história, não no autor!"]. Nos *insights* conforme os quais o texto de Freud reproduz, em seu movimento, o aparelho mental que descreve, ou de que mimetiza e reencena o objeto de seu estudo, parece-nos predominar um viés formalista que, não contente de erotizar *le texte*, procura também psicanalisá-lo. Cabe

[91] Apud Mahony, op. cit., p. 35.

perguntar que relevância pode ter uma abordagem desse tipo; em que contribuem para o nosso conhecimento esses jogos de simetrias, sutis ou não tão sutis. Em português coloquial, diríamos: "Muito bem. E daí?". Um alemão e um inglês poderiam igualmente perguntar: "*Na und?*", "*So what?*".

A TERMINOLOGIA

Os autores que mais estudaram a escrita de Freud não se detiveram particularmente no exame de seu vocabulário. Muschg faz apreciações sobre a pertinência na escolha dos termos em geral e o bom gosto na formação de palavras compostas. Os exemplos aqui poderiam ser muitos, pois praticamente não há obra em que Freud não crie, ou melhor, não "cunhe" palavras. Nisso ele se serve de um recurso bem conhecido da língua alemã (e de muitas outras línguas, mas não das neolatinas), que é a possibilidade de formar vocábulos pela simples justaposição de outros, já conhecidos. Para designar a saudade da pátria ou da cidade natal usa-se *Heimweh*, por exemplo, em que *Heim* = lar, pátria, e *Weh* = dor. Ou, tomando palavras bem freudianas, *Deckerinnnerung*, *Zwangsneurose*, *Teufelsneurose*, *Krankengeschichte*, *Traumdeutung*, *Traumarbeit*, *Traumgedanke*, *Traumquelle* (as formações com *Traum* são muitas, daí Muschg dizer que ele "usurpou" a palavra dos poetas...).[92]

Juntamente com essa facilidade na composição, e a ela relacionada, está a concretude dos termos alemães. Nós, que falamos uma língua derivada do latim, temos alguma dificuldade em perceber o que isso significa. Ocorre que somos levados a designar muitas coisas, nas ciências, com termos latinos e gregos que já não despertam muita ressonância em nós, que soam distantes da nossa lingua-

[92] Muschg, op. cit., p. 317.

gem cotidiana. No caso do adjetivo para sonho, dizemos "onírico"; o que diz respeito ao coração é "cordial" (ou "cardíaco", na acepção médica).[93] Para falar de uma planta que necessita de sal, um alemão diz "eine *salzliebende Pflanze*" — o que é compreendido por qualquer indivíduo, independente do seu grau de instrução. Mas em português, uma "planta alófila" é algo que apenas uma camada instruída da população compreenderá... Em todas as áreas do conhecimento se encontra isso: *Wasserstoff*, *Säugetier* etc.

Esses últimos exemplos foram tirados do livro *Quand Freud voit la mer*, do tradutor, ensaísta e romancista Georges-Arthur Goldschmidt.[94] O subtítulo dessa obra evidencia por que ela nos interessa: "Freud et la langue allemande"; e o seu título é revelador da abordagem poética pretendida pelo autor. O mar a que ele se refere é a própria linguagem ("*La langue humaine est comme la mer*"), e etimologicamente estaria ligado ao inconsciente, à "alma" (*Seele*). Pois conforme o Kluge existe um nexo entre *Seele* e *See* (este significando "mar", se empregado no feminino, ou "lago", no masculino): aquela designava, entre os antigos germanos, o que se originara ou pertencia ao lago, segundo a crença de que alguns lagos abrigavam as almas dos ainda não nascidos e dos já falecidos.[95]

Lendo Freud, continua Goldschmidt, dir-se-ia que "o inconsciente é feito como o mar". Esse tipo de arrazoado, que busca

[93] A propósito dessa palavra portuguesa — e, indiretamente, da característica da língua alemã aqui lembrada —, convém citar o trecho de uma carta de Guimarães Rosa ao seu tradutor alemão: "Coraçãomente" — escreveu, justificando a cunhagem que aparece no final do conto "Sequência", em *Primeiras estórias* — "porque ficou mais concreto, direto, quente e imediato que 'cordialmente' — isto em português, porque, quando usamos 'cordialmente', nem se recorda mais o radical latino [...]" (apud Curt Meyer-Clason, "João Guimarães Rosa e a língua alemã", em vários autores, *João Guimarães Rosa*. [Porto Alegre:] Universidade Federal do Rio Grande do Sul, Edições da Faculdade de Filosofia, 1969, p. 114).

[94] Editado por Buchet/ Chastel, Paris, 1988.

[95] Kluge, op. cit., verbetes "*See*" e "*Seele*"; cf. também "*Duden*" e "*Wahrig*".

deduzir equivalências por contaminação etimológica, digamos, prevalece em boa parte da obra de Goldschmidt. Assim, ele afirma que "memória" e "pensamento" são a mesma palavra em alemão, com base tão somente no parentesco entre *Gedächtnis* e *Gedanke* ["memória" e "pensamento"].[96] Chega a identificar "espírito" (*Geist*) e "espuma, jorro" (*Gischt*), pois Hölderlin, falando o dialeto suábio, pronunciava a primeira como *Geischt*.[97] Uma certa nebulosidade paira sobre o mar de Goldschmidt, e o seu barco se acha um pouco à deriva. Mas ele não se importa: tudo indica que *il naufragar gli è dolce in questo mare*.

É grande, porém confusa a sua intimidade com o alemão (dos autores até aqui revisados é o único bilíngue). Isso o torna propenso a arroubos de generalização ("a língua alemã sabe tudo do inconsciente", p. 33) e o faz tomar gosto pelo paradoxo e a provocação: "O alemão, repito, é uma língua quase incapaz de abstração" (pp. 31-2). As palavras abstratas do alemão vêm do francês, diz taxativamente. Termos filosóficos como *Aufhebung*, de Hegel, são parte da linguagem mais corriqueira. Excetuando duas palavras, todo o vocabulário do primeiro parágrafo da *Fenomenologia do espírito* se acha à disposição de um garoto alemão de cinco anos de idade — graças à referida concretude ou "transparência" dessa língua.

A confusão, aqui, é entre estar disponível e ser compreensível. Os conceitos filosóficos alemães mais debatidos têm um *fundo* concreto. Os pensadores servem-se dessa concretude como de uma plataforma para as abstrações (mais ou menos como, segundo os muçulmanos, Maomé utilizou a enorme pedra onde agora se ergue o Templo da Rocha, em Jerusalém, para atingir a Lua com sua montaria, ou Cristo jogou com o nome de Pedro para torná-lo o primeiro bispo, sobre ele edificando sua igreja — usando imagens

[96] Goldschmidt, op. cit., p. 25.
[97] Idem, ibidem, pp. 19 e 123.

talvez imprecisas, e certamente sacrílegas para os adoradores da Razão). Recordando a diferenciação feita por Mahony, Wittgenstein é perfeitamente legível, mas de difícil compreensão. Um garoto de cinco anos pode conhecer, ou melhor, ter como familiar o vocabulário de Hegel, mas ao atingir cinquenta anos talvez ainda não compreenda o primeiro parágrafo da *Fenomenologia do espírito*.

No conjunto, a perspectiva de Goldschmidt consiste de impressões e associações muitas vezes idiossincráticas, mas aqui e ali há considerações pertinentes sobre alguns termos, ou aproximações instigantes entre alguns outros.

PÖRKSEN

Até o momento, o único estudioso a se deter na discussão do vocabulário freudiano como um todo parece ter sido Uwe Pörksen, num ensaio de 1973.[98] Ele foi precedido pelo influente *Vocabulário da psicanálise*,[99] de Jean Laplanche e J.-B. Pontalis. Mas o *Vocabulário* foi obra de dois teóricos sistematizadores, que tinham por modelo o célebre *Vocabulaire technique et critique de la philosophie*, de André Lalande.[100] Eles circunscreveram um conjunto de termos que abrangeriam o essencial da teoria psicanalítica até então, definindo-os conceitualmente e historiando a sua evolução desde que passaram a ser usados por Freud ou seus seguidores. Ou seja, os termos são tomados enquanto conceitos estabelecidos, escapando

[98] U. Pörksen, "Zur Terminologie der Psychoanalyse", *Deutsche Sprache*, n. 3, 1973, pp. 7-36.

[99] Jean Laplanche e J.-B. Pontalis, *Vocabulaire de la psychanalyse*. Paris: PUF, 2ª ed., 1968 (Ed. bras.: *Vocabulário da psicanálise*, tradução de Pedro Tamen. São Paulo: Martins Fontes, 11ª ed., 1991).

[100] A. Lalande, *Vocabulaire technique et critique de la philosophie*. Paris: PUF, 16ª ed., 1988.

ao objetivo dos autores o esclarecimento de como chegaram a ser escolhidos pelo criador da psicanálise e a caracterização do seu uso. A abordagem de Pörksen — um germanista — se dá nessa direção histórico-filológica.

Ele constata inicialmente a inevitabilidade da criação de novas palavras, ou da utilização de velhos termos com novos sentidos, à medida que se expandem os conhecimentos. Há muitas formas possíveis de nomear um conceito, numa escala que vai do esotérico ao coloquial. Pörksen sugere, como exemplo, sete maneiras de designar *Widerstand* ("resistência"): 1. com símbolos, nomes próprios ou abreviaturas (Ω, Ohm, W, WID); 2. vocábulos tomados de empréstimo a línguas clássicas ou a outra língua viva (*antístasis*, do grego; *resistance*, do inglês); 3. termos germanizados em todo ou em parte, empregados de modo específico (*Resistenz*, *Opposition*); 4. novos termos compostos ou expressões fixas (*Aufhaltekraft*, "força que detém"; *abwehrende Tendenz*, "tendência de rechaçar"); 5. metáforas (*Sperre*, "barreira"); 6. palavras comuns em uso especial (*Widerstand*); 7. sinônimos e paráfrases que evitam o termo especial.

Temos aí um espectro de designações em ordem crescente de aproximação à linguagem entendida pelo público leigo. Inversamente, quanto mais subirmos na escala teremos expressões mais artificiais e/ ou terminológicas. Os exemplos do primeiro nível são excepcionais, pela completa arbitrariedade dos nomes; são etiquetas que podem ser escolhidas à vontade. A partir do segundo nível, a compreensão vai sendo impregnada por associações de sentido; em outras palavras, os conteúdos científicos que se pretendem exprimir vão sendo apreendidos "com ajuda de um inventário conhecido de expressões e das representações (*Vorstellungen*) a elas agregadas".[101] Chegando ao último nível, praticamente deixa de haver diferença em relação à linguagem comum.

[101] Idem, ibidem, p. 8.

Deve-se ter em conta, porém, observa Pörksen, que uma expressão pode ser "terminologizada" sem maior consideração pelo seu sentido coloquial. Em suma, o jargão científico se move entre os dois extremos da escala acima. Num manual de física ou de química, certamente predomina a linguagem específica ou combinada (*Verabredungsprache*). Uma inferência que Pörksen não chega a fazer, e que nos permitimos, é que apenas as ciências "exatas" cobrem todo o leque acima. As chamadas (em português) "ciências humanas" vão do segundo ao sétimo nível, tendendo a ignorar o primeiro. É significativo que Freud o tenha utilizado somente na tentativa de esboço de uma psicologia de base neurológica, no manuscrito denominado (pelos editores ingleses) "Projeto de uma psicologia científica", de 1895. Abandonando essa tentativa, deixou também de recorrer a símbolos para descrever processos mentais. No capítulo teórico da *Interpretação* e nos escritos chamados metapsicológicos, o leitor encontra as abreviaturas *Ics*, *Pcs* e *Cs* para designar os sistemas Inconsciente, Pré-consciente e Consciente, enquanto os termos são reservados para descrever o estado de inconsciência, consciência etc.

Segundo Pörksen, Freud em geral não escreve uma linguagem especial, que pressuponha o conhecimento de um jargão, mas uma linguagem culta (*Bildungsprache*), "na qual se serve de expressões usuais da 'língua natural', esclarecendo os termos técnicos à medida que os introduz, parafraseando-os, tornando-os transparentes no contexto da exposição".[102] Aí estaria, então, a maior peculiaridade do seu estilo: no fato de usar uma terminologia própria, mas não escrever "terminologicamente".

Pois os conceitos, em Freud, não se acham sempre ligados a apenas um termo. É característico dele utilizar sinônimos, variações e circunlóquios. Em vez de "sobredeterminação" (*Überdeterminierung*) pode-se ler "determinação múltipla" (*mehrfache Determinie-*

[102] Idem, ibidem, p. 9.

rung); *Dingvorstellung* ("representação de coisa") pode aparecer como *Sachvorstellung* (idem); *Aufarbeitung* ("elaboração, conclusão") tem ocasionalmente os sinônimos *Ausarbeitung*, *Bearbeitung*, *Verarbeitung* ; *Unterdrückung* nem sempre se distingue de *Verdrängung*.

Um passar de olhos pela estrutura dos termos revela igualmente por que a leitura de Freud não produz um efeito estranhador. Pörksen destacou muitos lexemas fixos, que consistem sobretudo na junção de substantivos com adjetivos ("método catártico", "estágio oral"), depois em ligações com genitivos ("subtração do investimento", "derivado do inconsciente"), e por fim se constroem mediante preposições ("identificação com o agressor", "fuga na doença"). Tais construções se aproximam do tipo motivado ou "transparente" de termos, do qual se falará mais adiante.

Dos 331 termos que compõem o *Vocabulário da psicanálise*, exatamente um terço (110), na contagem de Pörksen, são palavras tradicionais da língua alemã. Vocábulos corriqueiros como *Lust*, *Abwehr*, *Begierde*, *Trieb*, *Verneinung*, *Wunsch* (respectivamente, "prazer", "defesa", "desejo", "impulso ou instinto", "negação", "desejo"), novas composições, como *Fehlleistung*, *Deckerinnerung*, *Gegenbesetzung* ("ato falho", "lembrança encobridora", "contrainvestimento"), e os lexemas já mencionados.

Além desses, digamos, "termos técnicos maternos", existem ligações de um elemento germânico e um vocábulo grego ou latino já incorporado ao alemão, ou termos especiais formados a partir dessas línguas: *seelischer Apparat*, *Lustprinzip*, *Primärvorgang*, *Penisneid*, *analsadistische Stufe*, *Ichlibido* ("aparelho psíquico", "princípio do prazer", "processo primário", "inveja do pênis", "estágio sádico-anal", "libido do Eu"). Eles constituem mais ou menos uma centena das expressões do *Vocabulário*.

Mais de um terço (122) das palavras coligidas por Laplanche e Pontalis consiste de vocábulos de origem estrangeira, principalmente grega e latina. Por volta de 1900, afirma Pörksen, boa parte do léxico freudiano desse tipo era de uso, se não geral, ao menos culto: *Abstinenz*, *Zone*, *Zensur*, *Analyse*, *Fixierung*, *Objekt*, *Material*, *Komplex*, *psychisch*, *Phantasie* etc. Essas palavras não se diferenciam, ou mal se diferenciam, daquelas propriamente "maternas", e Freud também as introduz circunscrevendo, de maneira explícita ou oblíqua, o significado que vêm a assumir na sua teoria. Um número menor de palavras, pouco mais que um terço no interior desse terço, é dotado de nova significação ou cunhado a partir das línguas clássicas. Desse número, a maioria (25) foi proposta por colegas e discípulos de Freud, enquanto vinte foram criação dele mesmo. O que leva à constatação de que depois de Freud o vocabulário psicanalítico tendeu a crescer tomando de empréstimo e adaptando palavras do grego e do latim.[103] Como exemplos, "internalização", "racionalização", "anaclítico" (este como versão de um termo nativo usado por Freud), "erotismo uretral".

Tal tendência, além de exprimir ânsia por maior certeza e precisão, por maior "cientificidade", age como um fator de coesão e reconhecimento no interior do grupo dos profissionais da psicanálise, e contribui para a identidade dele, caracterizando-o perante a sociedade como um todo e outros grupos ou "movimentos" psicoterapêuticos. É por isso que, na formulação feliz de Pörksen, "os discípulos escrevem de maneira mais terminológica que o mestre. Sua dependência se exprime na aceitação e na desvelada atenção para com os termos dele".[104] Esses termos, porém, veem-se tratados com demasiada cerimônia, frequentemente despidos dos elementos ou nuances emocionais que possuem na língua alemã e no alemão de Freud. Retomando a nomenclatura de Jakobson, há uma hipertrofia da função metalinguística, em detrimento das funções referencial e poética.

[103] Cf. Pörksen, ibidem, p. 12.
[104] Idem, ibidem, p. 23.

Quando Freud emprega vocábulos corriqueiros como "prazer", "fantasia", "desejo", ampliando-os na direção cognitiva, não deixa de continuar evocando as antigas, ricas associações dessas palavras, fazendo apelo também aos sentimentos do leitor.[105] Assim como, segundo a psicanálise, o intelecto se desenvolve conforme as vicissitudes dos instintos e afetos, a apreensão intelectual do leitor não se dá independentemente da experiência emocional. "A linguagem de Freud se situa exatamente na fronteira entre estilo científico (*wissenschaftlich*) e estilo beletrístico (*schriftstellerisch*)."[106] O mesmo foi dito, de outra forma, por Walter Kaufmann. É possível escrever bons livros sobre teorias científicas, lendo-as em traduções, afirmou ele; mas dificilmente se escreverá sobre Goethe ou Heine sem conhecê-los no original. Quanto a Freud, "representa um caso intermediário".[107] Também Jean Starobinski, no rico ensaio introdutório que escreveu para uma edição italiana da *Interpretação*, referiu-se à "conjunção 'gratificante' [...] de uma dupla linguagem: aquela da ciência e aquela da afetividade 'arcaica'".[108]

Finalizando este resumo de Pörksen, é preciso dizer que, não obstante sua atitude admirativa, ele manifesta dúvidas quanto à validade dessa ampliação de sentidos operada por Freud. Ecoando um outro estudioso do "mundo conceitual" da psicanálise, ele acha (ou parece achar, pois se expressa muito comedidamente), por exemplo, que o extraordinário alargamento do conceito de "sexual" — uma das pedras angulares da teoria freudiana, como se sabe — foi um equívoco que dificultou a compreensão e o reconhecimento da psicanálise.[109] É a mesma crítica do filósofo inglês B. A. Farrell.

[105] Cf. idem, ibidem, p. 16.

[106] Idem, ibidem, p. 17.

[107] Kaufmann, op. cit., p. 20.

[108] Starobinski, "Introduzione", em Freud, *Interpretazione dei sogni*. Milão: Rizzoli, 1986, p. 47.

[109] O estudioso chama-se H. Schultz-Hencke, numa monografia cujo título é a

Embora admitindo que uma criança tem prazer ao mamar, algo confirmado por pesquisas experimentais, Farrell questionou que esse prazer pudesse ser descrito como sexual, dizendo ser uma "atividade preparatória" para a futura sexualidade adulta. E assim também com todos os atos infantis prazerosos, como a masturbação, a exibição etc. "Não podemos argumentar com base apenas na analogia comportamental e concluir que a força que impele a criança é a mesma que impele o adulto".[110] Ora, muito da conduta humana fica mais claro, ou mais humanamente compreensível, se fizermos justamente essa conclusão. Trata-se de uma exigência de método, como disse um filósofo mais arguto que Mr. Farrell: "Não admitir várias espécies de causalidade enquanto não se leva ao limite extremo (— até o absurdo, diria mesmo) a tentativa de se contentar com uma só: eis uma moral do método, à qual ninguém se pode subtrair hoje".[111] O raciocínio de autores como Farrell é apenas mais um avatar da velha indignação ante a ideia de que as crianças não são exatamente serafins incorpóreos.

No entanto, para além da sexualidade infantil, a dúvida de Pörksen diz respeito à pertinência de converter palavras comuns em terminologia. Após demonstrar como isso é peculiar a Freud, e vantajoso em certos aspectos, ele lembra o outro lado da moeda, o fato de os leitores em geral, diferentemente dos estudiosos, se aterem ao sentido mais coloquial dos termos e assim tenderem a interpretá-los de modo simplista. As palavras corriqueiras, já indicando parcialmente o conteúdo/ conceito designado, favoreceriam a crença de já serem entendidas inteiramente: "A nomenclatura que

expressão que usamos entre aspas, *Die psychoanalytische Begriffswelt*. Göttingen: Vandenhoeck & Ruprecht, 1972; cf. Pörksen, op. cit., pp. 26, 30-2.

[110] "A psicologia freudiana e suas implicações", diálogo com B. A. Farrell, em Jonathan Miller (org.), *Estados de espírito*. Lisboa: Presença, 1989 (trad.), pp. 240-1.

[111] Nietzsche, *Além do bem e do mal*, op. cit., § 36.

usa a língua falada (*die sprechende Nomenclatur*) tem a vantagem de fazer a ligação com o conhecido e tornar os termos mais 'fáceis de serem lembrados' (*merkfähiger*): tem porém a desvantagem de promover uma semicompreensão guiada pela letra (*ein wortgesteuertes Halbverstehen*)".[112] A chamada etimologia popular e as etimologias das crianças seriam exemplos extremados dessa atitude. E por isso as disciplinas ou as filosofias que se servem de um vocabulário "apelativo" (na acepção de fazerem apelo aos sentimentos e aos sentidos dos leitores) têm maior chance de tornar-se "moda". Pörksen recorda aqui os nomes de Darwin e Heidegger, "e talvez Freud".[113] Mas provavelmente pode-se dizer o mesmo de todo pensador que alcança popularidade.

Retornando a Walter Muschg, o que mais o impressiona, no ensaio de 1930, é a sensualidade da escrita freudiana. Para ela contribui o "amor sensual à palavra", que se revela no uso de formulações inesperadas e marcantes, e sobretudo na abundância de imagens. Pois, em mais um indício da universalidade de seus interesses, Freud recorre a metáforas das mais diversas áreas. Na *Interpretação dos sonhos* há um momento em que ele se desculpa pela tendência a usar símiles retirados da vida cotidiana.[114] Uma contagem das metáforas registradas no volume de índices da edição alemã, porém, mostra que no conjunto da obra um grupo de disciplinas responde por cerca de um quarto de todas as imagens: são a química, a física,

[112] Pörksen, op. cit., p. 29.

[113] O "talvez" talvez surpreenda, mas devemos lembrar que o ensaio de Pörksen foi escrito na então Alemanha Federal, no início dos anos 1970, e que nos países de língua alemã Freud nunca foi tão popular como no restante da Europa Ocidental ou nas Américas.

[114] GW II/ III, 568; SE V, 562. O amplo tema da metáfora em Freud não será desenvolvido aqui. Algumas indicações mais se acham em meu artigo "Freud como escritor", em Souza, *Freud, Nietzsche e outros alemães*, op. cit., pp. 17-20.

a biologia e a fisiologia. O que não surpreende, se considerarmos a formação médica de Freud, a inevitabilidade de que esses ramos da ciência da época fossem a "principal fonte de suas metáforas e dos modelos conceituais dos obscuros processos psicológicos que ele tentava descrever".[115] Além dessas áreas, deparamos com analogias da pintura, religião, política, história, processos da natureza etc.

Entre elas, a mais célebre é provavelmente a chamada "metáfora arqueológica", em que o inconsciente humano é comparado ao subsolo de uma antiga cidade, com seus estratos de construções soterradas. Com a diferença de que na mente essas edificações podem existir no mesmo espaço, as camadas se penetram. A imagem se prolonga na figura do analista, cuja função, como arqueólogo, seria revolver camadas, em busca de realidades lendárias, acontecimentos míticos da história do indivíduo, "Atlândidas afundadas na psique", na bela imagem de um estudioso dessa questão.[116] Em outros termos, a psicanálise implica uma certa "consciência arqueológica", no sentido de conceber a vida cotidiana como uma superfície sob a qual é preciso aprender a ler.

Concluindo, retenhamos o que seria a ideia central para quem estuda a terminologia da psicanálise: em Freud, a fronteira entre uma linguagem científica especial e a linguagem comum, não específica, é sempre móvel. Isso constitui parte do seu fascínio e, como veremos, também da sua dificuldade.

[115] Thomä e Cheshire, "Metaphor, neologism and 'open texture': implications for translating Freud's scientific thought", *International Review of Psycho-Analysis*, v. 18, n. 3, 1991, p. 439. Pörksen (op. cit., pp. 19ss) acentua a "irradiação" da linguagem das ciências naturais no fim do século XIX, fenômeno contrário ao sucedido no início daquele século, quando a linguagem da filosofia, da teologia e da poesia influiu em ramos incipientes da ciência natural.

[116] Donald Kuspit, "A mighty metaphor: the analogy of archeology and psychoanalysis", em Gamell e Wells (orgs.), *Sigmund Freud and art: his personal collection of antiquities*. Londres: Thames and Hudson, 1989, pp. 133-51.

II. A edição *Standard* inglesa

> *Klare Grundbegriffe und scharf umrissene Definitionen sind nur in den Geisteswissenschaften möglich, soweit diese ein Tatsachengebiet in den Rahmen einer intellektuellen Systembildung fassen wollen. In den Naturwissenschaften, zu denen die Psychologie gehört, ist solche Klarheit der Oberbegriffe überflüssig, ja unmöglich.* [Cf. tradução na "Conclusão".]
>
> Freud

IMPORTÂNCIA E ORIGEM

A chamada edição *Standard* das obras psicológicas completas de Freud, publicada na Inglaterra entre 1955 e 1974, constitui um dos mais formidáveis empreendimentos intelectuais de nossa época. Formidável, em primeiro lugar, por ter sido realizada por um homem, James Strachey, com ajuda de dois ou três auxiliares e bem poucos recursos materiais. Além de traduzir o que ainda era inédito em inglês, Strachey revisou extensamente as traduções existentes (algumas dele próprio), buscando a homogeneidade estilística e terminológica, e redigiu um sem-número de notas, introduções e referências. Também incorporou nela certos textos ausentes da edição original. Isso contribuiu para fazer da *Standard* a mais influente edição das obras de Freud, mais utilizada, no mundo inteiro, que a mencionada coleção alemã (as *Gesammelte Werke* [Obras completas] em dezoito volumes). Seria preciso remontar à Vulgata de São Jerônimo — num paralelo um tanto exagerado, e certamente sacrílego — para imaginar um conjunto de livros que tivesse uma tão vasta influência na cultura ocidental.

É frequente encontrarmos, em livros sobre a psicanálise, expressões de dívida para com a *Standard* e a outra obra que muito influiu na visão que se tem hoje de Freud, a biografia em três volumes de Ernest Jones.[1] Gerações de psicanalistas se formaram tendo por base o texto de Strachey. Anna Freud chegou a dizer que se tratava de um caso extraordinário em que a versão fazia concorrência ao original. As referências bibliográficas da imensa maioria da produção psicanalítica de língua inglesa, e de boa parte daquela em outras línguas, remetem à *Standard* — que também serviu de modelo para a nova edição castelhana, de texto-base para a *Standard* brasileira, e teve seu aparato editorial reproduzido, no todo ou em parte, na "Edição para estudos" (*Studienausgabe*) alemã, na edição italiana e na nova edição francesa.

Sua influência, portanto, dificilmente poderá ser exagerada. De fato, ela foi tamanha que, para alguns leitores, o Freud inglês substituiu literalmente o original: num artigo sobre "O uso da metáfora no pensamento analítico", uma psicanalista americana afirmou que, pelo fato de suas ideias serem "novidades para as quais

[1] Jones, *Sigmund Freud: life and work*, 3 vols. Londres: Hogarth Press, 1953-7 (Ed. bras.: *A vida e a obra de Sigmund Freud*, tradução de Júlio Castañon Guimarães. Rio de Janeiro: Imago, 1989).

não havia termos", Freud se viu obrigado a recorrer a palavras estrangeiras, "algumas de línguas mortas, como *to cathect*".[2] Ora, a utilização de *cathexis* para verter *Besetzung* veio a se tornar exemplo de um dos pontos mais criticados na tradução inglesa: o recurso a termos clássicos incomuns para verter palavras alemãs corriqueiras usadas por Freud.

Na década de 1950, quando foi publicado esse artigo, não havia dúvidas quanto à excelência da edição de Strachey. Tal unanimidade prosseguiu nos anos 1960. Num obituário assinado por A. Grinstein (Strachey morreu em abril de 1967), sua realização foi avaliada do modo mais positivo.[3] Mas já então apareceram críticas fundamentadas, de um ou outro psicanalista que lia Freud em alemão.[4] Elas permaneceram vozes isoladas no "coro dos contentes", porém. Somente em 1983, com a publicação do livro *Freud and man's soul*, de Bruno Bettelheim, passou-se a questionar abertamente a edição britânica. A publicidade em torno do livrinho de Bettelheim poderia ser comparada à ruptura de um dique holandês: desencadeou um dilúvio de objeções a Strachey (ou, no mínimo, fez um vasto número de interessados acordarem para um problema que não percebiam). Em vários artigos, Darius Gray Ornston argumentou que ele havia tornado Freud mais rígido e positivo, e chegou a lhe atribuir a teoria estrutural da mente, que não se encontraria de fato

[2] Geraldine Pederson-Krag, "The use of metaphor in analytic thinking", *Psychoanalytic Quarterly*, v. 25, 1956, p. 66.

[3] Alexander Grinstein, "J. B. Strachey", *American Imago*, v. 24, 1967, p. 323. Strachey faleceu pouco depois de concluir e editar o último volume de textos, o 23º. O volume XXIV, lançado em 1974, consiste de bibliografias e índices.

[4] Lewis Brandt, "Some notes on English Freudian terminology", *Journal of the American Psychoanalytic Association*, v. 9, n. 2, 1961, pp. 331-9; "Process or structure?", *Psychoanalytical Review*, v. 53, 1966, pp. 774-8. Frank Brull, "A reconsideration of some translations of Sigmund Freud", *Psychotherapy: Theory, Research and Practice*, v. 12, 1975, pp. 273-9.

no original alemão.[5] Patrick Mahony, num belo livro sobre a retórica freudiana, buscou demonstrar a incapacidade de Strachey em exprimir nuances do estilo de Freud, nuances que teriam significativas implicações teóricas.[6] Riccardo Steiner, pesquisador da Sociedade Britânica de Psicanálise, escreveu uma breve mas densa história das origens da *Standard*, revelando como se dera a escolha de alguns termos centrais.[7] A discussão atingiu o ápice no início da década de 1990, quando *The International Review of Psycho-Analysis* dedicou todo um número à questão, e a Yale University Press editou uma coletânea intitulada *Translating Freud*.[8] Em ambos aventava-se a possibilidade de uma revisão da *Standard*, e até mesmo a hipótese de uma nova tradução. O título de um ensaio que procurava defender a *Standard*, "Did Strachey invent Freud?",[9] dava ideia do clima "protestante" ou reformista que chegou a predominar.

Sem dúvida, assim como fatores externos haviam contribuído para que o inglês se transformasse na "língua de adoção" da psicanálise — o nazismo, a fuga de Freud e de muitos analistas para a Inglaterra e a América, a hegemonia cultural anglo-saxã etc. —, também nessa mudança de atitude em relação à *Standard* não é difícil perceber a injunção de fatos históricos e culturais. Entre eles a morte de Anna Freud, ocorrida em 1982. Ela era a herdeira e

[5] Darius G. Ornston, "Strachey's influence: a preliminary report", *International Journal of Psycho-Analysis*, v. 63, 1982, pp. 409-26; "The invention of 'cathexis' and Strachey's strategy", *International Review of Psycho-Analysis*, v. 12, 1985, pp. 391-9.

[6] Mahony, *Freud as a writer*, op. cit., passim.

[7] Riccardo Steiner, "A world wide international trade mark of genuineness?", *International Review of Psycho-Analysis*, v. 14, 1987, pp. 33-102.

[8] *International Review of Psycho-Analysis*, v. 18, 1991; Darius G. Ornston (org.), *Translating Freud*. New Haven: Yale University Press, 1992.

[9] Escrito por Emmett Wilson, *International Review of Psycho-Analysis*, v. 14, 1987, pp. 299-315.

guardiã da obra do pai, e havia colaborado bastante com Strachey. Uma formidável avalista da fidelidade da *Standard*, portanto. Seria pura coincidência que Bettelheim tornasse pública a sua crítica (que ele afirmava sustentar desde os anos 1950) no ano seguinte ao da morte de Anna Freud? Outro elemento a considerar seria a própria evolução da psicanálise, tanto nos países de língua inglesa como nos latinos. Sobretudo na França, onde parece ter havido uma maior permeabilidade ao ambiente intelectual literário, com sua ênfase na análise formal do texto.

Nesta primeira parte, nosso objetivo será avaliar a *Standard*, pôr na balança os ataques (e defesas) de que foi objeto, e discutir a terminologia que adotou. Inicialmente, porém, parece-nos apropriado saber como teve origem a edição inglesa.

Numa carta datada de 28 de setembro de 1939, ou seja, cinco dias após a morte de Freud, Ernest Jones convidou James Strachey a traduzir os *Gesammelte Schriften* para o inglês. Os *Gesammelte Schriften* — literalmente "escritos reunidos" — eram então a única edição das obras completas de Freud existente, onze grossos volumes lançados em Viena, nas décadas de 1920 e 1930. Nessa carta, Jones invocava dois motivos para o empreendimento: deixar um "digno memorial" para Freud e "assegurar uma edição definitiva para as gerações vindouras: se ela for feita depois de nossa época, jamais poderá ser tão bem feita".[10] Segundo Riccardo Steiner, que encontrou a carta nos arquivos da Sociedade Britânica de Psicanálise, ela pode ser considerada o documento fundador da *Standard edition*. O convite foi feito por sugestão de Marie Bonaparte, princesa da Grécia, amiga e discípula de Freud. Strachey já tinha a reputação de excelente tradutor, tendo realizado diversas traduções a pedido do próprio criador da psicanálise. A maneira como Stra-

[10] Apud Steiner, "A world wide international...", op. cit., p. 42.

chey veio a ingressar no "movimento psicanalítico" é bem característica daqueles primeiros tempos da psicanálise. Tendo nascido em 1887, numa família que remontava ao século XVI, ele pertencia à elite intelectual britânica: estudou direito em Cambridge e era irmão de Lytton Strachey, renomado biógrafo e ensaísta.[11] Após a Grande Guerra — na qual se recusou a lutar — exerceu por algum tempo o jornalismo, escrevendo resenhas para *The Spectator*. Nessas resenhas, dedicadas não apenas a livros, mas também a espetáculos de teatro e dança, já era de notar o interesse por psicologia que o levaria a frequentar a Society for Psychical Research. Seu interesse era notório entre os amigos e conhecidos, como John Maynard Keynes, Virginia Woolf e outros — que viriam a se tornar conhecidos como o "grupo de Bloomsbury", bairro de Londres onde a maioria deles residia. Lá também morava Alix Sargant-Florence, que estudara línguas modernas em Cambridge e veio a se tornar a companheira de vida de Strachey. Foi através da Sociedade de Pesquisa Psíquica que Strachey tomaria contato com a psicanálise, pois alguns de seus membros acompanhavam o trabalho de Freud, a tal ponto que este foi solicitado a colaborar com os *Proceedings* da Sociedade. Isso ocorreu em 1912, e resultou na publicação de "Uma nota sobre o inconsciente na psicanálise".[12] Não se sabe exatamente o quanto ele estava informado sobre a nova "ciência"; provavelmente não muito, pois o seu alemão era ainda precário. É certo que, ao se aproximar de Ernest Jones em 1919, para perguntar como

[11] Os dados biográficos de Strachey foram extraídos dos obituários assinados por Grinstein, "J. B. Strachey", op. cit., e por D. W. Winnicott e Anna Freud, "James Strachey 1887-1967", *International Journal of Psycho-Analysis*, v. 50, 1969, pp. 129-32, e também da Introdução a *Bloomsbury/ Freud: the letters of James and Alix Strachey 1924-1925*, escrita pelos editores do volume, Perry Meisel e Walter Kendrick. Nova York: Norton, 1990 [1985], pp. 3-49.

[12] Freud, "A note on the unconscious in psycho-analysis", originalmente escrito em inglês, SE XII, 257-66.

poderia tornar-se psicanalista, ele havia lido *A interpretação dos sonhos*, na tradução que A. A. Brill publicara em 1908. Jones recomendou que ele se matriculasse antes num curso de medicina. Após três semanas "dissecando pernas de rãs", nas palavras de Alix, ele desistiu e optou por um caminho mais direto: escreveu uma carta a Sigmund Freud. Isso em 31 de maio de 1920.

A carta era franca e objetiva: dizia que, como o dr. Jones provavelmente havia informado a Freud, ele gostaria de ser analisado por este, se possível, "a fim de tentar obter", prosseguia, "a essencial base empírica para o conhecimento teórico da psicanálise que pude extrair das leituras".[13] Acrescentava que para isso estava disposto a ficar em Viena pelo menos um ano. Mas mencionava um possível obstáculo: devido ao longo período de análise que propunha — de fato, bem longo, naquele tempo —, não teria condições de pagar mais do que um guinéu por sessão. Freud respondeu que, como Strachey sabia, ele não teria horário vago antes do outono. Quanto ao dinheiro, não chegava a constituir um obstáculo. Era verdade que ele cobrava mais do que aquilo, "mas o caso de um homem que deseja ser um discípulo e se tornar psicanalista está acima dessas considerações". Portanto, ele o aceitava, e pedia que voltasse a se manifestar no final de setembro. Por um acaso sorridente, a resposta de Freud foi redigida na mesma data em que James e Alix se casavam em Londres: 4 de junho de 1920. Já viviam juntos; legalizaram a união para facilitar a viagem conjunta que pretendiam fazer à Europa.

Quatro meses depois, em 4 de outubro, James se deitava pela primeira vez no divã de Freud. Suas impressões da análise, que ele registrou um mês depois, em carta ao irmão, são de interesse para uma caracterização de Freud como clínico, mas fogem ao nosso escopo, que é a caracterização de Strachey como tradutor.[14] Após

[13] Apud Meisel e Kendrick, *Bloomsbury/ Freud*, op. cit., p. 28.

[14] A carta foi reproduzida em boa parte por Meisel e Kendrick, op. cit., pp. 29-30.

algumas semanas de análise, Freud lhe solicitou que traduzisse um ensaio que acabara de escrever (no prefácio à *Standard*, quarenta anos depois, Strachey recordaria este momento). Em seguida ele traduziu *Psicologia das massas e análise do Eu*, recém-publicado em alemão. Ao fim do prazo estabelecido, o casal Strachey voltou para a Inglaterra, no outono de 1921, com a incumbência ainda mais séria de verter para o inglês as cinco histórias clínicas do mestre.[15] Esse trabalho os ocuparia nos quatro anos seguintes. Ocuparia sobretudo a James, pois por um ano, de outubro de 1924 a setembro de 1925, Alix prosseguiu sua análise em Berlim, com Karl Abraham, um dos primeiros e mais importantes discípulos de Freud.[16]

O volume contendo os casos clínicos veio a constituir o terceiro tomo dos *Collected papers*, uma coleção dos trabalhos menores (em extensão) ainda inéditos em inglês, organizada por sugestão de Ernest Jones e supervisionada principalmente por Joan Riviere. Na correspondência entre Freud e Jones, as cartas dessa época documentam a preocupação com o arranjo e a tradução desses volumes. Também testemunham a alta estima de Freud pelo talento de Strachey: achava que as traduções deste eram extremamente cuidadosas e fiéis, e que não necessitavam de revisão por parte de Jones, podendo ir diretamente para a gráfica.[17] Nos vinte anos seguintes à aparição dos casos clínicos, Strachey traduziu catorze *papers* de Freud, para

[15] Em carta à sua mãe, James falava dos casos clínicos e se dizia lisonjeado por sua escolha como tradutor: "Foram escritos em intervalos, durante os últimos vinte anos — o primeiro em 1899 e o último recentemente —, de modo que dão uma boa ideia do desenvolvimento de suas concepções. É uma honra ter recebido essa tarefa [*It is a great compliment to have been given it to do*]" (apud Michael Hobroyd, *Lytton Strachey: a critical biography*, Nova York: Holt, Rinehart & Winston, 1967-8, v. 2, p. 442n).

[16] Foi graças a esse afastamento de um ano que existem hoje as cartas editadas por Meisel e Kendrick.

[17] Cf. carta de Freud a Jones, 4 de junho de 1922, em A. Pakauskas (org.), *The complete correspondence of Sigmund Freud and Ernest Jones, 1908-1939*, Cambridge,

The International Journal of Psycho-Analysis. Juntamente com outros, eles viriam a formar o quinto e último volume dos *Collected papers*, lançado apenas em 1950. Também revisou algumas outras versões, e Alix traduziu *Inibição, sintoma e angústia*.

A maior parte da obra de Freud, no entanto, era ainda encontrada nas versões de A. A. Brill, feitas na década de 1910 e muito criticadas pelos analistas que tinham conhecimentos de alemão. Jones se espantava com a indiferença de Freud em relação a isso. Em suas memórias, ele conta que, ao informar a Freud como eram defeituosas as traduções de Brill, ouviu como resposta que era "melhor ter um bom amigo que um bom tradutor". Ao que Jones replicou que um verdadeiro amigo cuidaria melhor de suas traduções...[18] Em várias oportunidades Jones manifestou sua estranheza ante essa atitude de Freud — algo que será comentado adiante.

No início dos anos 1950, praticamente todos os escritos freudianos se achavam disponíveis em inglês, mas em edições diversas e heterogêneas, numa situação semelhante à dos franceses ainda hoje. A intenção expressa na carta de Jones a Strachey, mencionada acima, toparia com dificuldades de natureza legal. Os direitos de tradução e edição das obras estavam dispersos entre vários indivíduos e casas editoras, de ambos os lados do Atlântico. Pois Freud dava autorização para publicá-los a quem quer que a solicitasse, de modo que um trabalho podia ter duas ou três versões anglo-americanas, cada qual com um detentor dos direitos. Foi a intervenção de Ernst Freud que permitiu desfazer esse emaranhado e abriu o caminho para uma edição completa. Outra dificuldade consistia no financiamento do projeto, e no seu "apadrinhamento", isto é, em nome de qual instituição ele viria a público: da Sociedade Britânica

---

Mass.: Harvard University Press, 1993; cf. também as cartas de 12 de abril de 1921 e 14 de julho de 1921, entre outras.

[18] Jones, *Free associations*. Londres: Hogarth Press, 1959, p. 232.

ou da Associação Psicanalítica Americana? Afinal se impôs a liderança de Jones, apoiado pela família Freud, e tendo a seu lado o mais respeitado tradutor. Joan Riviere, cujas versões eram também estimadas, não participou do projeto, preferindo dedicar-se à sua prática clínica. Uma carta de Ernst Freud a Leonard Woolf, diretor da Hogarth Press (e marido da romancista Virginia), mostra que em 1946 o papel de Strachey já estava definido: "*Mr. Strachey is prepared to function as editor and translator of the 'Collected works'*".[19]

Inicialmente a coleção se chamaria *Memorial edition*. Mas quando foi inaugurada, em 1953, com *A interpretação dos sonhos* (volumes IV e V) intitulava-se *The standard edition of the complete psychological works of Sigmund Freud*. O novo adjetivo, *standard*, era bastante significativo, como demonstraram as pesquisas de Riccardo Steiner sobre a genealogia dessa edição. Steiner desvendou a atuação dos vários indivíduos e instituições envolvidos no projeto, e documentou os alicerces teóricos e culturais em que este se apoiava, buscando caracterizá-lo como arma de sobrevivência da psicanálise, numa época de hegemonia da ciência e da psicologia anglo-saxãs. E o fez traçando as vicissitudes de alguns termos "técnicos" da psicanálise, com minúcia e erudição até então inéditas nessa área. Recorreremos a suas descobertas e discutiremos suas análises à medida que nos ocuparmos desses termos.

ICH/ EGO/ MOI, ES/ ID/ ÇA

Uma das objeções principais que Bruno Bettelheim fez à tradução inglesa, em 1983, era o recurso a vocábulos gregos e latinos para verter palavras usuais do alemão de Freud. Onde este recorria naturalmente a termos ricos de significado e conotações emocio-

[19] Carta de 26 de julho de 1946, apud Meisel e Kendrick, op. cit., p. 313.

nais, bastante corriqueiros e tradicionais na língua, Strachey preferiu termos de línguas mortas, "que rescendem a erudição justamente quando deveriam emanar vitalidade".[20] Um exemplo conspícuo estaria em *ego* e *id*, para verter *Ich* e *Es*, pronomes pessoais da primeira e da terceira pessoa do singular (o segundo, neutro), que, substantivados (grafados com maiúsculas, portanto), serviram para designar instâncias da psique. *Ego* e *id* corresponderiam a *ich* e *es*, mas em latim; em inglês, de acordo com Bettelheim, seria melhor usar *I* e *it*. A mesma crítica havia sido feita em 1961 por Lewis Brandt, e em 1975 por Frank Brull — embora em nenhum momento eles sejam referidos por Bettelheim.

Na verdade, o problema tinha sido levantado quando Joan Riviere traduziu *Das Ich und das Es* para o inglês, em meados da década de 1920, com o título de *The Ego and the Id*. O psicanalista John Rickman, um dos pioneiros britânicos, exprimiu seu descontentamento em carta a Leonard Woolf, dizendo que *The I and the It* seria mais adequado. Woolf respondeu que concordava, mas que este outro título atrairia menos o leitor comum...[21] O fato é que nenhum deles, nem sequer a tradutora, provavelmente, decidiu a respeito do título. Na Inglaterra, a voz de maior peso em questões de terminologia — ou de psicanálise, *tout court* — era Ernest Jones, fundador da Sociedade Britânica. Mas nesse caso específico a escolha talvez não requeresse maior debate ou alguma imposição, pois, como evidenciou Steiner, *ego* já era mais ou menos difundido entre psicanalistas e psicólogos em geral. A. A. Brill o empregara em 1908, ao traduzir *A psicologia da dementia praecox*, de C. G. Jung (então ainda freudiano), e artigos de Freud sobre a histeria, e continuou a usá-lo em outras versões de Freud. Ele aparece também

[20] Bettelheim, *Freud and man's soul*. Nova York: Knopf, 1983, p. 55.

[21] Apud Meisel e Kendrick, op. cit., "Epilogue", p. 307; a carta de Rickman é de 11 de agosto de 1926, e a resposta de Woolf veio dois dias depois.

nas *Five lectures on psychoanalysis*, tradução das cinco conferências de Freud na Clark University, de Massachussetts, feita por H. W. Chase e revista pelo autor. Igualmente em textos não psicanalíticos encontrava-se *ego*: na versão de um artigo do francês Théophile Ribot, em 1907, e mesmo bem antes, em 1885, na edição inglesa do tratado de psiquiatria de Theodor Meynert.[22] Os exemplos poderiam ser mais numerosos, encontráveis em revistas especializadas da época. Logo, não procede a afirmação de Bettelheim, de que *ego* e seus derivados, como *egoism*, sempre tiveram sentido pejorativo em inglês.[23] Pelo contrário, deve-se admitir, acompanhando Steiner, "a existência de uma tradição que tinha de ser reconhecida".[24] Naquele momento, o emprego do pronome latino para traduzir *das Ich* se apresentava como a solução mais natural.

O mesmo não se dirá do *Es*, que não tinha precedentes na literatura psicológica de língua inglesa. Pode-se dizer que o *Es* é a novidade mais freudiana dos dois conceitos, pois enquanto o *Ich* tinha pontos de contato com o *ego*, na medida em que diz respeito à consciência (medida que variou ao longo da obra de Freud), o *Es* apareceu como *terra incognita*, "Atlândida afundada na psique" — e, tal como essa lendária cidade, teve sua existência negada por muitos. O recurso a *id*, para traduzi-lo, ocorreu provavelmente *faute de mieux*, como simples contraposição a *ego*. No "Glossário para uso de tradutores de obras psicanalíticas", publicado em 1924 sob a direção de Ernest Jones, procura-se em vão pelos verbetes *Ich* e *Es*.[25] Foram omitidos, seja porque sua equivalência inglesa já estava estabelecida, seja porque continuavam objeto de disputa.

[22] Cf. Steiner, "A world wide international...", op. cit., pp. 71-4.

[23] *Freud and man's soul*, ed. cit., p. 54.

[24] "A world wide international...", op. cit., p. 73.

[25] "Glossary for the use of translators of psycho-analytical works", Ernest Jones (org.), suplemento n. 1 a *International Journal of Psycho-Analysis*. Londres: Baillière, Tindall & Cox [1924].

Esta última hipótese é a mais provável, como se depreende de uma carta enviada por Strachey a sua esposa, no mesmo ano em que surgiu o "Glossário". Nela, descrevendo uma reunião "enfadonha" com Ernest Jones e Joan Riviere, ele conta o seguinte: "Querem chamar *das Es* de *the Id*. Eu disse que achava que as pessoas diriam *the Yidd*. Então Jones disse que não há essa palavra em inglês: 'Existe *Yiddish*, você sabe. E em alemão *Jude*. Mas não existe essa palavra *Yidd*'. — 'Desculpe, doutor, mas *Yidd* é uma gíria corrente para "judeu"'. — 'Ah, uma gíria! Então não deve ter uso muito difundido'". Um comentário irreverente conclui o relato de Strachey: "*Simply because that l. b.* [*little beast*] *hasn't ever heard it* — em português literal: "Simplesmente porque essa pequena besta nunca ouviu isso".[26]

Ao que tudo indica, portanto, *the Id* foi imposição de Jones, que nunca deixou de ser a voz mais influente nessas questões (é significativo que os nomes de James e Alix Strachey, assim como o de Joan Riviere, não estejam entre os dos colaboradores do "Glossário"). Mas se no caso de *ego* havia alguma continuidade, ligação com algo mais ou menos conhecido, isso faltava ao novo pronome latino, e ele resultou ainda mais "técnico" e esotérico do que o anterior.

No entanto, a partícula *es*, em alemão, está longe de ser algo inusitado. É certo que ela "corresponde" ao inglês *it* e ao latim *id*, derivando, como estes, do indo-europeu **i*.[27] Mas parece abranger uma gama de sentidos maior que a deles. Seu emprego mais simples é aquele em que substitui um nome ou toda uma frase, como sujeito ou como objeto. Por exemplo: *es* (*das Kind*) *spielt* — "ela (a criança) brinca"; *er wird es bereuen* — "ele vai lamentar isso". Pode também

[26] Meisel e Kendrick, op. cit., p. 83, carta de 9 de outubro de 1924.

[27] Os parágrafos seguintes reproduzem essencialmente uma nota do tradutor, em *Além do bem e do mal*, de Nietzsche, op. cit., pp. 226-7; os exemplos foram retirados do *Deutsches Wörterbuch* e de G. Wahrig, Gütersloh: Bertelsmann, 1975.

substituir o predicado, caso em que nem sempre é traduzido: *Ist Hans dein Freund? Ja, er ist es* — "Hans é seu amigo? Sim, ele (o) é". Também como objeto indefinido não requer tradução: *Ich kann es mir nicht vorstellen, daß...* — "Não posso imaginar que...". Seus usos impessoais são ainda mais diversos; como sujeito indefinido, puramente formal: *es klopft* — "batem (na porta)", *es schneit, es donnert* — "neva, troveja" (verbos que exprimem ruídos e fenômenos naturais), *es ist spät* — "é tarde" (verbo copulativo), *es juckt mich* — "me coça" (verbo com objeto direto pessoal, na classificação de Helbig e Buscha), *es geht mir gut* — "vou bem" (com objeto indireto pessoal). Outras possibilidades são: *es wird getanzt* — "dança-se", *es gibt viel zu tun* — "há muito a fazer", *es lebe die Königin!* — "viva a rainha!".

Essas amostras não cobrem todos os usos de *es*, mas bastam para o propósito do momento. Nota-se que para traduzi-lo recorremos a pronomes retos e oblíquos, à ausência de pronomes, à partícula apassivadora, ao verbo na terceira pessoa do plural etc. Em geral são recursos para exprimir impessoalidade ou indeterminação, e o fato de uma palavrinha se prestar de tal modo para isso, em alemão, tornava-a candidata natural para designar o conjunto das forças ou instâncias inconscientes, "impessoais", que contribuem para determinar a conduta humana. Foi o que percebeu o psiquiatra Georg Groddeck, ao substantivar o *es* no livro que escreveu em 1921, *Das Buch vom Es* (*The book of the It* e *Le livre du Ça*, nas edições inglesa e francesa; *O livro dIsso*, na edição brasileira: São Paulo: Perspectiva, 1987). De modo independente, sem conhecer as investigações da psicanálise, Groddeck postulou a existência de "um Isso, uma força pela qual somos vividos, acreditando vivê-la". Claro que o seu *Es* não corresponde exatamente ao de Freud, mas o criador da psicanálise adotou a denominação em 1923, na monografia *Das Ich und das Es*, dando o devido crédito ao psiquiatra. Acrescentava, porém, a seguinte nota: "O próprio Groddeck deve ter seguido o exemplo de Nietzsche, no qual comumente se encontra esse termo gramatical para [designar] o que é impessoal e, por assim dizer, necessário por natureza em nosso ser".[28]

De fato, nos escritos de Nietzsche deparamos com o *es* nesta concepcão. No célebre § 17 de *Além do bem e do mal*, para ilustrar a afirmação de que "um pensamento vem quando 'ele' quer, não quando 'eu' quero", o autor introduz a fórmula *es denkt* ("isso pensa"). Nele e em Groddeck pode-se traduzi-lo despreocupadamente por "isso", mas no(s) caso(s) não há relação com um "ego" e um "superego" (*Überich*), o seu emprego não ocorre no interior de uma concepção mais elaborada do aparelho psíquico. Os críticos tendem a concordar quanto à insuficiência dos pronomes latinos, mas as alternativas também são discutíveis. A proposta de Bettelheim — *I*, *it* e *above-I* ou *upper-I* — teria o defeito oposto: uma excessiva informalidade, devido talvez ao som desses pronomes monossilábicos. Aqueles que concordam quanto a *I e it* tendem a discordar da solução para *Überich*, propondo *Super-I*, por exemplo. É altamente improvável que essas alternativas venham a ser adotadas...[29]

Nas principais línguas neolatinas, a questão não chegou a preocupar (o adjetivo "principais" implica que, modestamente, não incluímos o português entre elas...). Em espanhol se diz *yo*, *ello*, *superyo*; em italiano, *io*, *es* (sic; mantiveram o original alemão), *super-io*; em francês, *moi*, *ça*, *surmoi*.[30] Curioso, neste ponto, o relato de como se chegou à solução francesa. Uma historiadora das vicis-

[28] GW XIII, 251; SE XIX, 23.

[29] Cf. S. S. Prawer, "Psyché traduite", *Revue Française de Psychanalyse*, n. 6, 1983, pp. 1337-50. Ornston aprova o trio de Bettelheim, mas também é cético: "*I doubt that 'the I', 'the It' and 'the above-I' will catch on* [...]", resenha de *Freud and man's soul*, *Journal of the American Psychoanalytic Association*, v. 33, 1985, p. 197; essa resenha foi incluída no volume *Translating Freud*, op. cit., pp. 63-74.

[30] Em catalão, língua para a qual os textos de Freud começaram a ser traduzidos na década de 1980, diz-se "*Jo*, *allò*" e "*super-Jo*".

situdes da psicanálise em terras gaulesas, Elizabeth Roudinesco, conta que nas reuniões de uma "comissão linguística" da Sociedade Psicanalítica de Paris, realizadas em 1927, Marie Bonaparte, representando Freud, apoiou a ideia de se verter *das Es* por *le soi* — que os membros da comissão preteriram em favor de *ça*.[31] Se assim foi realmente, a opinião de Freud não condiz com o que ele deu a entender em *A questão da análise leiga*, através de exemplos análogos ao que demos acima: "O *es* impessoal relaciona-se diretamente a certas expressões usadas pelas pessoas comuns. Alguém pode dizer: 'Isso me veio de repente; houve algo que naquele momento foi mais forte que eu'. '*C'était plus fort que moi*'".[32] Note-se que a última frase, por ele citada em francês, apoia a versão que veio a prevalecer.

Se em português a tradução de *Ich*, *Es* e *Überich* veio a se constituir num problema, isto se deveu em parte à ascendência da *Standard* brasileira, que adotou acriticamente as escolhas inglesas. A competente tradutora Marilene Carone dava como fato irreparável a adoção de *ego*, *id* e *superego* no Brasil.[33] É fato que eles se acham bastante difundidos, tendo ultrapassado os limites dos grupos profissionais e periódicos especializados. Em 1975, quando foi publicado, o *Novo dicionário Aurélio* trazia verbetes sobre *ego* e *id* (*superego* estava ausente). Talvez essas expressões fiquem realmente na língua, mas quem tem por hábito (ou vício) a perspectiva histórica sabe como é temerário fazer afirmações taxativas nesse âm-

[31] Roudinesco, *História da psicanálise na França*, v. 1: 1885-1939. Rio de Janeiro: Jorge Zahar, 1989, pp. 384-8.

[32] GW XIV, 222; SE XX, 195.

[33] Cf. nota à sua tradução do artigo "A negação" (1925), de Freud: "Discordamos dos que propõem 'eu', 'isso' e 'super-eu' para *Ich*, *Es* e *Über-Ich*, por serem artificiais em português. As formas 'ego', 'id' e 'superego', embora sejam latinismos, já fazem parte do vocabulário cultural corrente", *Discurso*, revista do Departamento de Filosofia da USP, n. 15, 1983, p. 130.

bito. Palavras que predominam por uma, duas gerações — ou mesmo séculos — às vezes caem no ostracismo, sem qualquer motivo aparente. Na revisão brasileira do *Vocabulário da psicanálise*, o psicanalista Luis Carlos Menezes admitiu as opções *Eu*, *Isso* e *Super-eu*, por constatar que já eram utilizadas aqui e ali. Isso talvez represente uma brecha numa suposta unanimidade. Sem dúvida, *Eu* é o mais facilmente aceito, enquanto *Isso* e *Super-eu* são sentidos como estranhos.

O problema persiste em inglês e português. Os pronomes latinos efetivamente contribuem para atenuar a carga afetiva dos conceitos (*Eu* nos atinge mais do que *ego*, que parece algo exterior a nós), mas razões históricas e culturais levaram à sua difusão. Será que futuramente se discutirá *o Isso* e *o Super-eu* — e, caso afirmativo, isto significará verdadeiramente um progresso? Continuamos perplexos como os primeiros leitores e tradutores de cinquenta anos atrás, mas talvez compreendamos melhor a ironia de Freud, numa carta a Jones: "Eu não devia ter escrito *Das Ich und das Es*, já que em inglês não há correspondentes para essas palavras"...[34]

BESETZUNG/ CATHEXIS/ INVESTISSEMENT

À diferença de *Ich e Es*, o termo *Besetzung* foi contemplado com um verbete no "Glossário" de Jones. Embora constitua o verbete mais longo da obra, ocupando meia página, de um total de doze, apenas uma frase procura justificar a versão por *cathexis*. Nela se diz que, apesar de o original significar aproximadamente "investimento" ou "carga" ("*investment*" *or* "*charge*"), "há uma grande vantagem em reservar um termo específico e não ambíguo para um

[34] Carta de 7 de março de 1926, em (org.), op. cit.

tal conceito técnico".[35] Esse verbete é bem um indício de que Jones minimizou a participação de Strachey na feitura do "Glossário", pois há evidência bastante de que ele foi o criador do neologismo. Primeiro, uma nota dele próprio, no volume III da *Standard*: após explicar brevemente que *besetzen* é uma palavra alemã comum, que tem, entre vários sentidos, o de "ocupar" ou "tomar" um local, Strachey revela que Freud, por não gostar de termos técnicos desnecessários, ficou descontente (*unhappy*) quando ele, o tradutor, recorreu ao neologismo *cathexis* — cunhado a partir do grego *catéchein*, "ocupar" —, numa tradução de 1922.[36] Outra referência à criação do termo, menos explícita, desta vez, encontra-se no obituário de Joan Riviere, por ele redigido em 1963: foi numa reunião do "Comitê do Glossário", diz ele, que se introduziu a palavra *cathexis*, "que depois se tornou um *smash-hit* e por fim achou lugar no grande Dicionário Oxford".[37]

Mais eloquente, porém, é uma longa carta que Strachey escreveu a Jones em 1921, quando ainda estava em Viena. Nela se vê que ele refletia intensamente sobre essas questões, e que as notas precárias que incluiu no "Prefácio geral" à *Standard* eram — para empregar uma imagem bem comum, mas pertinente — apenas a ponta de um iceberg.

O verbete é, na verdade, uma síntese da carta. Nela, Strachey se ocupa principalmente da distinção entre *Besetzung* como o processo de "tomar" libidinalmente o objeto ou como o estado resultante do processo. Sendo ambíguo o uso que Freud faz do termo, é preciso considerar o contexto. Num apêndice à carta, ele faz um minucioso apanhado de exemplos, extraídos de obras diver-

[35] Jones (org.), op. cit., p. 6.
[36] SE III, apêndice a "As neuropsicoses de defesa" (1894), p. 63.
[37] "Joan Riviere (1883-1962)", *International Journal of Psycho-Analysis*, v. 44, n. 2, 1963, p. 229.

sas. Pressupondo o uso de *cathexis* para denominar o processo, ele chega a sugerir a forma *cathect* para designar a "carga" em si. Mas recua ao constatar que nem sempre a distinção é possível, e coloca, para si mesmo e para Jones, a questão da competência do tradutor (no sentido de lhe competir ou não fazê-lo) em decidir qual dos sentidos o autor tinha em mente. Algo semelhante ocorre com a palavra *Massenbildung*, que tanto pode significar a formação (o ato de se formar) uma massa de pessoas como uma "formação", isto é, a própria massa, o resultado da ação ou processo — caso em que a palavra portuguesa (e inglesa; latina, afinal) conserva a ambiguidade. Mas em *Massenbildung* a diferenciação é mais simples do que em *Besetzung*. Strachey reconhece neste um conceito mais fluido e dinâmico. Isso o leva à sugestão final de empregar *cathexis* em ambos os sentidos, a exemplo da palavra *synthesis*, que cobre tanto o processo como o estado final a que ele conduz (sugestão adotada plenamente no "Glossário" de Jones). Quanto ao particípio do verbo *besetzen*, só lhe ocorre no momento *cathecticized* (!), que ele próprio admite ser estranho. Com todas essas dificuldades, ele ainda é a favor "de se introduzir, de toda forma, *alguma* palavra inventada para *Besetzung*".[38]

As reflexões de Strachey não pararam aí. Quatro anos depois, numa carta à esposa, ele se perguntava qual o melhor verbo para *cathexis*: "*Cathecticize? Cathectize? Cathexise? Cathéct?*".[39] Em nenhum instante ele parece ter duvidado de sua invenção, embora tivesse presente o quanto ela fora condicionada pela época: "*Greek terminology was all the rage*" ("era a coqueluche"), afirmou ingenuamente, décadas depois.[40]

[38] Apud Darius Gray Ornston, "The invention of 'cathexis' and Strachey's strategy", op. cit., pp. 393-4.

[39] Carta de 18 de março de 1925, em Meisel e Kendrick, op. cit., p. 237.

[40] Obituário de Joan Riviere, op. cit.

O argumento invocado por Jones em prol de um neologismo clássico, o de que limita as possibilidades de má compreensão, por não ter conotações secundárias, constituiu justamente a principal objeção dos primeiros críticos da *Standard*. Após lembrar alguns dos sentidos coloquiais do termo, como "ocupação de um local (por um exército, por exemplo), ou "distribuição de papéis" (em teatro), Lewis Brandt afirma que "*cathexis*, sendo uma palavra grega nunca usada antes em inglês, não pode ter nenhuma das conotações escolhidas por Freud para expressar a colocação da energia psíquica. *Cathexis* é realmente vazia de quaisquer conotações e de qualquer tonalidade de sentimento".[41] A crítica de Frank Brull remonta ao uso inicial do termo por Freud, no manuscrito denominado equivocamente *Projeto de uma psicologia científica* (que não possuía título; o autor se referia a ele como *Entwurf*, "Esboço"). No *Entwurf* se lê: "[...] chegamos à ideia de um neurônio *besetzt* [...]". Quando Freud ainda pensava em processos fisiológicos, pré-psicanaliticamente, não fazia muita diferença a utilização de *cathected* nesse caso, argumenta Brull. Mas a coisa muda de figura quando se pensa num paciente *cathecting* uma fantasia... Depois de citar inteiramente o verbete *besetzen* do dicionário *Duden*, ele reivindica também a autoridade do uso: "De qualquer forma, cheio, ocupado e possivelmente carregado são termos mais poderosos e claramente mais compreensíveis do que *cathected*".[42]

De modo surpreendente, Bettelheim não toca na tradução inglesa de *Besetzung*. Tampouco Steiner se detém no exame de *cathexis*, o que é de causar espécie, pois o termo ilustraria bem a sua tese do recurso ao jargão clássico como um meio para penetrar no establishment médico e científico, e de que tal uso implicava uma visão da psicanálise como ciência positiva, possuidora de uma ter-

[41] "Some notes...", op. cit., p. 335.

[42] "A reconsideration of some translations...", op. cit., p. 275.

minologia inequívoca. Ao mesmo tempo, porém, o fato de esse neologismo ser da lavra de Strachey vai de encontro à sua tendência de minimizar o peso deste último, para o bem e para o mal, sublinhando o papel de Jones e todo o ambiente cultural em que surgiu a *Standard*. Tendência que se compreende como reação ao simplismo de Bettelheim e outros, que atribuíam tudo à direção de Strachey.

A argumentação mais recente de Ornston retoma e reforça críticas anteriores, dele próprio e dos outros. Ele acusa o fato de o neologismo esconder a relação entre *besetzen* e todo um conjunto de termos cotidianos usados por Freud: *zusammen*setz*en*, *über*set*zen* e *auseinander*setz*en* seriam alguns deles.[43] Alex Holder sustenta que uma outra palavra poderia restabelecer o nexo entre *Besetzung* e uma dileta metáfora freudiana para movimentos libidinais como regressão e fixação: a de tropas que avançam ou recuam num terreno. Mas as alternativas não seriam menos problemáticas. *Investment*, usado por Joan Riviere, teria conotações financeiras não existentes no original, e *occupation*, a versão literal, denota um emprego ou profissão.[44]

Em defesa de *cathexis*, Emmett Wilson lembrou que Freud mesmo o empregara num artigo para a *Encyclopedia Britannica* em 1926, e que portanto a troca por uma nova expressão seria "arriscada".[45] Um argumento especioso, já que Freud usou o termo de passagem, por sabê-lo conhecido na psicanálise de língua inglesa. Strachey já mencionara isso na nota onde procurou justificar sua criação, dizendo que Freud ficou *unhappy* com o termo, mas talvez o tivesse aceito afinal, porque o empregou na *Britannica*. Argumentos mais refinados são os que, além de admitir a insuficiência de

[43] Ornston, "Improving Strachey's Freud", em *Translating Freud*, op. cit., pp. 1-23.
[44] Holder, "A historical-critical edition", em *Translating Freud*, pp. 75-96.; cf. também, do mesmo autor, "Problems in translating Freud", manuscrito inédito, Hamburgo, 1987.
[45] Wilson, "Did Strachey invent Freud?", op. cit., p. 305.

qualquer versão, buscam fundamentar a necessidade de um neologismo. Para Meisel e Kendrick, era natural que Strachey escolhesse um vocábulo "despido de qualquer reverberação, exceto sua equivalência a *Besetzung*"; e também inevitável que ele recorresse a uma língua clássica, como geralmente se faz em inglês.[46] Isso corresponde essencialmente ao que Jones e o próprio Strachey pensavam a respeito (também as críticas atuais a *cathexis* ecoam as dos primeiros comentadores; é notável como as duas linhas de ataque e defesa permaneceram coerentes através das décadas).

Prefaciando o "Glossário para uso de tradutores", Jones enumera as "vantagens da nomenclatura clássica". A principal delas é garantir a compreensão inequívoca dos conceitos, livrando-os das muitas "conotações acessórias [...] inevitáveis numa língua falada [*sic*]". Uma outra é facilitar o intercâmbio entre pesquisadores de línguas diferentes, pois o latim e o grego formam a base do vocabulário científico internacional. "Entre todas as nações civilizadas", lamenta Jones, "a Alemanha é a única que se esquiva a este vocabulário internacional, um fato que tem provocado muita tristeza [*spleen*] entre os leitores estrangeiros dessa língua".[47] A terceira e última vantagem consistiria no fato de os termos clássicos se prestarem mais facilmente à derivação, à formação de verbos, adjetivos etc.

Na mencionada carta a Jones, após exprimir sua convicção de que era preciso inventar um equivalente para *Besetzung*, Strachey diz o seguinte: "Se a tradução 'correta' puder ser fixada numa palavra sem qualquer significado ostensivo, as pessoas podem ser levadas a tentar descobrir qual é realmente o significado".[48] Essa afirmação, juntamente com o primeiro dos motivos de Jones, parece-me indicar o "x" da questão, o nó do problema. Dois pesqui-

[46] Op. cit., "Epilogue", pp. 319-20.
[47] Jones (org.), op. cit., p. 2.
[48] Apud Ornston, "The invention of 'cathexis'...", op. cit., p. 394.

sadores, Helmut Thomä e Neil Cheshire (aquele, alemão; este, inglês), propuseram-se a tentativa de desatar esse nó — ou, ao menos, de enfocá-lo mais nitidamente. E o fizeram com base em algumas ideias tomadas à teoria da ciência, sobretudo a chamada *open texture*, literalmente "textura aberta".[49]

Nos primeiros estágios de uma nova ciência, ou de uma nova perspectiva, usam-se com frequência termos técnicos para distinguir um fenômeno, deixando em aberto as propriedades que ele possa vir a ter. A isto se denomina "definição ostensiva". Na história das ciências naturais, muitos conceitos tiveram início dessa maneira. A designação *quasar*, forma abreviada de *quasi-stellar object*, nada dizia sobre as características que aquela "coisa" talvez tivesse. Na medicina, muitas doenças tornam-se conhecidas pelo nome do médico que primeiro deparou com elas. Os raios descobertos pelo físico W. C. Röntgen poderiam muito bem ter recebido o nome de raios Y ou Z, em vez de raios X.

Isso posto, Thomä e Cheshire perguntam se os tradutores de Freud não poderiam deixar os termos técnicos no original, de modo que o leitor depreendesse o significado a partir do contexto. Eles lembram que isto sucede no caso de pensadores como Platão e Kant, ou, em psicologia, Piaget e os gestaltistas (o próprio termo *Gestalt* sendo um bom exemplo). Assim, *Besetzung* seria apenas o nome para "esta ação qualquer, na parte da libido [*sic*], que permite a alguém passar de um estado mental de neutralidade emocional (intelectual, psicológica) diante de um objeto, para um estado de envolvimento com ele".[50] Talvez fosse mais adequado, então, introduzir um "neologismo isento de conteúdo" (*content-free neologism*) ou deixar o termo original, em vez de substituí-lo por uma metáfora

[49] Cheshire e Thomä, "Metaphor, neologism and 'open texture': implications for translating Freud's scientific thought", op. cit., pp. 429-55.

[50] Idem, ibidem, p. 447; a citação seguinte é da mesma página.

como "investimento". Ora, essa hipótese está em harmonia com os princípios de Jones e Strachey, expostos logo acima — com a diferença de que estes, sendo filhos de sua época e lugar, davam preferência a palavras gregas ou latinas. Naturalmente, Thomä e Cheshire dispõem de um arsenal teórico mais complexo (de que no momento dou apenas uma amostra, e ao qual retornaremos em outras ocasiões). E desse raciocínio tiram consequências que Jones e Strachey dificilmente subscreveriam. Pois consideram que, se uma nova palavra pode "combinar precisão semântica de referência com vagueza empírica", esse neologismo inicialmente vazio passa a funcionar como uma descrição tácita, à medida que vai sendo preenchido de significados; mas a tradução, em si, "não pode converter o que é logicamente um nome ostensivo no original em uma descrição fornecedora de informações".

A tese de Darius Ornston, em suas várias críticas à *Standard*, é de que as palavras de Freud não são apenas "ostensivas" (na acepção de Thomä e Cheshire), mas jogam com todos os sentidos e conotações a elas associados pelos falantes nativos. Justamente por isso não se encontram, ou raramente se leem, nos textos de Freud, definições ostensivas (no sentido dicionarizado do termo). Segundo Thomä e Cheshire, para apreender melhor o processo denotado por um termo técnico freudiano, deve-se atentar para o que se diz acerca dele no texto. Tudo leva a crer, argumentam, que o próprio Freud acreditava que a inovação terminológica remetia o leitor aos dados da observação. E que, portanto, o tradutor se vê necessariamente face ao dilema de ter que escolher entre "salvar a teoria, dirigindo-nos para as observações em que se baseia, ou salvar a retórica, dirigindo-nos para o fraseado [*wording*] de Freud com uma metáfora inglesa igualmente viva".[51] Eles acham que as associações "ricas" e "vibrantes", cuja preservação Ornston vê como

[51] Idem, ibidem, p. 448.

essencial, talvez pertençam à retórica freudiana, e não ao conteúdo operacional [*working-content*] da teoria.

Sem dúvida, o que está em jogo é a própria concepção que se tem da psicanálise. Trata-se da eterna, nunca resolvida questão do seu status epistemológico: estaria ela mais próxima das chamadas "ciências naturais" ou das "humanidades"? Não pode ser intenção deste trabalho responder a essa pergunta, mas apenas contribuir para a sua delimitação. Parece-me que o nó do problema tem ainda mais voltas do que supõem Thomä e Cheshire — voltas essas intuídas, mas não consideradas pelos mentores da *Standard* (e da nova edição francesa, como veremos). A chave da questão — mudando de uma metáfora de marinheiro ("nó") para uma de serralheiro — estaria no primeiro dos motivos invocados por Jones em prol dos termos clássicos, citado resumidamente acima. É necessário despir as palavras das "conotações acessórias [...] inevitáveis *numa língua falada*". O grifo é nosso, pois aí nos parece estar o fulcro da questão: a psicanálise, sendo uma terapia mediante a palavra falada, uma *talking cure*, nunca poderá suprimir as conotações secundárias inerentes à língua. Os pensamentos espontâneos (*Einfälle*), as "associações livres" do paciente ocorrem segundo as trilhas dessas conotações, afinal não tão secundárias, pois são parte da via de acesso ao inconsciente. Se, acompanhando Saussure, distinguirmos entre as relações sintagmáticas e as relações associativas dos termos entre si, verificaremos que todos aqueles que, como Thomä e Cheshire, enfatizam a cientificidade da psicanálise — ainda que segundo uma concepção mais generosa e realista do que seria ciência — tendem a ignorar o eixo das associações.

Distinguir entre retórica e ciência, entre o prosador e o pensador Freud, é uma empresa destinada ao fracasso, pois um exame cuidadoso das obras evidencia que são indissociáveis. E fazer tal distinção significa menosprezar o quanto de literário há na psicologia freudiana — e o quanto de psicológico há na literatura. Vamos nos deter por um instante nesse parentesco. Há igualmente uma pequena tradição que se empenhou em sublinhá-lo. Uma censura de Frank Brull às versões inglesas era a minimização do artista Freud. O crítico Lionel Trilling caracterizou a psicanálise como a ciência dos tropos e metáforas. O filósofo e tradutor Walter Kaufmann dedicou boa parte de sua trilogia sobre a psicologização do pensamento moderno à "ciência poética de Freud".[52] Esses autores, entre outros, notaram os pontos de contato entre as produções de Freud e a literatura de ficção. Tal semelhança foi constatada pelo próprio criador da psicanálise, já no início de suas investigações (é significativo, aliás, que se use a expressão "criador da psicanálise"; ninguém se refere a Newton, por exemplo, como "criador da física"...). É conhecida a passagem, nos *Estudos sobre a histeria*, onde ele se diz surpreso com o caráter romanesco dos casos clínicos que relata. É também notório o fato de ele citar com frequência poetas e romancistas.

Um outro modo de documentar esse parentesco é recorrer à perspectiva inversa, isto é, mostrar a afinidade da ficção com a abordagem psicanalítica. Para isso talvez não se prestem as produções posteriores a Freud, pois podem ter sofrido sua influência. A afinidade tem que ser não eletiva, e anterior à psicanálise. Na literatura de língua portuguesa, um autor oitocentista notório pela finura da observação psicológica é Machado de Assis. Em seus contos e romances, ele discerniu fenômenos e processos psíquicos que escapavam à maioria dos seus contemporâneos. Tome-se, por exemplo, o capítulo XXIII de *Helena*, romance publicado em 1876 — quando Freud tinha apenas vinte anos de idade (e Machado de

[52] Cf. respectivamente Brull, "A reconsideration of some translations...", op. cit.; Trilling, *Literatura e sociedade* [*The liberal imagination*]. Rio de Janeiro: Lidador, 1965; Kaufmann, op. cit., v. III: *Freud vs. Adler and Jung*. Nova York: McGraw-Hill, 1980.

Assis, 37).[53] Trata-se de um diálogo entre Estácio, filho do finado conselheiro Vale, e o padre Melchior, capelão da chácara da família. O tema da conversa é Helena, suposta filha ilegítima do conselheiro, cuja existência foi revelada somente na leitura do seu testamento, meses atrás. Desde então ela foi acolhida na propriedade dos Vale, onde vive com o meio-irmão e uma tia, além dos escravos. O padre Melchior, tendo notado o crescimento de uma afeição mais que fraterna entre Estácio e sua nova irmã, abre-lhe os olhos para isso. Afirma que ele transgrediu tanto a lei divina como a dos homens, sem o saber: "Teu coração é um grande inconsciente; agita-se, murmura, rebela-se, vaga à feição de um instinto mal expresso e mal compreendido. [...] Deus que te lê, sabe perfeitamente que entre teu coração e tua consciência há um véu espesso que os separa, que impede esse acordo gerador do delito". Como o rapaz demonstra não compreender suas palavras, o padre o encara e diz calmamente: "Estácio, tu amas tua irmã".

Segundo o autor, a reação de Estácio, um misto de "horror, assombro e remorso", foi prova não apenas de que o padre estava correto, mas também de que aquilo era uma revelação para o jovem. Desconcertado, balbuciante, este achou que um sentimento tão "absurdo e desnatural" só podia decorrer de maus instintos. "Maus instintos, não, respondeu Melchior; um desvio da lei social e religiosa, mas desvio inconsciente." Após explicar como surgiu esse amor entre eles, pelo fato essencial de não haverem crescido juntos, o religioso termina com uma formulação geral sobre a psique humana: "Digo-te que tens uma raiz de má erva no coração; esta é a cruel verdade. Há no homem uma ligação de sentimentos, às vezes inexplicável".

[53] Foi utilizada a edição da *Obra completa* organizada por Afrânio Coutinho. Rio de Janeiro: Aguilar, 1959. *Helena* se encontra no v. I; o capítulo XXIII cobre as páginas 270-4.

Despido das referências à divindade, esse diálogo poderia ser encontrado numa das histórias clínicas de Freud. Nele se acha, primeiro, a suposição de poderosos afetos inconscientes, inaceitáveis para o indivíduo e a sociedade, e portanto sujeitos à repressão (o "véu espesso entre a consciência e o coração"). A revelação do amor proibido representa a intervenção terapêutica, no momento sentido como oportuno pelo terapeuta. O sobressalto horrorizado ante a revelação corresponde ao clássico mecanismo da negação afirmadora, com o relutante, gradual reconhecimento do conteúdo de verdade daquilo que se ouviu. Por fim, na constatação de uma "raiz má" no ser humano, e de uma misteriosa combinação de sentimentos, nota-se a incipiente percepção de um fundo de impulsos obscuros, de um *Es* ou *id* ou *Isso* (ou *Algo*!), e da natureza complexa e composta dos afetos que derivam dos impulsos. Em suma, o padre Melchior é um psicanalista *avant la lettre*.

Nessa passagem, o vocabulário e as metáforas de Machado de Assis também prefiguram uma linguagem psicanalítica elementar. O adjetivo "inconsciente" surge três vezes, a primeira delas substantivado, numa frase lapidarmente ambígua: "Teu coração é um grande inconsciente". Na terceira vez, não referida acima, o capelão fala de "amor inconsciente". A palavra "instinto" aparece também três vezes; "consciência", cinco vezes, nos dois sentidos de estado de consciência e de consciência moral. "Coração" comparece seis vezes, como matriz dos sentimentos, em oposição a "cabeça" e "consciência" ("O que a consciência deste [Estácio] ignorava, sabia-o o coração"). "Sentimento", outras seis vezes; mas ocasionalmente pode-se ler, em seu lugar, "afeição", "afeto" ou "amor", assim como "alma" pode substituir "coração", nas três ocasiões em que surge. Os verbos exprimem o caráter dinâmico e instável dos processos em tela: "Teu coração [...] agita-se, murmura, rebela-se, vaga", "o corpo agitou-se", "revolve-lhe", "se alternam ou se confundem". Quanto às imagens, são tomadas da botânica e da biologia, a denotar coisas que brotam, crescem e se ramificam: "liames dourados e ocultos", "gérmen funesto", "raiz do mal"; "a planta ruim bracejou um ramo para o coração virgem e casto de Helena". Por fim, certos adjetivos reforçam a ideia inicial de profundezas psíquicas: "os mais íntimos recantos", "aquele investigador exato e profundo de seus sentimentos mais recônditos e inacessíveis", "inexplicável", "obscuro".

Estas são palavras coloquiais. Aquilo que se chama "vocabulário da psicanálise" nasceu a partir de termos assim. Freud buscou não se afastar da linguagem corrente, como afirmou em *A questão da análise leiga*: quis adaptá-la para seus fins quando necessário, tornando-a *wissenschaftlich brauchbar*, "cientificamente utilizável". Esta a sua intenção explícita. Mas o problema é que nem sempre o leitor consegue perceber quando um termo está sendo usado coloquialmente ou cientificamente. São fluidas as fronteiras entre os dois usos, pois não raro encontramos Freud, talvez sem se aperceber disso, "*tordant les mots pour les besoins de l'ineffable*", na bela formulação (em contexto bem diferente) de Marcel Proust.[54] No já mencionado estudo sobre a terminologia de Freud, Uwe Pörksen ressaltou sua "peculiar posição intermediária [...] entre linguagem científica artificial e linguagem culta 'natural'", concluindo que a prosa freudiana se situa "exatamente na fronteira entre estilo de linguagem [*Sprachstil*] científico e beletrístico".[55]

Essas considerações nos levam a discordar tanto da opção de Strachey e Jones, de adotar um neologismo clássico para verter *Besetzung*, como da alternativa aventada por Thomä e Cheshire, de deixar não traduzido o termo original, de modo que o leitor o "preencha" de sentidos, como deveria fazer com *cathexis*. Vimos

[54] Apud Stephen Ullmann, "The writer and his tools: Proust's ideas on language and on style", em *Meaning and style*. Nova York: Barnes & Noble, 1973, p. 140.
[55] Pörksen, "Zur Terminologie der Psychoanalyse", op. cit., p. 17.

que as argumentações desses tradutores e pesquisadores são pertinentes e tocam em pontos fundamentais. Mas afinal enfatizam excessivamente a necessidade de normatização do discurso psicanalítico, esquecendo que a linguagem de Freud nasceu de um *linguajar*, de uma língua viva e falada, e nunca perderá seus laços com esta, sob pena de tornar-se um jargão estéril e insípido. Puxando a brasa para a sua sardinha (a da "ciência"), deliberada ou inconscientemente, eles desdenharam o parentesco entre a psicanálise e a literatura imaginativa. A criação de neologismos tende a reforçar esse desdém. Strachey se alegrou com o fato de *cathexis* ser incorporado ao *Oxford English dictionary*. Mas nos dicionários alemães, o verbete *Besetzung* não inclui qualquer referência a seu sentido psicanalítico. Ele é usado por escritores e pelos falantes da língua, enquanto *cathexis* não se acha em romances ou em diálogos de pessoas que falam inglês.

VERDRÄNGUNG/ REPRESSION/ REFOULEMENT

A tradução do termo *Verdrängung* não parecia problemática para os psicanalistas ingleses, como atesta o fato de ele não constar no glossário editado por Jones e no prefácio de Strachey para a *Standard*. A palavra inglesa (de origem latina) *repression* satisfazia-os inteiramente, tanto mais por ter sido avalizada — aliás, sugerida — pelo próprio mestre, segundo informa Jones em suas memórias.[56] No entanto, já o crítico pioneiro da *Standard*, Lewis Brandt, lembrava que o original significa, em termos físicos, o afastamento ou deslocamento de algo por ação de alguma força; por exemplo, de água por um navio, ou de uma tropa por um exército inimigo. E objetava que *repression* implica empurrar algo para trás

[56] Jones, *Free associations*, op. cit., p. 169.

ou para baixo, enquanto em *Verdrängung* não se indica a direção: "[...] sua essência consiste apenas em rejeitar e manter algo afastado da consciência", afirmou Freud.[57] A isso Brandt acrescentou, anos mais tarde, a afirmação de que o termo inglês é geralmente usado num sentido político, e que corresponderia antes ao alemão *Unterdrückung*.[58]

O comentário de Bettelheim se superpõe parcialmente ao de Brandt (embora não mencione este, nem nesse caso nem no restante do seu livro). Remetendo à mesma frase de Freud, ele diz que a palavra alemã traz implícito um "impulso interior" (*inner urge*) que estaria ausente na versão inglesa. Ela se relaciona a *Drang*, "ímpeto, ânsia" etc. "Uma *Verdrängung*, portanto, é um deslocamento ou desalojamento causado por um processo interior",[59] sem indício da direção em que ocorre tal deslocamento. Por esse motivo, especula Bettelheim, Freud preferiu usar *Verdrängung* em vez do "exato equivalente alemão" de *repression*, que seria *Unterdrückung*. Os termos *repression* e *suppression* — este, segundo ele, também aparece às vezes como tradução de *Verdrängung* — são usados normalmente para designar "o que alguém faz a algo ou outro alguém, mas não para indicar um processo interior pessoal". Assim os léxicos falam de "reprimir uma criança" e "suprimir um livro". Bettelheim sugere então, como traduções corretas para o substantivo e para seu verbo (*verdrängen*), os termos *repulsion* e *to repulse* — em português, "repulsão" e "repelir".

Os primeiros psicanalistas franceses não tiveram problemas com o termo. Ele foi o primeiro a ser discutido numa reunião da

[57] Em "O inconsciente" (1915), GW X, 250; SE XIV, 148; apud Brandt, "Some notes...", op. cit., p. 336.

[58] Lewis Brandt, "'Psychoanalyse' versus 'Psychoanalysis': traduttore, traditore", *Psyche*, v. 31, n. 11, 1977, p. 1049.

[59] Bettelheim, op. cit., p. 93.

chamada Comissão Linguística para a Unificação do Vocabulário Psicanalítico Francês, em maio de 1927.[60] Os seis membros dessa comissão mantiveram a palavra *refoulement*, já em uso, e optaram por *répression* para *Unterdrückung*, diferenciando nitidamente entre esta e aquela. Uma distinção que se perpetuou em francês, sendo definitivamente consagrada pelo *Vocabulário da psicanálise*, a ponto de não se tornar objeto de discussão no volume *Traduire Freud* (em cuja "Terminologie raisonnée" não consta).

Em português, no Brasil, há psicanalistas e estudiosos que utilizam "repressão" e há os que preferem "recalque", reservando a primeira, como os franceses, para *Unterdrückung* — e assim adotando a conceituação desta como se dando no nível consciente, enquanto o "recalque" ou "recalcamento" (*Verdrängung*) seria um processo inconsciente.[61] Não sabemos se é possível ligar a opção terminológica a uma corrente teórica, no caso. *Grosso modo*, porém, os psicanalistas de influência inglesa parecem não atribuir tanto peso à questão como aqueles mais sintonizados com Paris. Disso é evidência o fato de se encontrar apenas o verbete "repressão" na obra *Termos e conceitos psicanalíticos*, de Moore e Fine.[62]

[60] Roudinesco, op. cit., p. 384.

[61] Renato Mezan externou sua preferência por "repressão", criticando "recalque" da seguinte forma, e ao mesmo tempo afirmando a diferença entre *Verdrängung* e *Unterdrückung*: "Em português, 'recalque' significa simplesmente o ato de calcar de novo, de pisar aos pés, enquanto 'repressão', segundo Aurélio Buarque de Holanda, tem uma gama de significações muito mais afim ao conteúdo de violência que, em nosso entender, é a conotação essencial do conceito freudiano. Consequentemente, traduzimos *Unterdrückung* por 'supressão', atentando para a etimologia do vocábulo. Os dois conceitos jamais se confundem sob a pena de Freud: 'Repressão' alude à exclusão para o inconsciente, enquanto 'Supressão' indica o ato de manter algo no pré-consciente" (Mezan, *Freud: a trama dos conceitos*. São Paulo: Perspectiva, 1987, p. XVII).

[62] Burness Moore e Bernard Fine, *Termos e conceitos psicanalíticos*. Porto Alegre: Artes Médicas, 1982, pp. 184-5 (trad.). Trata-se, como informa a editora, do voca-

Numa nota à sua tradução do artigo "A negação", Marilene Carone favorece resolutamente o termo "repressão".[63] Segundo ela, Laplanche e Pontalis escolheram *refoulement* pela razão natural de que este é difundido tanto no linguajar como na literatura francesa, e pela mesma razão Strachey teria usado *repression*. Indo mais além, ela afirma que no Brasil houve uma "importação da problemática francesa, desconsiderando o uso dos termos em nossa língua". Pois entre nós o vocábulo mais corriqueiro é justamente "repressão", com o seu verbo "reprimir", e trocá-lo por "recalcamento" (e "recalcar") exigiria algum esforço. Também a etimologia, no caso, vai ao encontro de sua escolha, argumenta ela, pois o *Drang* de *Verdrängung* estaria igualmente na "re-pressão". Mesmo que afinal se prefira esta palavra, o problema é mais nuançado do que imaginou Carone, pois ela não considerou o outro termo ou conceito "paralelo", digamos — *Unterdrückung* — e deixou de lembrar que há não muito tempo "recalque" e "recalcar" eram mais corriqueiros do que hoje, tendo sido afastados ou desalojados (*verdrängt*...), talvez, precisamente pelo influxo cultural anglo-americano das últimas décadas.

Em antigas obras de popularização da psicanálise, de autores brasileiros, usava-se "recalcamento". Um exemplo é o volume *A doutrina de Freud*, de Franco da Rocha, um bem informado compêndio escrito na década de 1920, por um médico que lia Freud e seus discípulos no original alemão.[64]

A mudança no uso fica bem clara se comparamos os verbetes dos dicionários *Caldas Aulete*, bastante utilizado entre as décadas

---

bulário referendado pela American Psychoanalytic Association. Talvez por isso traga apenas, abaixo dos termos em português, os "originais" ingleses.

[63] Carone, "'A negação': um claro enigma de Freud", op. cit., p. 128n.

[64] Franco da Rocha, *A doutrina de Freud*. São Paulo: Nacional, 1930, 2ª ed., passim.

de 1940 e 1960, e *Aurélio*, que passou a predominar na década de 1970. No verbete relativo a "recalcar", no *Aulete*, após o sentido literal de "calcar sucessivamente, repisar", e aquele principal, figurado, de "reprimir, refrear, abafar, tolher", lê-se o seguinte: "(Psic.) Excluir (ideia, sentimento, desejo etc.) de admissão consciente. V. também recalque, freudismo e psicanálise". Ao buscar "recalque", encontra-se: "o mesmo que *recalcamento* || (Psic.) Processo inconsciente pelo qual uma ideia, sentimento, ou desejo que repugna à mentalidade do indivíduo é excluído de admissão consciente (*recalcado*) mas continua a fazer parte da vida psíquica e a produzir nela distúrbios mais ou menos graves". Já no verbete "reprimir" não há referência a um significado psicológico: "conter, reter; proibir; não deixar manifestar" etc.

No *Aurélio*, a definição de "recalque" é obviamente calcada na do *Aulete*, notando-se o esforço de variar em alguma medida o vocabulário; é consignado também um outro sentido, familiar aos engenheiros civis: "rebaixamento da terra ou da parede após a construção da obra". Quanto a "repressão", além das significações conhecidas temos: "Psic. Mecanismo de defesa mediante o qual os sentimentos, as lembranças dolorosas ou os impulsos desacordes com o meio social são mantidos fora do campo da consciência".

Isso quanto aos dicionários, que registram os usos correntes dos termos. Interessa-nos sobretudo o questionamento dos franceses, a diferenciação, já mencionada, que estabeleceram entre *refoulement* e *répression*, aquele se dando no inconsciente, e esta, no consciente. No *Vocabulário da psicanálise*, Laplanche e Pontalis qualificam taxativamente de errada a utilização de *répression* como equivalente de *Verdrängung*, em textos franceses influenciados pela tradução inglesa.[65]

De acordo com eles, há que se distinguir uma acepção ampla

[65] Verbete "*Répression*", *Vocabulaire*, p. 419; *Vocabulário*, pp. 458-9.

e outra específica para *répression*. No primeiro caso, designa a "operação psíquica que tende a fazer desaparecer da consciência um conteúdo desagradável ou inoportuno: ideia, afeto etc.". Este sentido, acrescentam, é raro em Freud, encontrando-se, por exemplo, nos *Três ensaios*. Mas as duas passagens que citam dessa obra, no ensaio sobre a sexualidade infantil, não corroboram a afirmação. Na primeira, *Verdrängung* surge entre parênteses, após *ungenügende* [insuficiente] *Unterdrückung*, como sinônimo desta, portanto. A segunda diz que "o recém-nascido traz germes de impulsos [*Regungen*] sexuais que se desenvolvem por algum tempo, mas depois sucumbem a uma progressiva *Unterdrückung* [...]".[66] Ora, cabe perguntar se esses impulsos sexuais chegam a se tornar conscientes como algo desagradável para a criança, de um modo que justifique essa definição de *Unterdrückung*. Pois no caso o termo pode ser entendido como se designasse um processo inconsciente.

Na acepção restrita, de maior interesse por ser mais frequente, segundo os dois autores, a *répression* se caracteriza pelo fato de se opor ao *refoulement*. "Neste", afirmam, "a instância *refoulante* (o Eu), a operação e seu resultado são inconscientes. A *répression* seria, pelo contrário, um mecanismo consciente atuando ao nível da 'segunda censura', que Freud situa entre o consciente e o pré-consciente; tratar-se-ia de uma exclusão para fora do campo de consciência atual, e não da passagem de um sistema (pré-consciente-consciente) para outro (inconsciente)."[67] Este sentido estaria presente desde *A interpretação dos sonhos*.

Buscando a passagem desse livro a que se referem, porém, verificamos que a oposição *Verdrängung-Unterdrückung* não se acha tão claramente demarcada por Freud quanto eles sustentam.

[66] GW V, 71 e 77; SE VII, 172 e 176.

[67] *Vocabulaire*, p. 419, *Vocabulário*, p. 458.

Numa nota em que admite certas lacunas em sua argumentação, ele diz: "Assim deixei de indicar, por exemplo, se atribuo à palavra *unterdrückt* um significado diferente da palavra *verdrängt*. Deve ter ficado claro, no entanto, que esta enfatiza mais do que aquela a pertinência ao inconsciente".[68] Questão de ênfase, portanto, não de oposição. Não se nota a proclamada distinção categórica entre uma e outra, mas matização dos sentidos.

Um advogado do ponto de vista inglês poderia, de forma análoga, citar trechos em que Freud faz uma correlação clara entre um e outro termo. Perto do final do texto dedicado justamente à *Verdrängung* (e assim intitulado), ele considera esse processo no quadro clínico da histeria de conversão. Nesta, à diferença da histeria de angústia, o afeto como que desaparece. "O doente exibe, diante de seus sintomas, o comportamento que Charcot denominou de *la belle indifférence des hystériques*." Na frase seguinte, Freud muda para o outro termo em questão, alternando claramente os dois: "Outras vezes esta *Unterdrückung* não é tão bem-sucedida" etc. Além disso, trechos citados acima seriam exemplos dessa concepção.

Não quero afirmar que a distinção não seria útil; apenas procuro demonstrar que o uso freudiano não é tão coerente como desejariam muitos de seus estudiosos, e que talvez essa ânsia de coerência implique um *wishful thinking*, um raciocínio influenciado pelo desejo de que tudo seja inequívoco, de que os fragmentos se encaixem perfeitamente como num quebra-cabeça. É possível que haja um ganho teórico em se fazer tal distinção, mas ela não aparece nítida nos textos de Freud. Como diz Daniel Lagache no prefácio ao *Vocabulário da psicanálise*: "Se o Freud escritor se mostrou inventivo, a verdade é que se pouco preocupou com a perfeição do seu vocabulário. [...] com a terminologia analítica aconteceu o

[68] GW II/ III, 612n; SE V, 606n.

mesmo que a muitas outras linguagens: são frequentes a polissemia e as sobreposições semânticas; nem sempre palavras diversas invocam ideias muito diferentes".[69]

Assim como, no verbete *répression*, Laplanche e Pontalis se empenharam em distingui-lo de *refoulement*, no verbete dedicado a este último começam por separá-lo do termo e conceito mais abrangente de "defesa" (*Abwehr*). Eles citam o seguinte trecho de *Inibição, sintoma e angústia*: "Penso agora que há uma vantagem segura em retomar o velho conceito de defesa, se deixarmos estabelecido que ele deve designar de maneira geral todas as técnicas que o Eu emprega nos conflitos que eventualmente levam à neurose, enquanto *Verdrängung* continua a ser o nome de um método de defesa particular, que no início conhecemos melhor graças à direção de nossas pesquisas".[70] Comentam então que seria um erro tomar o *refoulement* como o único modo de defesa conhecido nos primórdios da psicanálise, como dá a entender esse testemunho de Freud. Ora, ele não parece afirmar isso na frase citada; diz apenas que a *Verdrängung* foi, entre os mecanismos de defesa, aquele que inicialmente estudaram melhor.

Mas Laplanche e Pontalis apontam outra afirmação de Freud, no texto "Meus pontos de vista sobre o papel da sexualidade na etiologia das neuroses", de 1905, onde se lê: "*Verdrängung* (como comecei a dizer, em lugar de defesa)".[71] E aqui eles parecem ter razão: "defesa" não deixou de ser usado, como sustenta Freud; e *Verdrängung* não perdeu sua especificidade, não podendo ser tomado como "o conjunto das técnicas defensivas utilizadas para dar conta do conflito psíquico".

[69] *Vocabulaire*, p. VI; *Vocabulário*, p. VI. Patrick Mahony atribui essas linhas a Laplanche e Pontalis (*Freud as a writer*, op. cit., p. 94, nota 3).

[70] GW XIV, 196; SE XX, 163.

[71] GW V,156; SE VII, 276.

Laplanche e Pontalis fazem, nesse verbete, uma breve síntese do ensaio de 1915. Neste, afirmam eles, Freud enxerga três estágios na *Verdrängung*: 1) uma primordial (*Urverdrängung*; *refoulement originaire*, na versão deles, que preferem este adjetivo para o prefixo *Ur*), na qual a representação psíquica do *Trieb* é impedida de chegar à consciência; 2) a *Verdrängung* propriamente dita, que age sobre os derivados psíquicos da representação ou sobre os pensamentos que vieram a ligar-se a ela. Em virtude dessa ligação, eles têm o mesmo destino do originalmente reprimido: "*Die eigentliche Verdrängung ist also ein Nachdrängen*", diz Freud lapidarmente ("A repressão propriamente dita é, portanto, uma 'pós-pressão'"). Laplanche e Pontalis se valem de *refoulement après-coup* para *Nachdrängen*. Aqui se pode objetar que essa tradução remete o leitor, de modo a nele provocar confusão, ao distinto conceito de *après-coup* (da *Nachträglichkeit*). Freud não resistiu à paronomásia a partir de *drängen* ("empurrar, apertar"), variando o prefixo. A expressão "recalque *a posteriori*" (adotada na versão brasileira do *Vocabulário*) seria, a rigor, tradução de *nachträgliche Verdrängung*. O terceiro estágio seria o do "retorno do recalcado" em forma de sonhos, sintomas, atos falhos. Aqui a objeção que fazemos é de ordem conceitual: em nenhum momento, no ensaio em questão, Freud situa o retorno do reprimido numa terceira fase da *Verdrängung*; pelo contrário, acha provável que o mecanismo da formação de sintomas divirja daquele da repressão.[72]

Considerando a etimologia das duas palavras em tela, não deveria surpreender que os seus significados se "toquem" e às vezes se sobreponham. O verbo *verdrängen*, como vimos, formou-se com base em *drängen*, que derivou de *dringen*. O substantivo *Drang* tomou o sentido atual de *innerer, geistig-seelischer Trieb* (*Trieb* interior, "anímico-intelectual") no curso do século XVIII.[73] Vocábu-

[72] Cf. GW X, 256-7; SE XIV, 154.

[73] Cf. *Duden. Das Herkunftswörterbuch*, verbetes "*Drang*" e "*dringen*".

los afins são *Bedrängnis* ("aperto, apuro") e *dringend* ("urgente"). O antigo verbo *dringen* significava "empurrar", tal como *drücken* — que atualmente quer dizer "pressionar, apertar" (como em "apertar a mão"), e cujo "irmão", *drucken*, significa "imprimir". Daí as formas *eindrücken*, "impressionar", *ausdrücken*, "expressar", *unterdrücken*, "oprimir, reprimir, suprimir, subjugar"; e também *Eindruck*, "impressão" (no sentido espiritual), *Druck*, "impressão" (de um livro), *Druckerei*, "tipografia", *Druckluft*, "ar comprimido" etc.

Quanto aos demais tradutores estrangeiros, eles têm usado, supondo a diferenciação inconteste entre *Verdrängung* e *Unterdrückung*, *represión* (com opções como *desalojo* e *esfuerzo de desalojo* entre chaves) e *sofocación*, *rimozione* e *repressione*, *repression* e *suppression*.

Quanto ao uso, em português, de "repressão" ou de "recalque" para *Verdrängung*, a questão seria sobretudo terminológica, convencional. Havendo argumentos a favor dos dois termos, deve-se chegar a um acordo sobre qual dos dois usar ("convencionar" o que se entende por um e outro). Se atualmente o mais difundido é "repressão", e se não parece haver fortes argumentos contra o seu uso, ele talvez seja o mais indicado — como, afinal, queria o velho Freud.

VORSTELLUNG/ IDEA/ REPRÉSENTATION

A hesitação entre "ideia" ou "representação", para verter *Vorstellung*, já aparecia nos primórdios da psicanálise, como atesta a resenha que o inglês Mitchell-Clarke fez dos *Estudos sobre a histeria*, em 1896.[74] A questão é anterior mesmo à psicanálise, já que o termo se inscreve na tradição filosófica alemã. Assim, a primeira versão

[74] Cf. Steiner, "A world wide international...", op. cit., pp. 66-7.

inglesa de *Die Welt als Wille und Vorstellung*, de Schopenhauer, chamava-se *The world as will and idea* (publicada em 1883); e a nova tradução veio a intitular-se *The world as will and representation* (de 1958). É o caso, então, de nos perguntarmos se esta nova palavra "representa" um progresso em relação à anterior, uma apreensão mais nítida do significado original, ou se ambas designam a mesma coisa ou aspectos diversos da mesma coisa. No vocabulário freudiano, a coisa se complica ainda pelo fato de o termo entrar na formação de outros, como *Zielvorstellung*, *Wortvorstellung*, *Sachvorstellung* e *Vorstellungsrepräsentanz*. Eles comparecem sobretudo nos chamados escritos "metapsicológicos", ou seja, pertencem ao âmago da teoria psicanalítica. Disso, do seu caráter mais complicado e (enfatizemos as aspas) "nebuloso", decorre que o tratamento que aqui receberão será talvez ainda mais provisório que o recebido por outros termos.

No principal ensaio metapsicológico, "O inconsciente" (1915), deparamos com *Vorstellung* já na primeira frase. Strachey a traduz por *idea*, reproduzindo numa nota a palavra alemã e explicando que ela cobre, em inglês, os sentidos de *idea*, *image* e *presentation*. De fato, consultando um dicionário bilíngue alemão-inglês encontraremos *introduction*, *presentation* (nos sentidos de apresentar alguém e de apresentação teatral), *representation*, *remonstrance*, *conception*, *notion*, *idea*, *image*, *performance*.[75] O verbo *vorstellen*,

[75] Cf. verbete "*Vorstellung*", no *Muret-Sanders Hand- und Schulausgabe, Teil II: Deutsch-Englisches Wörterbuch*. Berlim: Langenscheidt, 16ª ed., 1910. Uma olhada no equivalente francês desse léxico (*Sachs-Villatte*. Berlim: Langenscheidt, 1908) mostra as mesmas correspondências. Também no melhor dicionário bilíngue alemão-português disponível (o *Michaelis*, editado por Ungar em Nova York, 14ª ed., n.d. [década de 1930]) acha-se "apresentação, representação; admoestação; ideia, noção, imagem". Esses léxicos foram contemporâneos de Freud, publicados enquanto ele vivia e produzia. Os dicionários atuais da língua alemã apenas acrescentam, a estas acepções, um ou outro uso colo-

do qual se originou o substantivo, formou-se a partir de *stellen*, "pôr, colocar". Literalmente, *vorstellen* significa "colocar adiante" (um móvel, por exemplo) ou "colocar diante de"; daí a extensão para "apresentar alguém" (colocando-o diante de outrem), "apresentar-se" (*sich vorstellen*) e, no sentido mais relevante para nossa pesquisa, "imaginar", "colocar mentalmente diante dos olhos", "ter presente no espírito". Sem dúvida o étimo latino que ocupa o lugar mais aproximado, semanticamente, é "apresentar", com os seus cognatos "presente", "representar" etc.

Os tradutores franceses não hesitam em utilizar *représentation* e *se représenter*. No *Vocabulário da psicanálise*, Laplanche e Pontalis mencionam *idea* e *presentation* como versões inglesas para *Vorstellung*, e "representação" como o equivalente em uso nas línguas românicas. Já no volume *Traduire Freud*, na seção "Terminologie raisonnée", não há qualquer menção da alternativa "ideia". Uma contestação da preferência inglesa por *idea* se acha num artigo da psicanalista colombiana Inga Villarreal.[76] Segundo essa autora, Strachey deixou de lado as características sensoriais de uma *Vorstellung*, "entre elas as importantes atividades visuais que são derivadas da percepção". No vocabulário filosófico alemão, como ela mesma assinala, o termo designa o que uma pessoa representa para si, o que reproduz de uma percepção feita. Acompanhando pertinentemente Laplanche e Pontalis, Villarreal lembra que o uso freudiano da palavra tem sua originalidade, vindo a significar, mais que o "representar-se subjetivamente um objeto",[77] aquilo que do objeto chega a se inscrever na memória: nas palavras de Freud,

---

quial recente, como este, do jargão esportivo: "O time fez uma boa *Vorstellung*" (cf. *Duden*).

[76] Inga Villarreal, "Spanish translations of Freud", em Ornston (org.), *Translating Freud*, op. cit., pp. 114-34.

[77] Cf. Laplanche e Pontalis, *Vocabulaire*, p. 415; *Vocabulário*, p. 449; na edição brasileira falta o reflexivo "se".

"*Vorstellungen* são investimentos [*Besetzungen*] — de traços de memória, no fundo"; dificilmente existiria lembrança "pura", despida de *Besetzung*. Logo, há uma contradição na censura feita a Strachey, pois o que ele teria menosprezado é justamente o que teria passado a segundo plano, no sentido privilegiado por Freud.

No quadro da defesa que faz da nova tradução castelhana, comparando-a favoravelmente à britânica (o que me parece insustentável, diga-se de passagem), Villarreal diz peremptoriamente que "*Vorstellung* não é uma dessas palavras alemãs com vários sentidos, cuja tradução pode variar segundo o contexto". Uma argumentação oposta foi apresentada por outra psicanalista que se ocupou dos problemas da tradução de Freud para uma língua românica, a francesa Michèle Pollak-Cornillot. Ela começou por esquadrinhar as versões que o próprio criador da psicanálise fez de obras psicológicas francesas. Nos anos que seguiram ao estágio que fez com Charcot em Paris (1885-6), Freud traduziu dois volumes dele e dois de Bernheim. Pollak-Cornillot defende que essa atividade foi importante, pois levou à reflexão sobre fenômenos com que Freud lidava na prática. O tratamento de doenças mentais e a compreensão de sua etiologia eram a preocupação que ele tinha em comum com os dois franceses. Estudando as equivalências que o tradutor Freud estabelecia entre certas palavras das duas línguas, Pollak-Cornillot quis contribuir para a solução de dificuldades atualmente encontradas pelos que traduzem Freud.[78] Após fazer um inventário completo das correspondências propostas por Freud, divisando a partir daí os seus procedimentos de tradução, ela se detém nos termos *Vorstellung, Trieb/ Instinkt, Geschlechts-/*

[78] Pollak-Cornillot, "Freud traducteur: introduction à la traduction des œuvres de Freud", tese de doutoramento inédita. Paris: Université René Descartes, 1990, p. 14; a autora já havia publicado, com título semelhante, um ensaio-prenúncio da tese (*Revue Française de Psychanalyse*, v. 53, n. 4, 1986, pp. 1235-46).

Sexual, Angst, Phantasie e *Zwang*.[79] No caso do primeiro, nota que a versão de *idée* por *Vorstellung* é de longe a mais frequente: em *l'idée du mouvement, l'idée suggérée, l'idée de l'impuissance motrice* etc., deparamos sempre com aquela palavra alemã.[80] Outras opções de Freud são:[81]

représenter de nouveau	*neuerdings vorstellen*
présenter un malade	*einen Kranken vorstellen*
il voit bien ces rues dans son esprit	*er hat zwar die Gesichtsvorstellung ... dieser Strassen*
des notions fournies par les mouvements	*die Bewegungsvorstellungen*
notions	*Vorstellungen*
représentation graphique d'une lettre	*graphische Reproduktion eines Buchstabens*
se représenter, se figurer	*sich ... sinnlich vorstellen*
imaginer	*sich vorstellen*
représentation mentale	*Vorstellungsbild*
l'imagination	*die Vorstellung*

[79] Esses vocábulos são objeto de seis capítulos, que formam o segundo tomo da tese de Pollak-Cornillot. No momento cuidaremos de *Vorstellung*. O que ela tem a dizer sobre os demais será visto oportunamente; com exceção de *Phantasie*, que não constitui problema para quem se exprime em português: é o nosso "fantasia, imaginação" — em francês, *fantasme*; isso deu origem aos "fantasmas" que se veem em textos psicanalíticos traduzidos do francês ou redigidos por quem se nutre apenas deles, numa teorização de causar assombro (a palavra francesa para "fantasma" é *fantôme*; *fantasme* é o que os tradutores chamam de "falso amigo", um termo que *parece, mas não é...*).

[80] Na estatística de Pollak-Cornillot, *idée* foi traduzida 65 vezes por *Vorstellung* e 26 vezes por *Idee*: op. cit., pp. 64-5. Os três exemplos citados estão à p. 287, no capítulo sobre *Vorstellung*.

[81] O quadro de exemplos que segue foi feito com base nos trechos que ela reproduz às páginas 279-83 de sua tese.

Portanto, Freud sempre considera o contexto ao traduzir, e é de notar que os sentidos que depreendemos de seu uso de *Vorstellung* coincidem com aqueles dicionarizados, referidos acima (faltando apenas dois: o de "admoestação" e o de "apresentação teatral"). Com relação ao penúltimo exemplo, Pollak-Cornillot observa que nele fica evidente a proximidade entre *Vorstellung* e *mental*, pois segundo a norma das composições de substantivos é *Bild* que corresponde a *représentation*; o substantivo que o antecede funciona como adjetivo.[82] Em suma, *Vorstellung* pode significar "tanto o conteúdo presente no espírito como o espírito, a imaginação que o contém". Nota-se igualmente que, à diferença de alguns de seus atuais tradutores franceses, Freud "*n'est pas gêné* [não se sente incomodado] *par la polysemie de Vorstellung.* Ele segue o sentido do texto e não uma terminologia preestabelecida".[83]

Os poucos exemplos mencionados foram extraídos das duas obras de Charcot traduzidas por Freud, *Leçons sur les maladies du système nerveux, volume III*, e *Leçons du mardi à la Salpêtrière*. Nossa autora prossegue inventariando o emprego de *Vorstellung* nas versões freudianas de dois livros de Bernheim, *De la suggestion et de ses applications à la thérapeutique* e *Hypnotisme, suggestion et psychothérapie*. Nelas também salta aos olhos a frequência dessa palavra para traduzir *idée*, tanto em sintagmas como *idée du sommeil*, *idée du magnétisme*, como em orações em que Bernheim teoriza sobre a procedência das ideias: "*Toute idée arrive au cerveau par un sens*" ("Toda ideia chega ao cérebro por um sentido"; "*Jede Vorstellung gelangt durch einen Sinn ins Gehirn*", no alemão de Freud). Pollak-Cornillot aproxima essa frase ao que Freud escreveria quatro décadas depois, no artigo "A negação": ele recorda ao leitor, *en passant*, que "todas as ideias provêm de percepções, são repetições das

[82] Pollak-Cornillot, "Freud traducteur: introduction...", op. cit., p. 282.
[83] Idem, ibidem, p. 290; a citação anterior é da p. 284.

mesmas" ("*daß alle Vorstellungen von Wahrnehmungen stammen, Wiederholungen derselben sind*"). "A negação" é um dos raros textos de Freud que tiveram tradução para o português a partir do original, feita competentemente por Marilene Carone. Sendo assim, é interessante registrar que a tradutora alterna entre "representação" e "ideia". Na frase em questão utiliza a primeira; pouco antes, prefere "ideia obsessiva" para *Zwangsvorstellung*. Mas justifica numa nota a opção, dizendo que a rigor empregaria "representação obsessiva". Não o faz, porém, devido à maior coloquialidade do contexto: o autor reproduz a fala de um paciente, e "os pacientes (mesmo os obsessivos) não costumam dizer que têm representações, mas sim ideias".[84]

Carone provavelmente não se preocuparia em justificar o uso de "ideia" se tivesse presentes algumas passagens de Freud, muito bem lembradas por Pollak-Cornillot, nas quais se evidencia a equivalência ideia = representação, e mesmo representação = pensamento. No "caso Dora", por exemplo, fala-se das *Affektwirkungen einer unbewußten Idee* (literalmente, "efeitos afetivos de uma ideia inconsciente").[85] Na "Nota sobre o inconsciente em psicanálise" (1912), lê-se: *Das Seelenleben des hysterischen Patienten ist erfüllt mit wirksamen, aber unbewußten Gedanken; von ihnen stammen alle Symptome ab. Es ist in der Tat der auffälligste Charakterzug der hysterischen Geistesverfassung, daß sie von unbewußten Vorstellungen beherrscht wird* ("A vida psíquica do paciente histérico é cheia de pensamentos eficazes, mas inconscientes; deles se originam todos os sintomas. De fato, a característica mais evidente da constituição mental histérica está em ser dominada por ideias

[84] Carone, nota 5 à tradução de "A negação", op. cit., p. 129.
[85] GW V, 209; SE VII, 49; apud Pollak-Cornillot, "Freud traducteur: introduction...", op. cit., p. 309.

inconscientes").[86] A sinonímia — ou melhor, "vizinhança" — *Vorstellung/ Idee* (e mesmo *Gedanke*), já constatada no tradutor Freud, é reencontrada no psicanalista Freud.

É significativo, ainda segundo Pollak-Cornillot, que nesse artigo de 1912 Freud relate a importância das experiências pós-hipnóticas de Bernheim, por ele presenciadas, na gênese da sua noção do inconsciente. Nos anos de 1886-91, em que publicou pouco de seu, mas traduziu muito (em geral por iniciativa própria), a atividade de tradutor inevitavelmente influiu na postura do pesquisador — ao mesmo tempo que decorreu dela — e veio a concorrer para a formação do vocabulário do teórico-psicanalista.

Uma tentativa de fundamentar o uso diferenciado de "ideia" e "representação" seria argumentar que aquela exprimiria antes algo independente e abstrato, que não remeteria necessariamente à percepção — talvez preexistindo a esta, numa acepção filosófica devedora de Platão; enquanto no representar não se perderia de vista a imagem exterior ao sujeito percipiente: uma representação seria algo mais "concreto" que uma ideia. É possível encontrar tal distinção em alguma teoria, na qual se tenha *convencionado* a linha divisória entre os dois termos-conceitos. Não parece ser o caso da teoria freudiana, como atestam os exemplos retirados de escritos "metapsicológicos".[87] Também no uso cultivado ou literário de "representação" admite-se uma significação maior, condizente com

[86] GW VIII, 433; SE XII, 262; apud Pollak-Cornillot, op. cit., p. 310.

[87] Também nos relatos clínicos, como seria de esperar, um e outro termo surgem alternadamente: cf., no caso do "Homem dos Ratos", a passagem em que o protagonista relata como, aos doze anos, apaixonado por uma garota, veio-lhe a ideia (*Idee*) de que ela o trataria mais ternamente se a ele sobreviesse uma desgraça como a morte do pai. Ele então repudiou energicamente essa *Idee*, diz Freud, assim como a possibilidade de que ela traduzisse um desejo. Se não era um desejo, por que ele a rejeitou? — pergunta o analista; e a resposta é: devido ao "conteúdo dessa *Vorstellung*" (GW VII, 402; SE X, 178).

aquela deparada em Freud. Veja-se esta frase do mestre Rodrigues Lapa: "Por vezes, a fantasia transcende para além do objeto e dá representações que pouca ou nenhuma relação têm já com ele".[88]

Uma primeira dificuldade, querendo-se manter "representação" para *Vorstellung*, estaria na versão de alguns compostos onde esta aparece. Antes de tudo, *Sachvorstellung* e *Wortvorstellung*, até agora tranquilamente vertidos, nos idiomas latinos, por "representação de coisa" e "representação de palavra". O que em geral se tinha por ponto pacífico foi questionado por Michèle Pollak-Cornillot. Na verdade, continuando seu arrazoado em favor de "ideia" (que foi aqui aproveitado em oposição a Inga Villarreal), ela chegou a produzir argumentos contra o uso de "representação". Checando os volumes traduzidos por Freud, constatou que ele recorreu a *Wortvorstellung* para *mot* e *notion du mot* ("palavra" e "noção da palavra"). Em seguida, um exame da primeira monografia publicada por Freud, *Zur Auffassung der Aphasien* (1891), revela o emprego por ele dado à palavra alemã. Na seguinte passagem, por exemplo: "*Für die Psychologie ist die Einheit der Sprachfunktion das 'Wort', eine komplexe Vorstellung, die sich als zusammengesetzt aus akustischen, visuellen und kinaesthesischen Elementen erweist.* [...] *Man führt gewöhnlich vier Bestandteile der Wortvorstellung an: 'das Klangbild', das 'visuelle Buchstabenbild', das 'Sprachbewegungsbild' und das 'Schreibbewegungsbild'*" ("Para a psicologia, a unidade funcional da língua é a 'palavra', uma noção complexa, que se compõe de elementos acústicos, visuais e cinestésicos. [...] Em geral se mencionam quatro componentes da palavra: 'a imagem acústica', a 'imagem visual das letras', a 'imagem motriz de articulação' e a 'imagem motriz gráfica'").[89]

[88] M. Rodrigues Lapa, *Estilística da língua portuguesa*. São Paulo: Martins Fontes, 2ª ed., 1988, p. 13. "Mestre" da língua portuguesa, claro; não de Freud.

[89] Apud Pollak-Cornillot, "Freud traducteur: introduction...", op. cit., p. 331. Não dispusemos da edição alemã desse primeiro livro de Freud. Ele foi excluído das

As opções aqui adotadas para traduzir *Vorstellung* na primeira frase ("noção") e *Wortvorstellung* na segunda ("palavra") são aquelas sugeridas por Pollak-Cornillot. Ela nota que Freud resume um trecho que havia traduzido de Charcot (daí os introitos: "Para a psicologia" etc.), e utiliza então os originais franceses dessas e de outras palavras — em especial as designações dos quatro componentes, também utilizadas aqui. Indo mais longe, o próprio Charcot se apoiava aí no inglês Hartley (1704-1757), que influenciou Stuart Mill, que Freud igualmente traduziu. Uma outra passagem de Charcot/ Freud nos oferece *Wort* ("palavra") para o som ou "imagem acústica"; ele está falando de um paciente afásico: "[...] o que lhe falta é a faculdade de perceber e de compreender, como no estado normal, a palavra que ressoa em seu ouvido; esta palavra, ele a percebe como ruído, mas não como signo" ("*ce qui lui manque, c'est la faculté de percevoir et de comprendre, comme dans l'état normal, le mot qui résonne à son oreille; ce mot, il le perçoit comme bruit, mais non comme signe*"). E encontramos *Vorstellung des Wortes* para o conjunto, a noção da palavra: "Vejo uma lâmpada de gás e quero dizer: 'Acendam a lâmpada de gás', mas isto não é possível para mim, eu perdi a noção da palavra 'acendam', digo apenas 'ah, ah'" ("*Je vois un bec de gaz, je veux dire: 'allumez le bec de gaz', cela m'est impossible, j'ai perdu la notion du mot 'allumez', je dirai: ah! ah! seulement*").[90]

---

coleções de suas obras por decisão dele mesmo. Há edição portuguesa de *Zur Auffassung der Aphasien* (*A interpretação das afasias*. Lisboa: Edições 70, 1979), traduzida do italiano, porém. O trecho citado acima está à página 67: "Para a psicologia, a unidade da função de linguagem é a 'palavra', uma complexa representação que se apresenta composta de elementos acústicos, visuais e cinestéticos [*sic*]. [...] Geralmente são mencionadas quatro componentes da representação da palavra: a 'imagem acústica', a 'imagem visual de uma letra', a 'imagem motora da linguagem' e a 'imagem motora do escrever'". Uma versão inglesa do que seriam as passagens mais relevantes desse trabalho foi incluída por Strachey no volume XIV da *Standard*, como apêndice a "O inconsciente" ("Appendix C", SE XIV, pp. 209-15).

[90] Apud Pollak-Cornillot, op. cit. pp. 322-3.

Pouco adiante, Freud traduz "*Nous savons qu'il est aphasique par suppression des mots, mais nous se savons pas s'il est agraphique*" por: "*Er ist also aphonisch in Folge von Verlust der Wortvorstellungen; ob er auch agraphisch ist, läßt sich nicht entscheiden*". A *Wortvorstellung* é, então, a ideia ou noção da palavra.[91] Pollak-Cornillot traz outros exemplos assim, nos quais se percebe o recurso de Freud a *Wortvorstellung* quando se refere à palavra como um todo complexo, e a *Wort* quando se trata de um elemento desse todo. O composto por ele usado (e talvez forjado) não surge correspondendo a "representação", argumenta a tradutora e psicanalista, mas sim para "explicitar a palavra enquanto noção, *la notion du mot*, como diz o paciente de Charcot". Daí ela propor, como equivalente suficientemente abrangente, a expressão *notion verbale*.[92] Além disso, esta pode equivaler a *notion mentale* — algo também conotado pelo termo *Vorstellung*.

Dessa perspectiva, não seria sustentável a identificação de *Sachvorstellung* com o significado e de *Wortvorstellung* com o significante de Saussure, feita resolutamente por alguns autores (e timidamente por Laplanche e Pontalis).[93] Coerente com sua atitude de delimitar contextualmente os sentidos e pôr lado a lado os contextos em duas línguas, Pollak-Cornillot vai buscar na tradução alemã de Saussure os termos usados e aceitos para a definição que ele trouxe de signo. "*Le signe linguistique unit non une chose et un nom, mais un* concept *et une* image acoustique" — em alemão essa frase diz: "*Das sprachliche Zeichen vereinigt in sich nicht einen Namen und eine Sache, sondern eine* Vorstellung *und ein* Lautbild".[94] Como Saussure propôs — e quase todo mundo aceitou — substituir

[91] Cf. idem, ibidem, p. 323 (as duas citações anteriores de Charcot estão nessa mesma página).

[92] Idem, ibidem, p. 326.

[93] Cf. Hans-Martin Gauger, "Le langage chez Freud", *Confrontations Psychiatriques*, n. 19, 1981, pp. 189-210; *Vocabulaire*, p. 415, *Vocabulário*, p. 449.

[94] Apud Pollak-Cornillot, op. cit., pp. 332-3.

"conceito" por "significado" e "imagem acústica" por "significante", segue-se que a *Vorstellung* da palavra se ligaria ao significado, não ao significante. É o que se deduz, ou o que parece estar implícito, na aproximação feita por Pollak-Cornillot. Ela recorda também que o tradutor inglês de *Zur Auffassung der Aphasien* lançou mão de *word concept* para *Wortvorstellung*.

Porém, retornando ao exemplo do afásico de Charcot, quando ele avista o lampião de gás e quer dizer "acendam-no", falta-lhe a "imagem acústica" do signo, não a ideia ou conceito do mesmo (talvez fosse mais pertinente falar de "impressão — ou expressão, para quem fala — sonora", em vez de "imagem acústica"). Ao afirmar que perdeu a *notion du mot* ele induziria a pensar que a "*Wortvorstellung c'est ce que l'on cherche quand on ne retrouve pas le mot que l'on veut dire, qu'on cherche dans sa tête, mentalement, c'est l'image mentale du mot, l'idée du mot*". Mas isso está em contradição com o que ele pretendeu dizer. No fundo, a confusão parece ser gerada pela já documentada polissemia do termo alemão. Quando Freud utilizou *Vorstellung des Wortes*, no contexto em vista, aludia talvez à "apresentação da palavra"; e *word presentation* viria a ser, de fato, a solução divisada por Strachey para transpor *Wortvorstellung*. A propósito da ambiguidade de *Vorstellung* — da qual Freud inevitavelmente se serviu, como no caso de outros termos, de maneira deliberada ou não —, podemos arriscar o palpite de que ela estaria de algum modo na raiz da enorme amplitude que o significante viria a ter na leitura (ou tresleitura...) lacaniana de Freud. Nesta, a impressão sonora (e também visual) do complexo "palavra" tomaria a frente e se tornaria hegemônica, relegando a segundo plano (ou compreendendo) o conceito ou significado. Dessa orientação formalista — e mesmo lúdica (anagrama de "lúcida" e quase palíndromo de "ácido", um lacaniano se apressaria em lembrar) — adviriam consequências, para a teoria-prática psicanalítica, que um alemão classificaria de *ungeheuer* — isto é, "portentosas", "monstruosas". Algo que ilustra, uma vez mais, a importância dos problemas que rondam a teoria da tradução, e a teoria literária em geral.

Um olhar sobre o verbete "representação", no dicionário filosófico de Lalande, talvez contribua para um menos vago esclarecimento (ou mais nítida confusão) desses matizes que nos afligem e nos distraem.[95] Ele discerne quatro sentidos, que inicialmente se reduzem a três, mas afinal resultam ser cinco, pois o terceiro e o quarto se dividem realmente em dois. São eles: 1) representar no sentido concreto: "conjunto de pessoas que representam outras"; 2) "o que está presente ao espírito: o que alguém 'se representa'; o que forma o conteúdo concreto de um ato de pensamento"; 3) "Em particular, reprodução de uma percepção anterior"; 4) "Ato de representar alguma coisa, faculdade de pensar uma matéria concreta organizando-a sob categorias"; 5) "O conjunto daquilo que é assim representado".[96]

A diferença maior está entre o primeiro sentido e os restantes. Eles são designados por palavras diversas em alemão, e o recurso à mesma palavra, na maioria das traduções atuais, tem levado a mal-entendidos. Para verificar isso, tomemos o seguinte parágrafo de "O inconsciente":

[95] Esse aparente oxímoro apenas ecoa os versos tão conhecidos de nosso grande poeta: "E o hábito de sofrer, que tanto me diverte,/ é doce herança itabirana." ("Confidência do itabirano", em Carlos Drummond de Andrade, *Poesia e prosa*. Rio de Janeiro: Nova Aguilar, 1983, p. 121). É significativo que esse poema tenha sido originalmente publicado num volume com o título *Sentimento do mundo*. A figura do oxímoro parece derivar seu encanto e sua verdade da contradição que habita em toda ciência e experiência humana. Não é por acaso, então, que ela está presente em vários títulos do poeta brasileiro mais universal: *Claro enigma*, *Fazendeiro do ar*, *As impurezas do branco* e, talvez, *A paixão medida* (este, também psicanalítico em alguma medida).

[96] Lalande, op. cit., pp. 920-1 (p. 953 da ed. bras.). Ele os divide em A, B, C e D, dos quais A consiste no "fato de representar (nos sentidos B ou C) uma pessoa ou uma coisa"; o C e o D foram aqui apresentados como 2 e 3, e 4 e 5, respectivamente.

Ich meine wirklich, der Gegensatz von Bewußt und Unbewußt hat auf den Trieb keine Anwendung. Ein Trieb kann nie Objekt des Bewußtseins werden, nur die Vorstellung, die ihn repräsentiert. Er kann aber auch im Unbewußten nicht anders als durch die Vorstellung repräsentiert sein. Würde der Trieb sich nicht an eine Vorstellung heften oder nicht als ein Affektzustand zum Vorschein kommen, so könnten wir nichts von ihm wissen. Wenn wir aber doch von einer unbewußten Triebregung oder einer verdrängten Triebregung reden, so ist dies eine harmlose Nachlässigkeit des Ausdrucks. Wir können nichts anderes meinen als eine Triebregung, deren Vorstellungsrepräsentanz unbewußt ist, denn etwas anderes kommt nicht in Betracht.[97]

("De fato, creio que a oposição de consciente e inconsciente não se aplica ao *Trieb*. Um *Trieb* não pode jamais se tornar objeto da consciência, apenas a *Vorstellung* que o representa. Mas também no inconsciente ele não pode ser representado senão pela *Vorstellung*. Se o *Trieb* não se prendesse a uma *Vorstellung* ou não aparecesse como um estado afetivo, nada poderíamos saber sobre ele. Mas se, no entanto, falamos de um *Triebregung*[98] inconsciente ou um *Triebregung* reprimido, trata-se de uma inócua negligência de expressão. Só podemos estar nos referindo a um *Triebregung* cuja *Vorstellungsrepräsentanz* é inconsciente, pois outra coisa não poderia entrar em consideração.")

As duas palavras em questão são *vorstellen* e *repräsentieren*. Esta cobre apenas o primeiro dos sentidos registrados no *Lalande*, o concreto, que usamos frequentemente em política, direito, economia

[97] GW X, 275-6; SE XIV, 177. O parágrafo está no início da terceira parte.
[98] *Regung* significa literalmente "movimento, agitação". A solução de Strachey para *Triebregung* é *instinctual impulse*; a de Laplanche e Pontalis, e da maioria dos tradutores franceses, é *motion pulsionnel*.

etc. Diz-se, por exemplo, que um certo deputado representa interesses de banqueiros do bicho, ou que um grande esportista representa o seu país numa competição. O verbo germânico e o latino, geralmente tidos por sinônimos, divergem nesse caso. Um outro verbo alemão, *vertreten*, é o equivalente de *repräsentieren*. Três páginas adiante (no final da terceira parte de "O inconsciente"), Freud afirma que "[...] *ein Affekt so lange nicht zu stande kommt, bis nicht der Durchbruch zu einer neuen* Vertretung *im System* Bw *gelungen ist*" ("[...] um afeto não surge enquanto não é conseguida uma nova *representação* no sistema *Cs*"). O mesmo vocábulo surge na sétima parte desse escrito (GW X, 298; SE XIV, 199). O uso de "representação" para traduzir tanto *Vorstellung* como *Vertretung* (ou *Repräsentanz*) abriu caminho para alguma teorização nebulosa por parte de tradutores e comentadores. A neblina já se faz visível na forma atualmente mais comum para verter o composto *Vorstellungsrepräsentanz*, que aparece na última linha do parágrafo citado: "representante-representação" é o que predomina, ao que tudo indica por sugestão de Laplanche e Pontalis. Aparece no *Vocabulário da psicanálise* e na tradução por eles assinada de "O inconsciente".[99] Mas a nova tradução incluída nas *Œuvres complètes*, de responsabilidade exclusiva de Laplanche, traz *représentance de représentation* para o mencionado composto, e *vicariance* para *Vertretung*! O absurdo de pelo menos esta última escolha foi reconhecido depois pelo próprio tradutor, no volume *Traduire Freud*. A edição argentina incorpora a solução francesa, na velha tradução espanhola consta *representante ideativo*, assim como na britânica (*ideational representative*; mas Strachey e López-Balles-

[99] Cf. verbete "Representante-representação", no *Vocabulário da psicanálise*, e Freud, *Métapsychologie*, tradução de Laplanche e Pontalis. Paris: Gallimard/ Folio, 1986, pp. 81-2. Deve-se registrar que nas edições anteriores do *Vocabulário* (traduzido pelo português Pedro Tamen) a expressão adotada era "representação ideativa". Na edição atual, revista para o público brasileiro, restaurou-se a versão literal para "*représentant-représentation*".

teros não conheciam as traduções um do outro) e na italiana (*rappresentanza ideativa*; declaradamente calcada em Strachey).[100]

O emprego de "ideia" para *Vorstellung* resolveria o problema, diz Pollak-Cornillot. Do parágrafo citado se depreende que *Vorstellungsrepräsentanz* denota o fato de o *Trieb* ser inevitavelmente representado na psique por uma ideia. Dizer que ele é "representado por uma representação", quando o verbo, aqui, tem significado diferente do substantivo cognato, só pode conduzir a mal-entendidos. E o curioso é que em nenhum momento Laplanche e Pontalis criticam a possibilidade de "ideia". Pelo contrário, em duas ocasiões o admitem. Ao comentar *Zielvorstellung*, no verbete a ele dedicado ("representação-meta"), afirmam que o inglês *purposive idea* está de acordo com a sua interpretação. No verbete "representante-representação", dizem que *Vorstellung* "conota o elemento ideacional [*idéationnel*, em francês] por oposição ao elemento afetivo".

Laplanche e Pontalis desdobram em três artigos ou verbetes a discussão do que afirmam ser o mesmo conceito: "representante da pulsão", "representante psíquico" e "representante-representação". Preferem, como justificam, frisar um aspecto particular do conceito em cada um dos três comentários. Mas isso tende a provocar, na mente do leitor, uma delimitação excessiva entre eles.

Definindo "representante da pulsão" (*Triebrepräsentanz ou Triebrepräsentant*), o *Vocabulário da psicanálise* diz que às vezes a expressão é igual a representante-representação, mas outras vezes "é mais ampla, englobando também o afeto". Uma síntese mais fiel diria que não há ampliação, mas decomposição do conceito, baseada na mesma passagem do texto "A repressão" a que recorrem Laplan-

[100] Cf. SE XIV, 177; AE XIV, 177; *Opere* 8, p. 60. Surpreendentemente, o *Vocabulário da psicanálise* dá, como equivalente italiano, *rappresentanza data dalla una rappresentazione*.

che e Pontalis. Passagem de relevo, e que por isso nos permitimos citar integralmente:

> *In den bisherigen Erörterungen behandelten wir die Verdrängung einer Triebrepräsentanz und verstanden unter einer solchen eine Vorstellung oder Vorstellungsgruppe, welche vom Trieb her mit einem bestimmten Betrag von psychischer Energie (Libido, Interesse) besetzt ist. Die klinische Beobachtung nötigt uns nun zu zerlegen, was wir bisher einheitlich aufgefasst hatten, denn sie zeigt uns, daß etwas anderes, was den Trieb repräsentiert, neben der Vorstellung in Betracht kommt, und daß dieses andere ein Verdrängungsschicksal erfährt, welche von dem der Vorstellung ganz verschieden sein kann.*[101]
> ("Em nossa discussão tratamos, até o momento, da repressão de um *Triebrepräsentanz,* entendendo por isso uma *Vorstellung* ou grupo de *Vorstellungen* investido de um determinado montante de energia psíquica (libido, interesse) a partir do *Trieb.* A observação clínica nos leva agora a decompor o que até então apreendemos como uma unidade, pois nos mostra que é preciso considerar, além da *Vorstellung*, uma outra coisa que representa o *Trieb*, e o fato de que ela experimenta um destino de repressão que pode ser inteiramente diverso do da *Vorstellung*.")

Freud prossegue chamando de "montante de afeto" (*Affektbetrag*) esse outro componente da *psychische Repräsentanz*, e dizendo que ele "corresponde ao *Trieb*, na medida em que este se desligou da *Vorstellung* e acha expressão, proporcional à sua quantidade [*Quantität*], em processos que se tornam sensíveis enquanto afetos".[102]

101 GW X, 254-5; SE XIV, 152.

102 Idem, ibidem, p. 255. No *Vocabulário da psicanálise*, que reproduz esta frase, lê-se "qualidade", em vez de "quantidade". O erro não é da edição brasileira (p. 453 da 11ª ed., p. 593 das anteriores), mas do próprio original francês — ao menos da

A citação interessa mais ainda por conceituar *Triebrepräsentanz*, distinguindo-a claramente do *Trieb*. Daí ela ser referida também no verbete sobre "representante psíquico", sinônimo daquele. Apoiando-se no prefácio de Strachey a "A repressão", Laplanche e Pontalis apontam para uma incoerência de Freud ao tratar esse conceito. Pois se nessa ocasião o *Trieb* investe de energia uma *Vorstellung*, caracterizando-se aí a "representação do *Trieb*" ou "representação psíquica", em outras vezes ele é diretamente equacionado a essa *Triebrepräsentanz*. Assim é num trecho muito citado, onde *Trieb* aparece "como um conceito-limite entre o somático e o psíquico, como a *psychische Repräsentanz* dos estímulos oriundos do interior do corpo e que atingem a alma".[103] A mesma formulação, indica Strachey, se acha no fim da terceira parte do "Caso Schreber" (GW VIII, 311; SE XII, 73-4) e num trecho acrescentado em 1915 ao segundo dos *Três ensaios sobre a teoria da sexualidade* (GW V, 67; SE VII, 168). Mas outras passagens sustentam aquela diferenciação. O parágrafo de "O inconsciente" apresentado acima é um bom exemplo, além de uma outra de "A repressão", que se refere à *psychische (Vorstellungs-) Repräsentanz des Triebes* (GW X, 250; SE XIV, 148). Nessas passagens, portanto, o *Trieb* surge como algo não psíquico, a exigir representação na psique. De acordo com Strachey, esse ponto de vista predomina. Laplanche e Pontalis põem em xeque essa predominância: não há evolução no pensamento de Freud a respeito, pois as duas concepções datam do mesmo ano, e não cabe ver na segunda aquela adotada nos últimos textos, já que a primeira reaparece no *Compêndio de psicanálise*, de 1938. Aqui eles incorrem numa pequena distorção do que afirmou Strachey. Este observou que as duas perspectivas se acham nos escritos posteriores a 1915,

---

edição consultada (a 2ª edição revista, de 1968, que me foi generosamente cedida pelo psicanalista Luis Tenório de Oliveira Lima).

[103] Freud, *Triebe und Triebschicksale*, GW X, 214; SE XIV, 122.

embora a segunda lhe pareça vigorar por fim. Quanto à remissão à última obra de Freud, sabemos hoje, após a investigação dos manuscritos feita por Grubrich-Simitis, que o texto (um rascunho inacabado) não foi editado com o devido rigor; não sendo, portanto, inteiramente confiável.[104]

Strachey pondera que a contradição talvez seja só aparente, devido à ambiguidade do próprio conceito e à precariedade, mais de uma vez reconhecida por Freud mesmo, da teoria metapsicológica. A saída de Laplanche e Pontalis é mais sofisticada, ao menos na expressão. Em comum, nas duas formulações, haveria o fato de a relação entre o corpo e a psique não se dar conforme a ideia do paralelismo ou a da causalidade, mas semelhar aquela entre um mandante e o seu delegado (aqui há um erro na tradução portuguesa, que oferece "mandatário" e "delegado" para *mandant* e *délégué*; aqueles são sinônimos: os deputados, diz-se, são os "mandatários da nação"),[105] na medida em que o delegado ou representante ingressa numa teia ou sistema de relações que podem "flexionar" as diretrizes que recebeu. Então a diferença entre as duas concepções seria apenas verbal: na primeira, a "modificação somática" é designada como *Trieb*, e na segunda como *Reiz* ("estímulo, excitação"), e a *psychische Repräsentanz*, denominada respectivamente *Vorstellungrepräsentanz* e *Trieb*. A meu ver, este raciocínio (hipótese, afirmam) *non è vero*, e nem *ben trovato*. Nos dois casos Freud mantém *Vorstellungrepräsentanz* para designar a representação psíquica, e a introdução de *Reiz* para caracterizar o propriamente somático, em contraposição a *Trieb*, visaria manter a noção deste como apenas psíquico, "pulsional". Após essas circun-

[104] Grubrich-Simitis, op. cit., pp. 276-86.

[105] Laplanche e Pontalis, *Vocabulário da psicanálise*, p. 454 (412 do original). Mas numa nota, à página seguinte, aparecem corretamente "mandante" e "delegado ou procurador".

voluções, os dois autores concluem que "nem por isso deixa de subsistir [...] uma diferença entre as duas formulações" (!). Aquela segundo a qual o *Trieb*, "considerado somático" (*sic*), tem representações psíquicas, parece-lhes afinal a mais rigorosa. Ao custo de contradições, uma menor e outra maior, digamos — pois não apenas aí, também na página seguinte (456 da edição brasileira, 413 da francesa) se referem ao *Trieb* "enquanto somático", e haviam questionado a leitura do tradutor-editor inglês —, terminam por concordar com Strachey quanto ao predomínio da segunda concepção...

Supondo que se admita "ideia" para *Vorstellung*, persistiria o problema dos compostos. A primeira tradutora inglesa de "O inconsciente", Joan Riviere, recorreu a "*idea of the word* e *idea of the thing*", ao deparar com *Wortvorstellung* e *Sachvorstellung*, na parte VII, acrescentando entre parênteses "*verbal idea*" e "*concrete idea*" — e passou a usar essas duas expressões. Elas constam do "Glossário" dirigido por Jones.[106] Quando fez uma revisão terminológica (buscando maior precisão) e estilística (tornando mais "duro" e cerimonioso o texto, infelizmente) da tradução de Riviere, para incluí-la na *Standard*, Strachey optou por *word presentation* e *thing presentation*, embora até então utilizasse também *idea*. O trecho em questão é o seguinte:

> *Was wir die bewußte Objektvorstellung heissen durften, zerlegt sich uns jetzt in die* Wortvorstellung *und in die* Sachvorstellung, *die in der Besetzung, wenn nicht der direkten Sacherinnerungsbilder, doch entfernterer und von ihnen abgeleiteter Erinnerungsspuren besteht. Mit einem Male glauben wir nun zu wissen, wodurch sich eine bewußte Vorstellung von einer unbewußten unterscheidet. Die beiden sind nicht, wie wir gemeint haben, verschiedene Niederschriften desselben Inhaltes an verschiedenen psychischen Orten, auch nicht verschiedene*

[106] Jones, "Glossary...", op. cit., pp. 12, 15.

funktionelle Besetzungszustände an demselbe Ort, sondern die bewußte Vorstellung umfasst die Sachvorstellung plus der zugehörigen Wortvorstellung, die unbewußte ist die Sachvorstellung allein.[107] ("Agora o que poderíamos chamar de representação consciente do objeto se decompõe para nós em *Wortvorstellung* e em *Sachvorstellung*, que consiste no investimento, se não das imagens mnemônicas diretas das coisas, ao menos de traços mnemônicos mais distantes e delas derivados. Acreditamos saber agora como uma representação consciente se distingue de uma inconsciente. As duas não são, como achávamos, diferentes registros do mesmo conteúdo em diferentes locais psíquicos, e tampouco diferentes condições funcionais de investimento no mesmo local, mas a representação consciente abrange a *Sachvorstellung* mais a *Wortvorstellung* correspondente, e a inconsciente é apenas a *Sachvorstellung*.")

Enquanto a *Wortvorstellung* significa aí o mesmo que na passagem do trabalho sobre as afasias que citamos antes, a *Objektvorstellung*, que naquele era sinônimo de *Sachvorstellung*, passa a compreender esta e a *Wortvorstellung*.[108] Ou seja, corresponde à ideia consciente *tout court*. E a *Sachvorstellung* é equiparada à ideia inconsciente, à lembrança (nunca livre de investimento) ou vestígios de lembrança da coisa. Freud afasta a hipótese, que até então

[107] GW X, 300; SE XIV, 201. Nessa página se encontra uma nota, em que Strachey declara que *Vorstellung*, até então traduzida por *idea*, passa a ser vertida uniformemente, até o final do ensaio, por *presentation*. A nota está inserida após *bewußte Vorstellung*, na primeira linha dessa passagem.

[108] Strachey é quem chama a atenção para isto: SE XIV, 209. Claro que a citação anterior de *Zur Auffassung der Aphasien* não permite que se note a mudança. O lugar pertinente é a legenda do "diagrama psicológico" incluído no trecho constante do apêndice a "O inconsciente", na qual se lê que "a *Wortvorstellung* não está ligada à *Objektvorstellung* por *todos* os seus componentes, mas apenas por sua imagem acústica" (SE, ibidem, 214; *A interpretação das afasias*, p. 71).

nutria, de que a diferença entre uma ideia consciente e uma inconsciente seria topográfica ou então funcional. Fica assim desautorizada a tentativa de ver a relação entre o *Trieb* e sua representação à luz ou sob o modelo das diferentes inscrições que uma ideia teria nos dois sistemas (*Ics* e *Cs* ou *Pcs*), como foi feita por Laplanche e Pontalis no final do verbete "representante-representação".[109] A comparação já seria falha porque, à diferença das inscrições, a *Vorstellungsrepräsentanz* ocorre no interior de um mesmo sistema; agora fica inteiramente para trás, devido ao abandono da teoria das inscrições.

Dos termos compostos, falta discutir apenas *Zielvorstellung*. O primeiro substantivo, geralmente conhecido dos leitores de Freud por fazer parte da esfera conceitual de *Trieb*, significa literalmente "alvo" (vem da palavra germânica que designava uma lança); portanto: "alvo, objetivo, meta". Strachey lança mão de *purposive idea* ("ideia proposital"). Os tradutores de expressão castelhana usam *representación-meta*, os franceses, *représéntation-but*; mas os italianos preferiram *rappresentazione finalizzata*. Ornston propõe *the end one has in view* ("o fim que se tem em vista").[110]

O significado do termo em Freud se acha claramente circunscrito, quer nos parecer, no ensaio "A repressão", onde é oposto a *Einfall*, ou melhor, a sua ausência é o pressuposto para que haja *Einfall*. Fala-se ali dos "[...] *Einfälle* que dele [do paciente] solicitamos, através da renúncia a todas as *Zielvorstellungen* conscientes e a toda crítica, e a partir dos quais reconstituímos uma tradução

[109] Cf. *Vocabulaire*, p. 414, *Vocabulário*, p. 457. Eles falam de "inscrições de signos" onde em Freud se lê apenas *Niederschriften*. Além de ser acrescentada, a palavra "signos" é logo identificada a "significante", o que constitui um exemplo da já mencionada hipertrofia deste conceito, em boa parte da teorização francesa da psicanálise.

[110] Apud Villarreal, op. cit., p. 123n.

consciente da representante [*Repräsentanz*] reprimida".[111] Enquanto derivados do reprimido, podem estar suficientemente afastados dele, irreconhecíveis então para a censura da consciência, escapando assim a ela.

Tradicionalmente se traduz *Einfall* por "associação livre". Cabe verificar se neste caso "tradição" é igual a "traição". Etimologicamente, a palavra que corresponde a *Einfall* seria "incidência", por manter a raiz original significando "queda": o prefixo *in* foi juntado ao verbo *cadere* ("cair"), para formar *incidere*. O vocábulo alemão conserva ainda mais vivamente a "queda" (*Fall*). Mas em alemão veio a predominar o sentido figurado de "ideia repentina, algo que vem ao espírito". Isso não sucedeu em português: "incidência" não tem essa conotação, assim como não a tem a palavra "ocorrência", às vezes sinônimo dela. Em espanhol, *ocurrencia* é usado neste sentido, e por isso a encontramos nas versões de Freud. Em inglês, francês e italiano temos: *association*, *associazione libera*, *idée incidente*.

Freud também usa *Assoziation*. Seriam as duas palavras equivalentes? Embora contenha dois artigos sobre a questão ("Associação" e "Associação livre") o *Vocabulário da psicanálise* não se detém no outro termo. Menciona-o apenas uma vez, ao afirmar que uma "'ideia que ocorre' [*une idée qui vient*] (*Einfall*)" a um indivíduo remete sempre a outras, surgindo só aparentemente de forma isolada. Ao definir o método da associação livre como sendo aquele em que se exprimem "indiscriminadamente todos os pensamentos que ocorrem ao espírito, quer a partir de um elemento dado [...], quer de forma espontânea", talvez permita fazer a separação entre *Einfall*, que se daria espontaneamente, e *Assoziation*, que pediria um elemento dado, um "empurrão" externo. A tentação de assim discriminar, porém, esbarra numa consideração pertinente de Laplanche e Pontalis. Mesmo quando as associações ocorrem a

[111] GW X, 252; SE XIV, 150.

partir de uma palavra ou ideia dada, dita ou sonhada, o seu desenrolar é livre, na medida em que não é "orientado e controlado por uma intenção seletiva".

Essa intenção não existe no inconsciente, claro. Segundo Freud, "com o abandono das *Zielvorstellungen* conscientes, o domínio sobre o curso das *Vorstellungen* passa para *Zielvorstellungen* ocultas". Isso está no capítulo VII da *Interpretação dos sonhos*.[112] O adjetivo "conscientes", que já aparecera na frase acima lembrada de "A repressão", vem aqui reforçado pelo contraste com "ocultas" (*verborgen*). Soa estranho, é estranho, falar de "ideias intencionais ocultas" (*concealed purposive ideas*). Mas essa estranheza parece emanar da própria noção de inconsciente, de haver nexos mentais que tendam a uma meta à revelia da consciência. Estamos habituados a pensar na meta como algo querido por uma vontade, e na vontade como prerrogativa do sujeito soberano-consciente. Numa tradução anterior a Strachey, usou-se *consciously directed train of thought* para *bewußte Zielvorstellung*. Chama a atenção o termo *directed*, a enfatizar o rumo, mais que a seleção. O "trem" das ideias pode ser também *unconsciously directed*. A versão de Strachey, então, me parece aceitável, posto não seja "ideal". O mesmo não diria de *the end one has in view*, pois exclui tanto a *Vorstellung* como a possibilidade da sua determinação inconsciente.

Já o composto "representação-meta", que caiu no favor dos tradutores românicos, parece-me uma solução comodista, pois nele simplesmente se justapõe um substantivo ao outro, como se o português, diferentemente do alemão, não requeresse a explicitação do nexo entre os dois substantivos. No fundo, tal solução implica uma renúncia do trabalho de traduzir, de enfrentar o que no caso é a problemática decodificação dos compostos alemães.

[112] GW II/ III, 536; SE V, 531 Laplanche e Pontalis remetem a esta passagem na conclusão do verbete "Associação livre".

Isso posto, é necessário admitir que o problema de transpor *Vorstellung* para o português, mantendo a homogeneidade da versão da palavra isolada e dos compostos que forma, não parece ter solução à vista. Talvez seja inevitável recorrer a diferentes termos em nossa língua. Provisoriamente, tal como percebo no momento a questão, traduziria *Vorstellung* por "ideia", *Zielvorstellung* por "ideia intencional", *Vorstellungsrepräsentanz* por "representante ou representação ideativa" e *Wortvorstellung/ Sachvorstellung* por (acompanhando Pollak-Cornillot) "noção verbal ou da palavra/ noção da coisa". Quanto a *Einfall*, nada parece militar contra "pensamento espontâneo".

III. As *Œuvres complètes*

J'estime que l'on ne doit pas faire des théories — elles doivent tomber à l'improviste dans votre maison, commme des hôtes qu'on n'avait pas invités, alors qu'on est occupé à l'examen des détails... [Cf. tradução na "Conclusão".]

Freud

GÊNESE E ORIENTAÇÃO

Nas principais línguas europeias, a obra completa de Freud passou a contar com boas edições apenas nas décadas de 1970 e 1980. A *Standard* inglesa, iniciada em 1953, foi concluída na segunda metade dos anos 1960 (sendo que o volume de índices veio à luz em 1974). Em espanhol já havia, desde os anos 1920, a tradução de López-Ballesteros, contendo a maioria das obras. Mas era uma edição muito precária, com uma infinidade de erros e omissões, e foi substituída pela do argentino José Luis Etcheverry (Amorrortu, 24 volumes), editada entre 1978 e 1985. A italiana, a cargo de Cesare Musatti e Paolo Boringhieri, teve seu primeiro volume publicado em 1966 e foi completada em 1980.[1]

Na França, a fortuna dos escritos de Freud foi inteiramente outra. Nunca houve uma edição uniforme e completa em francês, as traduções foram realizadas por muitas pessoas e lançadas por diferentes editores. Apenas há alguns anos teve início a publicação das *Œuvres complètes*, de que saíram até o momento [1994] seis volumes. Dirigida por Jean Laplanche, André Bourguignon e Pierre Cotet, essa é, sem dúvida, a mais ambiciosa tradução das obras de Freud. Tem a ambição de ser a mais fiel, a mais bela, a mais bem cuidada edição do mais discutido pensador de nossa época. Para alcançar esse fim, conta com enormes recursos financeiros e mobiliza dezenas de especialistas (não apenas tradutores e editores, mas também germanistas, lexicógrafos e psicanalistas). Tem igualmente a vantagem de aparecer décadas depois da *Standard*, podendo se beneficiar de muita coisa realizada na prática e na teoria da tradução — realizada inclusive por aqueles que nela trabalham: Jean Laplanche, por exemplo, além de ser coautor do *Vocabulário da psicanálise* (1967), fez sua primeira tradução de Freud em 1957.

Ela vem acompanhada de um volume contendo a "doutrina de tradução", uma seleção de termos técnicos comentados e um exaustivo glossário freudiano.[2] Das 380 páginas do volume, setenta constituem a primeira parte, dedicada propriamente à apologia da edição. Embora assinada conjuntamente pelos três diretores, foi redigida por Jean Laplanche. Como Laplanche também assina sozinho a "Terminologie raisonné" (segunda parte, cobrindo oitenta páginas), e como a decisão final em questões de terminolo-

[1] Parte deste capítulo foi publicada no meu artigo "A nova edição francesa de Freud", *Jornal de Psicanálise*, v. 27, n. 52, 1994, pp. 115-27 e, em versão abreviada, na *Folha de S.Paulo*, caderno Mais, 3 de julho de 1994.

[2] P. Cotet, A. Bourguignon, J. Laplanche, F. Robert. *Traduire Freud*. Paris: PUF, 1989.

gia coube a ele, segundo declarações à imprensa (e como seria de esperar, sendo ele o "diretor científico"), cabe designá-lo como o principal responsável por esse novo Freud francês, como o equivalente gaulês ao Strachey britânico.

A menção de Strachey é proposital, pois a *Standard* foi, inevitavelmente, a edição que os franceses procuraram emular. Mais de uma vez lamentaram que não existisse um Strachey francês, alguém que, com semelhante talento e obstinação, dedicasse boa parte da vida a trasladar Freud para a língua de Racine. E, como o próprio Laplanche afirmou numa entrevista, não seria o seu caso, pois ele tem uma obra pessoal a cuidar. Foi preciso então "substituir Strachey por uma equipe". Mas uma equipe altamente hierarquizada, de modo a manter a vantagem da *Standard*: uma só orientação. "Pois o inconveniente de uma equipe é que cada um pode traduzir à sua maneira; e nós queríamos e queremos que as traduções sejam homogêneas do princípio ao fim, dando a impressão de um único tradutor." Por isso eles organizaram todos os envolvidos no projeto — mais de cem pessoas — em forma de pirâmide. No topo se acham os três diretores: Bourguignon, Cotet e Laplanche, os dois primeiros designados como "diretores de publicação". Ao lado deles há os especialistas em terminologia, que são François Robert e novamente Laplanche. Em seguida há os que zelam pelas notas, referências e variantes, Alain Rauzy e também F. Robert (que cuida igualmente dos índices da coleção). Por fim, Jeanine Altounian se ocupa da homogeneização dos textos. Essa equipe diretora permanece em comunicação e às vezes participa das pequenas equipes de tradução, "indicando nossas opções, formando-as em nossa disciplina e revisando suas traduções até que estas se tornem completamente unificadas". Essas equipes se compõem de duas ou três pessoas (que são, digamos, as operárias da colmeia), que devem possuir as chamadas "três competências": a competência germânica, a freudiana e a francesa.

É desse modo, então, que se estrutura a enorme equipe de trabalho da nova edição francesa. E tudo isso envolve, claro, um grande investimento de tempo e trabalho — de dinheiro, em consequência. Segundo reportagem publicada numa revista literária francesa, cada volume representa 1 milhão de francos.[3] A tradução e revisão de apenas uma página custa duzentos francos.[4] O projeto foi (é) apoiado financeiramente pelo Centre National des Lettres, que dá verbas para a tradução de cada volume e faz adiantamentos para a impressão.

Essas informações nos dão ideia da amplitude do projeto. Vamos proceder a um exame dessa edição, verificar até que ponto ela se mostra à altura da sua ambição de fidelidade, o que implica examinar o que entende por fidelidade, a postura ou pressuposição que a orienta. Para isso é valioso o volume *Traduire Freud*, onde essa postura é explicitada e defendida (a parte teórica desse livro foi publicada entre nós com o mesmo título).[5] Mas é preciso, ao mesmo tempo — ou principalmente — checar *in loco*, no próprio tecido (texto), os efeitos, o efetivamente produzido por essa orientação. Para isso utiliza-se aqui a *História de uma neurose infantil*, de 1914.

Após uma breve menção dos obstáculos vencidos para se chegar a essa primeira edição completa em francês, *Traduzir Freud* tem início com uma declaração de independência: "este projeto ('objeto', na edição brasileira, de resto bem cuidada, não obstante alguns errinhos nos termos alemães) é definitiva e absolutamente independente de qualquer influência institucional,

[3] *Livres Hébdo*, n. 5, 11 de abril de 1988.

[4] Os valores correspondem hoje [2009], respectivamente, a cerca de 150 mil euros e 30,50 euros.

[5] P. Cotet, A. Bourguignon, J. Laplanche, *Traduzir Freud*, tradução de Cláudia Berliner. São Paulo: Martins Fontes, 1992. Essa edição brasileira compreende apenas a primeira parte do original; nas referências aqui feitas, o primeiro número indica a página dessa edição, e o segundo, após a barra, a da edição do original.

manifesta ou oculta". Ou seja, nenhuma sociedade ou grupo de analistas influiu sobre ele, embora tivessem tentado, diz Laplanche. Portanto, prossegue, "em nenhum momento levamos em consideração o que o texto se tornou nas mãos de seus exegetas ou de seus praticantes, oficiosos ou não".[6] Como veremos adiante, essa afirmação não pode ser sustentada.

Ao enunciar os "princípios gerais" de sua tradução, Laplanche destaca *L'épreuve de l'étranger*, de Antoine Berman, como importante referência teórica. O livro de Berman tem o subtítulo de "Cultura e tradução na Alemanha romântica", mas não apenas sintetiza e discute as teorias dos românticos relativas à tradução (Novalis e Schlegel, sobretudo), comparando-as às dos contemporâneos (Herder, Goethe, Humboldt e Hölderlin), como aspira a um alcance maior, afirmando a validade da tradução como produtora de saber. O que nele interessa sobretudo a Laplanche, porém, é o modo como contrasta a teoria alemã e a prática francesa da tradução. Uma frase de Schlegel a respeito dos tradutores franceses é reproduzida com aprovação: "[...] é como se eles desejassem que cada estrangeiro, no país deles, se comportasse e se vestisse segundo seus costumes, o que os leva a nunca conhecer realmente um estrangeiro";[7] a essa, Laplanche acrescenta uma de Goethe: "O francês, assim como adapta à sua garganta as palavras estrangeiras, faz o mesmo com os sentimentos, os pensamentos e até os objetos".[8]

A concepção adotada na nova tradução é exatamente o oposto dessa, na medida em que não busca "domesticar ou aclimatar o texto para fornecer uma espécie de análogo dele", aceitável para o espírito francês. "Ela permanece incessantemente o mais perto possível do texto, para tentar restituir ao máximo suas infle-

[6] Idem, Ibidem, p. 4/ 7.

[7] Apud Berman, *L'épreuve de l'étranger*. Paris: Gallimard, 1984, p. 62.

[8] *Traduzir Freud*, pp. 8/ 9-10.

xões, suas particularidades estilísticas, semânticas, conceituais".[9] Essa tradução é aquela que se submete à "prova do estrangeiro" (título do livro). Ela se opõe àquela tradicional, que eles denominam de "etnocêntrica". Ela não procura assimilar, descaracterizando, mas incorporar, presentificando, a estranheza ou estrangeiridade do texto. E de que modo pretende atingir isso? Pelo compromisso intransigente com a literalidade, com o "significante"; mediante o apego ao "pé da letra". Daí se ridicularizar a noção comum de que a tradução que "rescende" ou que tem "jeito" de tradução é ruim. Pois a sua autenticidade estaria em não fazer esquecer que "acolhe a escrita de uma outra língua". Portanto: "A tradução que, com uma fidelidade sem falhas ao texto original, se dá por objetivo 'apropriar-se do estrangeiro' não pode, se consegue fazê-lo, deixar intocada a língua 'de chegada'" (p. 12). Desse modo contribui para o enriquecimento e maior flexibilidade da própria língua: "numa tradução que consegue se impor como obra, a estranheza de hoje é o que amanhã será admitido por todos".[10]

Estes são, resumidamente, e recorrendo bastante às palavras originais, os princípios que nortearam a tradução laplanchiana de Freud. Eles resultam (culminam) na seguinte fórmula: "traduzir Freud inventando, modelando para ele, não um certo francês 'germânico', mas um 'francês freudiano', utilizando todos os recursos do francês *da mesma maneira* que Freud utiliza os do alemão" (p. 15; ênfase do autor).

Para Laplanche, Bourguignon e Cotet, fidelidade significa manter-se ao pé da letra freudiana. Para isso, levam às últimas consequências o que se pode designar como o "princípio da homogenia" em tradução: traduzir um termo sempre pelo mesmo equivalente. Eles estendem essa orientação às palavras compostas,

[9] Idem, Ibidem, p. 10/ 11.

[10] Idem, Ibidem, p.12/ 12; a citação anterior é da mesma página.

buscando conservar a todo custo a "pista do significante" — *jamais brouiller la piste du signifiant* pode ser tomado como seu lema.[11] "Significante" se refere, naturalmente, a uma das duas partes ou "faces" do signo linguístico, tal como definido por Ferdinand de Saussure; a face mais material do signo, a "imagem acústica" ou "porção de sonoridade" que reclama e remete ao conceito ou "significado".[12] Outras denominações foram usadas — "nome" e "sentido", por exemplo —, mas "significante" e "significado" têm a vantagem de marcar a relação de oposição e de inseparabilidade que há entre os dois, como uma folha de papel em que o pensamento é o anverso e o som o verso, de modo que não é possível cortar um sem cortar também o outro, no célebre símile de Saussure a respeito da língua em geral.[13] Outra vantagem é serem bastante difundidos; tão difundidos que às vezes não se acha necessário registrar sua fonte: em nenhum momento Laplanche menciona Saussure.

Em princípio, não há como discordar do esforço em manter a homogenia ou univocidade da tradução, um princípio elementar, não apenas em se tratando de obras de pensamento. O problema surge quando se observa que nem sempre o equivalente *formal* de um termo alemão tem significado correspondente ao original. Ou seja, um termo pode ter vários sentidos ou nuances de sentido, segundo o contexto onde se encontre.

Tomemos a palavra *Seele*, a célebre "alma" defendida por Bruno Bettelheim em *Freud e a alma humana*. Em sua crítica à *Standard* inglesa, Bettelheim questionou a versão de *Seele* por *mind*, que seria simplista e limitadora, denotando apenas o aspecto intelectual da

[11] Laplanche, "Clinique de la traduction freudienne", *L'Écrit du Temps*, n. 7, 1984, pp. 5-14.

[12] Saussure, *Curso de linguística geral*, tradução de I. Blikstein, A. Chelini e J. P. Paes. São Paulo: Cultrix, 1973, 5ª ed., pp. 79-81.

[13] Idem, ibidem, p. 131.

psique. Laplanche vai mais além: distingue terminantemente "alma" de "psique", apesar de Freud afirmar claramente que as vê como sinônimos, sendo "psique" o vocábulo grego para "alma" ("'*Seele*'", diz ele, "não é mais nem menos romântica, mística, filosófica ou religiosa que a palavra '*âme*' em francês".[14] O hino religioso que diz "Minha alma louva e celebra [...]" ("*Meine Seele rühmt und preist* [...]") seria ilustração disso. A citação deste hino se encontra num ensaio de 1984, "Clinique de la traduction freudienne", que em muitos pontos prenuncia — e em outros complementa — o texto teórico de *Traduire Freud* (e é lembrado no final deste, como leitura suplementar).[15] É importante conservar esse termo, com suas conotações populares e religiosas, diz ele, e diferenciá-lo do termo clássico, abstrato e de "ar mais científico". Naturalmente a diferenciação deve ser estendida aos adjetivos *seelisch* e *psychisch* ("anímico" e "psíquico"), mais usados que os substantivos de que derivam, e às formas compostas como *Seelenapparat*, que segundo Laplanche não soa mais estranha em francês (*appareil d'âme*) do que em alemão.

Sobretudo, a "alma" deve ser mantida porque "é o fio condutor que permite a Freud mostrar como os 'processos anímicos' conscientes e inconscientes se acham projetados numa representação 'metafísica' da alma, e propor à psicanálise a tarefa inversa de 'transpor a metafísica em metapsicologia', ou 'recolocar na alma humana o que o animismo ensina sobre a natureza das coisas'".[16] Certamente isso é o que Freud se propôs, mas podemos perguntar se esse fio condutor tem de ser absolutamente de natureza formal, se o leitor perderia realmente o fio da meada, caso deparasse com "aparelho psíquico", por exemplo, em vez de "aparelho anímico".

[14] *Traduire Freud*, "Terminologie raisonnée", p. 77.

[15] Laplanche, "Clinique...", op. cit., p.10.

[16] *Traduire Freud*, p. 54/77; mesmas palavras à p. 77, desta vez com a indicação bibliográfica da citação de Freud: GW IX, 112.

Vejamos a seguinte frase do "Homem dos Lobos": "Nossa estranheza vem de que sempre nos inclinamos a tratar os processos anímicos inconscientes tal como os conscientes, e a esquecer as diferenças profundas entre os dois sistemas psíquicos".[17] Não me parece haver dúvida de que os dois termos são intercambiáveis, tanto aqui como em outros lugares, e que a escolha de um ou outro obedece a razões mais ou menos aleatórias de estilo e sonoridade — que nos levam a sentir como estranha ou como aceitável determinada combinação. É preciso considerar, além disso (ou antes disso), que o outro termo alemão juntado a *Seele*, numa palavra composta, talvez cubra uma extensão de sentido não inteiramente comensurável à do equivalente português, o que dificultaria a sua combinação com "alma". Seria o caso de *Apparat*, de que se conhece ao menos um sentido figurado ausente em "aparelho", sentido que comparece na expressão *Verwaltungsapparat*: "conjunto das pessoas e meios envolvidos na administração (*Verwaltung*)". Também é possível que *Seele* não corresponda tão exatamente a "alma" como desejaria Laplanche, ao menos nos escritos de Freud. Cuidando dessa possibilidade, vamos procurar indícios de "alma" na Viena de Freud — ou, mais precisamente, do que se entendia por "alma" no ambiente linguístico e cultural em que ele viveu (que não se restringia a Viena, claro, nem se modificou radicalmente desde então). Em cartas a Fliess, datadas de agosto de 1898, ele comenta a leitura de um livro intitulado *Grundtatsachen des Seelenlebens*, que literalmente quer dizer "Fatos fundamentais da vida anímica". Como observam Helmut Thomä e Neil Cheshire,[18] Freud não estava buscando aconselhamento espiritual nessa época (estava escrevendo a *Interpretação*, como a gente sabe), e nesse livro ele encontrou algo

[17] GW XII, 110; SE XVII, 78-9.

[18] Thomä e Cheshire, "Metaphor, neologism and open texture", op. cit., p. 430; deles é a indicação dessas cartas.

sobre a relação entre processos conscientes e inconscientes. Em outra ocasião ele se refere a mais um livro, *Der Aufbau der menschlichen Seele*, "A estrutura da alma humana", cujo subtítulo é "um esboço psicológico".

Outro modo de indagar o que Freud entendia por *Seele* seria imaginá-lo na mesma situação nossa: tendo que ler e traduzir textos estrangeiros que contenham palavras assim. Essa situação ocorreu. Ele traduziu algumas obras, como foi revelado por Ernest Jones. Mais precisamente, cinco livros: um volume das obras completas do filósofo John Stuart Mill, editado em 1880, em Viena, e depois, entre 1886 e 1892, dois volumes de Charcot e dois de Bernheim. Um cotejamento dessas traduções freudianas — estas sim, são "freudianas" — foi feito pela tradutora Michèle Pollak-Cornillot.[19] Não sabemos até que grau de minúcia foi feito esse trabalho, já que não tivemos acesso a esses livros. Mas a mostra que ela fornece é reveladora. No primeiro livro de Bernheim que traduziu, "*l'âme humaine*" foi vertida por *menschlicher Geist* (literalmente, "espírito humano"). Segue uma pequena tabela com as suas opções:

psychologie nouvelle .... *neue Seele*
du point de vue psychique ... *was ihr Seelenleben anbelangt*
en mon âme et conscience ... *nach bestem Wissen und Gewissen*
animé du désir .... *vom Wunsch beseelt*
l'organe psychique .... *Seelenorgan*

Isso quanto a Bernheim. Na versão de Stuart Mill ele usou várias vezes *Geist* para *mind*, quando a ideia era de forças intelectuais, segundo Pollak-Cornillot, e traduziu *a generous mind* por *eine großmütige Seele*. E, numa passagem de Charcot, traduziu *conditions*

[19] Pollack-Cornillot, "Freud traducteur", *Revue Française de Psychanalyse*, v. 53, n. 4, 1986.

mentales por *Seelenzustand*. Quando a expressão original se torna mais idiomática e figurada, também a linguagem do tradutor Freud é mais livre, constata ela (não especificando aqui o autor): *livrés corps et âme* se torna *mit Leib und Seele überliefert*; *qui se sont incarnés dans leur âme* vem a ser *die ihr in Fleisch und Blut übergangen sind*.

A objeção de que essas versões foram realizadas antes do desenvolvimento da psicanálise, quando ele teria passado a exercer maior rigor na terminologia, não se sustenta quando somos informados de que décadas depois, em 1926, ele traduziu um capítulo de *O inconsciente*, de Israel Levine (Anna foi a tradutora do restante do livro), e na sua versão encontramos *Beziehung von Leiblichem und Seelischem* para *psycho-physical relation*.

Laplanche e seus colaboradores não se interessaram por esse tipo de pesquisa, e já sabemos qual seria a sua resposta a isso: ele afirmou que não se pode invocar o testemunho de Freud para alternar *seelisch* e *psychisch*, pois "a sinonímia mesma se efetua sobre um fundo de diferença, e um autor não poderia ser o único juiz das diferenças no seio de sua própria língua". Isso se encontra no ensaio "Clinique..." (p. 10), e será repetido e reforçado em *Traduire Freud*.

Appareil d'âme, como versão de *Seelenapparat*, é exemplo da literalidade no tratamento dos compostos. Em alguns casos, chega-se a utilizar pontos entre as partes constituintes da palavra, para marcar que se trata de um composto no original. Isso quando o adjetivo, no contexto francês, pode torná-lo ambíguo. Assim, *manifester Trauminhalt* é vertido como *contenu • du • rêve • manifeste*, com pontinhos entre *contenu* e *du* e entre este e *rêve*, a fim de deixar claro que *manifeste* qualifica o conteúdo e não o sonho.[20] Essa convenção arbitrária, alheia ao sistema da língua, mostra justamente a

[20] OC.P [*Œuvres complètes. Psychanalyse*] XIII, p. 251; outros exemplos nas páginas 50, 84, 99, 109, 111, 113, 182 etc.

não utilização de recursos do francês. Pois a solução mais adequada, mais em sintonia com uma língua românica de estrutura analítica, seria deslocar o adjetivo para junto do substantivo de que é atributo: "conteúdo manifesto do sonho".

A orientação de registrar ao máximo as diferenças (sublinhando-as ou inventando-as, *en cas de doute*) se estende aos chamados *doublets*, isto é, as palavras sinônimas ou quase sinônimas — uma das quais é, com frequência, de origem grega ou latina, e a outra, germânica. *Sexual-* e *Geschlechts-*, por exemplo (em termos compostos, com valor atributivo; daí os hifens). Normalmente se diz "sexual" para os dois. Mas isso implicaria, para Laplanche e seu grupo, "abolir o essencial da teoria freudiana": a ampliação do conceito de sexual para além do simplesmente genital. Por isso traduzem *Geschlechtsunterschied* por *différence sexuée*, e não *sexuelle*. A argumentação não se sustenta. São diferentes formas de dizer o mesmo; sem dúvida, *orale Geschlechtlichkeit* para "sexualidade oral" não existe, em Freud ou em qualquer outro, mas por razões não tocadas no argumento (relacionadas à história do uso dos termos, à sonoridade etc.). As duas palavras se complementam, cobrindo os significados de "sexual". *Geschlecht*, aliás, tem sentidos mais genéricos, não lembrados por eles: "estirpe, geração, família etc.".

Quando não têm como recorrer a dois termos, eles vão ao extremo de aplicar um asterisco à palavra francesa, para fixar um dos dois sentidos originais. Pode não se tratar de dois sentidos, na verdade, mas de duas nuances. À página 17, *chose** traduz *Ding*, ficando *chose* reservada para *Sache*. A diferença entre as duas é que, enquanto *Ding* designa sobretudo as coisas concretas, *Sache* é usada para "coisa" em sentidos mais amplos: "questão, negócio, assunto etc." (como em português), possuindo também, secundariamente, o significado de "causa". Um falante de português ou francês percebe naturalmente essa variação semântica, porque não desconsidera o contexto. Na "Terminologie raisonnée", Laplanche tenta justificar a distinção. Essas "ressonâncias muito diferentes" (*sic*) dos dois termos, e a sorte que *das Ding* teve nos escritos de Lacan e seus discípulos, levaram-nos ao uso do asterisco (p. 82). Notemos de passagem que isso faz cair por terra a declaração inicial de *Traduire Freud*, já mencionada, de que não se deixaram influir pelo destino dos textos de Freud nas mãos dos exegetas.

A paixão pela literalidade se manifesta igualmente na criação de neologismos. Não encontrei nenhum no "Homem dos Lobos". Mas no último texto desse décimo terceiro volume se encontra a breve reflexão de Freud sobre a fugacidade da existência, das "coisas", o belo artigo de 1915 intitulado "Vergänglichkeit" — que traduzi como "A transitoriedade".[21] Este substantivo deriva de *vergangen*, particípio do verbo *vergehen*, "passar, decorrer, desvanecer"; que é aparentado a *gehen*, "ir, andar". O título da *Standard* inglesa é "On transience". As traduções francesas anteriores eram "Fugitivité" (Marie Bonaparte, *Revue Française de Psychanalyse*, v. 20, 1956) e "Ephemère destinée" (da mesma equipe de agora, em *Résultats, idées, problèmes I*. Paris: PUF, 1984, pp. 233-6). Nessa nova tradução eles optaram por um neologismo, que depois verificaram já ter existido no século XVIII, usado pelo conde de Buffon para denotar a ação migratória dos pássaros: *passagèreté*. Assim fizeram para manter a relação morfológica com *passagère*, *passé* etc., tal como o alemão *Vergänglichkeit* preserva o parentesco com *gehen* e todos os seus derivados.

Mais radical que *passagèreté* é o neologismo *désaide* para traduzir *Hilflosigkeit*, também nesse volume (pp. 165 e 180n, "Pulsions et destins de pulsions"), a fim de manter os laços com *aide* (*Hilfe*, "ajuda"). A palavra inglesa *help* é equivalente exato de *Hilfe*, tendo

[21] *Folha de S.Paulo*, caderno Letras, 23 de setembro de 1989; essa tradução, feita para acompanhar o artigo "Freud como escritor", foi incluída em Souza, *Freud, Nietzsche e outros alemães*, op. cit.

a mesma origem; *Hilflosigkeit* se diz *helplessness*, em inglês. Em português, o termo mais natural seria "desamparo".

A orientação predominantemente formal de Laplanche o leva a esquecer diferenças fundamentais entre o alemão e o francês. Diferenças que foram acentuadas pelo desenvolvimento histórico do francês. Refiro-me à questão da maior transparência ou opacidade de um idioma. Questão que, como tantas outras da linguística moderna, foi colocada primeiramente por Saussure (*Curso de linguística geral*, ed. bras., pp. 152-5). Ele descobriu que a proporção de palavras transparentes e opacas varia de uma língua para a outra, ou mesmo de um período para outro na história da língua. O que determina a maior ou menor *motivação* de um idioma. O inglês seria menos motivado que o alemão, e o francês, menos motivado que o inglês.

Mas o que é uma palavra transparente? Em primeiro lugar, é aquela em que o ouvinte percebe uma conexão entre o som e o sentido, o significante e o significado. São as onomatopeias: nomes de pássaros como "cuco" e "bem-te-vi", verbos como "roncar", "ronronar", "relinchar". Mas essas são em número limitado nas línguas; de modo que esse tipo de motivação, a *fonética*, não nos interessa particularmente aqui. Outro é o caso da motivação *morfológica*, em que a estrutura da palavra a torna mais viva, mais apta a produzir ressonâncias no ouvinte ou leitor.[22] Exemplo: a própria palavra "ouvinte", composta do verbo "ouvir" e do sufixo que forma substantivos agentes; ou a palavra "ovário", para nomear o órgão que contém os ovos ou óvulos, em determinadas espécies animais. Também as palavras compostas (no senso estrito) se incluem nesse caso. E o alemão, como se sabe, é uma língua em que há enorme facilidade para esse tipo de palavras.

[22] Cf. Ullmann, *Semântica: uma introdução à ciência do significado*, tradução de Osório Mateus. Lisboa: Gulbenkian, 2ª ed., 1970, pp. 167ss.

O linguista — ou melhor, semanticista — Stephen Ullmann desenvolveu com sensibilidade as formulações de Saussure nessa área. Ele fez uma comparação bem instrutiva entre o inglês, o francês e o alemão modernos, no que toca à motivação dessas línguas.[23] Com base em Ullmann, vamos fazer mais uma tabelinha, emparelhando "um composto alemão transparente e um termo simples ou uma formação culta greco-latina nos dois outros idiomas" e em português:

Fingerhut ("chapéu para o dedo") / *thimble* / *dé* — dedal

Zeitpunkt ("ponto no tempo") / *date* / *point dans le temps* — momento

Erdteil ("parte da Terra") / *continent* / *continent* — continente

Nachmittagsschlaf ("sono de tarde") / *siesta* / *sieste* — sesta

Wasserstoff ("substância aquosa") / *hydrogen* / *hydrogène* — hidrogênio

Wandkastenuhr ("relógio de parede em forma de caixa") / *grandfather clock* / *horloge murale à coffre.*

Às vezes é preciso recorrer a uma locução ou perífrase para verter um composto alemão, como se viu no último exemplo (que, no entanto, parece ter uma palavra portuguesa correspondente, "carrilhão"). Tanto este recurso como o de termos simples e convencionais são utilizados também para verter os derivados alemães:

geisteswissenschaftlich- ("que diz respeito às ciências do espírito")

Ehelosigkeit ("ausência de casamento") / *celibacy* / *célibat*

Kränklichkeit ("estado doentio") / *weak health* / *état maladif*

Urszene / *primal scene* / *scène originaire* — cena primária ou primordial

[23] Idem, ibidem, pp. 222-9.

Sehnsucht ("mania de ansiar") / *desire* / *désirance* — "saudade, desejo veemente, anseio, anelo" (*Michaelis*). *Désirance* é um neologismo dessa nova edição francesa. O leitor terá notado que eu retirei alguns desses exemplos do "Homem dos Lobos".

Na formação de adjetivos, com frequência basta juntar o sufixo ao nome alemão, quando em inglês e francês (também no português) se usam palavras gregas ou latinas: *Mund* — *mündlich* / *mouth* — *oral* / *bouche* — *oral*, por exemplo. Não é preciso ir adiante, creio. Esses exemplos devem mostrar que "o francês se inclina muito acentuadamente para a opacidade na estrutura das palavras, ao passo que o alemão prefere [...] o tipo motivado" (p. 228). Quanto ao inglês, tem mais afinidade com o francês nesse ponto.

Ullmann distingue duas razões principais para a "transformação do francês num idioma relativamente opaco". Primeiro, a mudança de sons na passagem do latim para o francês. Ele toma cinco derivados do latim *pes*, *pedem* ("pé"). Todos os cinco eram transparentes em latim (*pedo*/ *pedonem*, **pedaticum*, *pedica*, *impedicare*, *pedestris*), mas devido à "redução da substância fonética" perderam os laços etimológicos com a palavra-mãe, e entre si: *pied*, *pion*, *péage*, *piège*, *empêcher*, *piètre*. Suas versões em português mostram que algo semelhante aconteceu em nossa língua, em grau menos acentuado: "peão, pedágio, armadilha, impedir, pedestre (mesquinho)". A outra razão, ainda mais importante, segundo Ullmann, está na história do vocabulário. "Durante o Renascimento, foram introduzidas em francês palavras gregas e latinas em número muito considerável, e este processo nunca foi abolido. Como consequência, os recursos nativos permaneceram em grande medida obstruídos, e muitas das palavras transparentes datadas do francês antigo foram rejeitadas como redundantes, ou substituídas por formas clássicas".[24] Ele documenta a riqueza de derivados que

[24] Idem, ibidem, pp. 230-1; a citação seguinte é da p. 231.

havia no francês, antes da adoção dos termos cultos. De treze palavras aparentadas ao substantivo *fin* e a seu cognato *finir*, apenas uma sobreviveu. "Em muitos outros casos, uma formação transparente foi substituída por um termo clássico: *murison* [...], do adjetivo *mûr* (latim *maturus*), foi suplantada pela forma culta *maturité*; *feintise*, do verbo *feindre* (latim *fingere*, 'fingir'), por *fiction* etc."

Quando Laplanche lamenta o empobrecimento da língua francesa nos últimos séculos, ele está, na verdade, sem se dar conta, lamentando este desenvolvimento que acabei de descrever. Ao adotar um vocábulo como *passagèreté* (que se revelou como daquela época, século XVIII), para a *Vergänglichkeit* germânica, ou um neologismo como *désaide*, para *Hilflosigkeit*, é como se ele tentasse reverter um processo que já vem de muito tempo. Mas na situação atual do francês isso talvez não passe de um movimento nostálgico. Não adianta tentar acompanhar a todo custo o alemão, se isso resultar em construções artificiais, tanto no nível lexical como sintático, em textos que, em vez de "se apropriar do estrangeiro", produzem estranhamento, e afastam, em vez de aproximar o leitor. É preciso considerar o uso vivo da língua, e não perder de vista os recursos próprios de sua língua, ao olhar apenas para os trunfos e virtudes do alemão. Mas Laplanche, Bourguignon e Cotet não fazem isso porque têm uma concepção *negativa* do uso linguístico, concepção que decorre de sua desatenção ou menosprezo pelo caráter *social* do significado, desatenção que é consequência da hipertrofia que o significante experimentou nas suas mãos.

A RECEPÇÃO NA FRANÇA

As *Œuvres complètes* despertaram controvérsia na França, quando foi lançado o primeiro volume (o XIII) em abril de 1988, e depois, quando do aparecimento de *Traduire Freud*, em março de

1989. Vejamos quais foram essas críticas, de que modo elas se relacionam com as que já fizemos e como o grupo laplanchiano se defendeu dos ataques.

As primeiras críticas apareceram já na imprensa não especializada, nas resenhas do volume XIII. Infelizmente só dispomos de uma delas, a de *Le Monde* de 15 de abril de 1988, intitulada, bem jornalisticamente, "As novas roupas do dr. Freud" ("Les habits neufs du docteur Freud"). Mas creio que ela pode ser tomada como representativa da reação da imprensa em geral. Na verdade, *Le Monde* dedicou, neste dia, dois artigos ao tema: um mais informativo, começando na capa do jornal, sobre os bastidores dessa edição, e outro que era também opinativo, assinado por Roland Jaccard.

Com grande segurança, ele afirma que "o mérito dessa nova tradução, além da sua clareza, é [...] ter respeitado escrupulosamente o texto alemão, de jamais tomar qualquer liberdade com o pensamento freudiano".[25] E prossegue distinguindo alguns prós e contras da edição: *névrose de contrainte* lhe parece mais próxima do sentido alemão, "em vez de *névrose obsessionelle*, forma evocadora [*évocatrice*], mas pouco fiel. Assim também, *forclusion* será banido em prol de *rejet*, um reparo que Freud teria aplaudido". Ele elogia também os esforços dos tradutores para restabelecer a noção de "alma", importante para Freud e esquecida por "seus filhos". Mas, ele pergunta, "por que substituir 'psíquico' pelo termo 'anímico', que dá ao texto de Freud um aroma de caducidade e esoterismo?". E diz que também se criticará, à equipe de André Bourguignon, o uso de neologismos como *désirance* ["desejância", aproximadamente] e *refusement* ("*vive la bonne vieille 'frustration'!*", exclama, com humor), ou de *passagèreté* no lugar de *éphemère*, "palavra que exprimiria melhor o sentimento de fugacidade e melancolia que paira sobre as reflexões de Freud, o humanista".

[25] *Le Monde*, 15 de abril de 1988, p. 20.

Registrados esses senões, o balanço final é bem positivo: "O essencial é que essa empresa, que parecia tão gigantesca, tão despropositada, se anuncia sob os melhores auspícios. Esperamos que o 'retorno a Freud', anunciado há tanto tempo, aconteça finalmente". Ele poderia ter encerrado aqui, mas achou necessário terminar com uma imagem retórica e de gosto duvidoso: "Depois de ter andado longamente pelas paisagens erráticas da tradução, o pai da psicanálise poderá enfim depositar suas volumosas malas na casa do professor Bourguignon, sob o olhar vigilante de Jean Laplanche".

Bem mais significativo que essa resenha foi o relato publicado na *Revue Française de Psychanalyse* por Danièle Brun, acerca de uma reunião que teve lugar em 24 de maio de 1989, em Paris, promovida pelo Centro de Pesquisas em Psicanálise e Psicopatologia, da Universidade de Paris VII, e pelo Colégio de Altos Estudos Psicanalíticos. O que motivou a reunião foi justamente a publicação do volume *Traduire Freud*. Para ela foram convidados, além da equipe diretora das *Œuvres complètes*, alguns psicanalistas, tradutores e germanistas. A discussão não foi gravada. O relato foi escrito com base nas notas tomadas pelos participantes.

A primeira comunicação foi de Jean Laplanche. Ele começou por dizer que sua equipe era em parte responsável pela polêmica em torno da edição, pois o volume contendo a "filosofia" da tradução foi lançado com um atraso de "vários meses" (quase um ano, na verdade) em relação ao primeiro volume das *Obras*. Ele passa então a rebater as objeções, atribuindo-as principalmente às "querelas de escolas", às diversas "ideologias" que vigoram no interior da psicanálise. A primeira delas seria a "ideologia freudiana oficial" — esposada, escusado dizer, pela Associação Psicanalítica Internacional e pelas Sociedades nacionais a ela subordinadas. "Na França", diz Laplanche neste documento, "a ideologia dominante das associações psicanalíticas ocasionou distorções consideráveis que esta tradução se propõe corrigir [*redresser*], notadamente no que toca ao uso abusivo do termo 'frustração', à ausência de distinção entre 'pulsão' e 'instinto', às traduções redutoras do *Wo Es war, soll Ich werden* etc."[26]

Ao lado dessa, haveria a "ideologia psiquiátrica", da qual provêm as críticas a determinadas expressões, como *névrose de contrainte*. Críticas compreensíveis, segundo ele, na medida em que a expressão "neurose obsessiva" é tão costumeira em psiquiatria e em psicanálise, mas que não deixam de ser mal fundadas, pois a palavra "*contrainte*" resulta ser, na obra freudiana, "uma categoria predominante bem mais vasta que a neurose obsessiva". Disso ele dá alguns exemplos, como *der hysterische Zwang*, *der Zwang des Orakels*, e a frase *Zwangsvorstellungen haben Zwangskurs* — "Representações (ou 'ideias', isso é outra questão) obsessivas têm curso obrigatório" —, em que Freud recorre à imagem do "curso forçado ou obrigatório" que tem uma moeda na economia de um país. São exemplos que já constavam de *Traduire Freud*, do verbete dedicado a *contrainte*, na parte da "Terminologie raisonée".

Por último, e constituindo a oposição mais significativa, a "ideologia do senso comum": aquela que contradiz o recurso a uma linguagem especializada, conceitual, por tomar o partido da linguagem corrente. Onde situar Freud? — pergunta Laplanche. Do lado da linguagem comum ou da linguagem técnica? "Nem de uma, nem de outra", responde ele, pois "há um movimento, um *continuum*, uma criação, uma especialização, e uma restrição de sentido". E essa criação pode passar despercebida pelo autor mesmo, afirma, a partir do exemplo de *Anlehnung* e de *Lösung*. Essa síntese da argumentação preliminar de Laplanche soa um tanto precária — é o resumo de uma reprodução não sistemática, dispersa em vários lugares do relato da reunião —, mas condiz inteiramente, ou

[26] Danièle Brun, "*Traduire Freud* en débat", *Revue Française de Psychanalyse*, 1990/ 1, p. 269.

melhor, reafirma e reforça as declarações de *Traduire Freud* e da entrevista que concedeu à *Folha de S.Paulo* em 1988.[27]

Disse que essas afirmações são apresentadas de modo disperso no artigo de Danièle Brun. Isso porque as várias intervenções não são transcritas na ordem em que se deram, mas conforme uma ordenação aparentemente temática e, de todo modo, algo confusa. Depois da exposição de Laplanche, houve uma "longa intervenção" do psicanalista Conrad Stein. A autora diz que não restaram "traços escritos" dessa intervenção — infelizmente —, e de novo não é possível dizer se tudo o que atribui a ele procede dessa única fala ou de vários momentos (provavelmente foi este o caso). Seja como for, as observações de Stein são as mais críticas e mais nítidas desse relato, e ele parece ter sido o que mais se manifestou.

Primeiramente ele discute a concepção laplanchiana da célebre fórmula *Wo Es war, soll Ich werden*. Ao contrário do que alguns intérpretes (franceses, sobretudo) sustentam, não existe ambiguidade nela. Não se pode argumentar, segundo Stein, que a ausência de artigos antes de *Es* e *Ich*, em alemão, determine a supressão dos artigos em francês; isso porque normalmente se recorre, no caso dessa ausência, ao artigo partitivo. O que resultaria em: *Là où était du ça, du moi doit advenir*; em português, "Onde era Id (ou Isso), deverá ser Ego (ou Eu)". Em português, não temos partitivos (ou tão só vestígios, talvez: "comer do pão", por exemplo); a indeterminação quantitativa é expressa pela ausência do artigo: "comer pão" é diferente de "comer o pão", assim como "o Id" é claramente distinto de "Id", no caso. Como estão grafados com maiúsculas, são pronomes substantivados, que Freud substantivou para com eles designar instâncias da psique.

Em suma, Stein descarta a tradução "*Où ça était, je* (*moi*) *dois*

[27] Laplanche, entrevista a Rubens Marcelo Volich, suplemento *Folhetim*, 30 de julho de 1988, pp. B-6 a B-11.

(*doit*) *advenir*", que segundo Laplanche e seus colaboradores manteria a ambiguidade original. E nisso faz paralelo com uma frase simples, "cotidiana", que diz: "*Wo Wasser war, soll Getreide wachsen*", "Onde era água, deve nascer (lit. 'crescer') trigo". Ele usa propositalmente esse exemplo para evocar o contexto em que surgiu a frase de Freud, o final da XXXI das *Conferências introdutórias à psicanálise*, onde ela vem seguida desta outra, quase tão famosa: "Trata-se de um trabalho de civilização, um pouco como a drenagem do Zuyderzee".

Jeanine Altounian — responsável pela homogeneização das novas traduções, como vimos — tomou a si a tarefa de responder a Stein nesse ponto específico. Sua resposta, de natureza mais abstrata e também abstrusa que a objeção levantada, me parece ilustrar a tendência geral de argumentação entre os laplanchianos, esses ávidos caçadores de ambiguidades. Essa rápida troca de argumentos é emblemática de toda a discussão daquela noite. As outras reações consignadas no relato seguiram esse paradigma. Mme. Altounian naturalmente defendeu o ponto de vista da equipe quanto à tradução do *Wo Es war, soll Ich werden*. A ambiguidade da fórmula, explicou,

> vem daquilo que Jean Laplanche denomina "tensão entre a linguagem comum e a linguagem conceitual". Dada a aptidão de o auxiliar *soll* ocupar a primeira (*dois*) ou a terceira (*doit*) pessoa do paradigma [*sic*], *Ich* pode ser entendido, aqui, como sujeito da enunciação na "linguagem comum": "*Je dois*...". Mas pode ser também o sujeito de um enunciado proposto pelo pesquisador Freud no quadro de uma "linguagem teórica": "*Je doit*...". É desta vibração no texto de Freud, onde se ouvem/ se entendem [*s'entendent*] às vezes simultaneamente o homem e o pesquisador, a experiência e a análise do fato da experiência, que nasceu precisamente em Freud, em alemão, a psicanálise. Ora, paradoxalmente, é a maior fidelidade possível na restituição do léxico de base que faz perceber esta vibração.

Assim como Laplanche repetiu, na sua explanação, o que já dissera em outras ocasiões, Altounian não faz senão reafirmar o que Stein criticara. O âmago dessa questão está no verbo auxiliar *sollen*, que significa aproximadamente "dever"; com a nuance de que exprime antes possibilidade, ou recomendação, do que necessidade ou obrigação, expressas por *müssen*. O paralelo mais claro se acha em inglês: *should* e *must*. Também como em inglês, neste verbo alemão há uma identidade *formal* entre a primeira e a terceira pessoas do singular (Altounian usa imprecisamente o termo "paradigma", não sei por quê). Conrad Stein se coloca na posição de um interlocutor alemão, que naturalmente, intuitivamente, situa o verbo no contexto da frase, e relaciona a estrutura da frase a outras que já conhece ("Onde era água, deve nascer trigo"). Altounian descarta sobranceiramente o uso linguístico, invocando, em seu lugar, uma vaga e bem teórica "tensão ou vibração entre a linguagem comum e a conceitual", entre o homem e o pesquisador Freud, a experiência e a análise. A argumentação não se sustenta logicamente; parte de um a priori, uma entidade chamada *terminologia* ou *linguagem conceitual*, autônoma e por vezes contrária à "linguagem comum" — que é simplesmente a língua alemã *tout court*. Por isso eles são levados a exagerar desmedidamente a especificidade do alemão de Freud. Somos lembrados da *boutade* de Bernard Shaw, que Freud gostava de citar: "Estar apaixonado é exagerar desmedidamente a diferença entre uma mulher e outra". Em sua relação enamorada, quase fetichizada, com o vocabulário que elegeram, os seguidores de Laplanche tendem a exacerbar a diferença entre o alemão de Freud e o alemão de Lutero e Goethe: é o que fazem quando afirmam que Freud foi o "criador de um código linguístico";[28] frase que faria enrubescer qualquer linguista ou escritor consciente, porque somente Deus poderia criar um código linguístico, uma língua.

[28] *Traduzir Freud*, p. 60/ 42.

O raciocínio de Jeanine Altounian me parece então exemplar — no sentido, claro, de exemplificar a abordagem, a atitude intelectual do grupo a que pertence, não de servir de modelo para quem deseje traduzir Freud. E é representativa não apenas da sua equipe de trabalho, mas de outros, talvez amplos, segmentos da psicanálise e da intelectualidade francesa. Vejamos o pronunciamento de outro participante da reunião, o psicanalista Jean Gillibert, que não pertence ao grupo coordenador da nova edição. A propósito de um certo ponto abordado por Laplanche, a escolha terminológica na tradução, no caso de um termo como *Lust*, que pode significar tanto "prazer" como "desejo", ele declarou o seguinte:

"Se *Lust* oscila entre desejo e prazer, é que a ambiguidade do prazer-desejo foi destacada por Freud, quando não pôde *determinar* o prazer como tensão e/ ou como *dé-tension* (difícil traduzir, ou saber exatamente o que ele quer dizer, pois 'distensão' seria equivalente a *distension*)." Em seguida ele remete, entre parênteses, a "Le principe économique du masochisme" (*sic*; o título correto desse artigo de 1924 é "O *problema* econômico do masoquismo"). E continua: "O fato mesmo de ter preferido a ciência dos princípios à ciência dos fenômenos conduziu Freud a inferir a(s) pulsão(ões) de morte como finalidade do princípio do prazer".

Temos aqui o mesmo tipo de *raisonnement* que preside à "Terminologia *raisonnée*" de *Traduire Freud* e ao aparte de Jeanine Altounian. Utiliza-se uma interpretação, um viés interpretativo, para explicar por que Freud empregou certa palavra: "Ele usou isso porque queria fazer tal distinção, ou destacar tal ambiguidade [...]"; nisto se esquecendo que a palavra era preexistente à psicanálise, tinha — tem — uma longa história, e uma rica semântica (que vai além dos sentidos apontados por Laplanche: é vista em acepções que corresponderiam também a "ânimo" ou "vontade"). Gillibert raciocina como se a língua alemã tivesse sido criada ad hoc por Freud. E talvez não se pudesse esperar outra postura de quem vê a psicanálise como uma "ciência dos princípios" e não "dos fenômenos", quando Freud buscou justamente acercar-se dos fenômenos psíquicos sem o lastro de princípios ou postulados filosóficos. Ou esse comentador teria se deixado enganar por uma expressão como "os dois princípios do funcionamento psíquico", em que o termo designa as duas tendências ou diretrizes do aparelho mental? (Pois nem o "princípio do prazer" nem o "da realidade" podem ser tidos como postulados.) Nesse caso, ele teria sido caracteristicamente desviado ou extraviado pelo significante, pela miragem do significante.

Outras afirmações de Stein soaram estranhas, estrangeiras, para os membros da falange de Laplanche. Para ele, Freud é um autor alemão fácil de ler.

> E se ocorre de vez em quando que se tenha dificuldade em compreendê-lo, isto se deve a uma falta de clareza, mesmo a uma negligência de seu pensamento. "O que é bem concebido é enunciado claramente", dizem. Ora, acrescentou Stein, quando o enunciado não é claro no texto, trata-se mais habitualmente de uma obscuridade no pensamento de Freud que de uma dificuldade de ordem linguística. O estilo de Freud é fluente [*coulant*] na medida em que leva o leitor ordinário a não se deter nas dificuldades que foram postas aqui em questão; isto se deve a que nunca lhe falta poder sugestivo. Que Freud seja de leitura fácil não implica, porém, que seja tranquilo [*aisé*] traduzi-lo.[29]

Aqui devo dar um testemunho pessoal de quem lida com autores alemães. Concordo com Stein quanto à "facilidade" ou "fluidez" do texto de Freud. Mas é preciso deixar claro que ele é *sintaticamente* fácil, ou melhor, que não apresenta dificuldades

[29] Brun, op. cit., p. 275.

especiais. Sobretudo se comparado a alguns prosadores que buscaram estender os limites do alemão, tornando-o mais flexível e experimentando novos ritmos e sonoridades. Penso particularmente naquele que mais conheço, Nietzsche, do qual traduzi vários livros. Em Nietzsche se percebe um esforço bem claro, bem deliberado, de utilização artística da língua, de arrebatamento do leitor pelo recurso (constante, intenso) a procedimentos da linguagem poética: aliterações, metáforas, paronomásias etc. E pela utilização de períodos longos, com várias orações subordinadas, em que há "ondas" ou "arcos" de tensão.[30] Tudo isso era consciente; ele se preocupava com a sequência das vogais, o jogo das consoantes da frase, visando determinados ritmos e sonoridades. Em suma, tinha uma prosa poética. Outro é o caso de Freud. A experiência que tive até agora com seus textos não é muita, mas me permite confirmar o que vários autores — Laplanche entre eles — já disseram do Freud escritor. A saber: que é um grande prosador, senhor de uma gama considerável de estilos (o trecho em que Laplanche os enumera é sem dúvida admirável: pp. 23-4/ 30-1); mas que nele a arte é inteiramente subordinada ao pensamento, que às vezes ele é desleixado na expressão, talvez pela premência do que tinha a dizer. E tinha muito a dizer, certamente mais do que Nietzsche, por ter sido um desbravador mais ousado que o pai do Zaratustra, por ter mantido os pés no chão, pois nele o "princípio da realidade" estava mais solidamente constituído, não o deixando se arvorar em profeta e visionário. E a riqueza de observações lhe vinha de percorrer um território muito rico, quase virgem, mas também penumbroso, em que era preciso tatear, e imaginar tanto ou mais que ver, e esses tateios e entrevisões talvez respondam pelas imprecisões que eventualmente se acham nos seus textos. Por isso não concordo inteira-

[30] Cf. Stefan Sonderegger, "Nietzsche und die Sprache", *Nietzsche-Studien 2*, 1973, pp. 1-30.

mente com Stein, e creio que a obscuridade no pensamento talvez não se distinga tão facilmente da dificuldade linguística.

Mas ainda outros aspectos da intervenção de Stein merecem um comentário. "Precisando que não é de modo algum germanista, no sentido acadêmico do termo, embora o alemão seja uma de suas línguas maternas" (de fato, é quem revela maior intimidade com a língua; diga-se de passagem que Jean Laplanche não fala alemão),

> Conrad Stein externou sua sensibilidade aos níveis da língua, que os germanistas, parece-lhe, possuem mais facilmente. Assim, ele experimenta sempre algum embaraço ao ver traduzidas por expressões raras ou rebuscadas palavras que estavam ao alcance de qualquer iletrado vienense. [...] Tendo considerado sua longa experiência do texto freudiano e de sua tradução, para seu seminário e suas publicações, ele diz procurar sempre, tanto quanto seja possível, restituir-lhe o nível de língua e evitar colocar em termos eruditos o que, no original, se acha ao alcance de uma criança (p. 276).

Mas ele reconhece que traduziu apenas trechos, e portanto não tem a responsabilidade e as preocupações de quem traduz a obra inteira. Quanto à "pluralidade dos níveis de linguagem" presentes em Freud, ele tem dúvidas de que sejam acessíveis ao leitor francês. O mesmo vale para a natureza peculiar das "demonstrações" de Freud, em que, diferentemente do costume científico ou erudito, "as proposições são com frequência unidas por *aber* [mas] *e auch* [também], expressões que criam, entre elas, laços de uma frouxidão tal que o francês não lhes conhece equivalentes, e apropriadas, não para afirmar, mas apenas sugerir laços lógicos".

Tudo isso é muito bem colocado, e concorda plenamente com o que Patrick Mahony desenvolve em *Freud as a writer*, no capítulo denominado "Proportions of certainty". A observação — muito pertinente — sobre a frequência dos "mas" e "também" nos textos de Freud, com suas implicações epistemológicas, enquadra-se na característica sublinhada por Mahony, e também constitui indício de uma certa oralidade, ou seja, depõe em favor da "ideologia do senso comum". A concretude, o caráter pouco vago e retórico do enunciado freudiano, que bem pode se confundir com singeleza, já foi comentada por outros, antes de Mahony e Stein: pelo crítico suíço Walter Muschg, por exemplo, ao qual nos referimos no primeiro capítulo deste trabalho.

A menção dos germanistas, nessa fala de Stein, nos traz à lembrança o debate entre Marthe Robert e Laplanche e Pontalis, ocorrido nas páginas de *Le Monde* em 1967 (em 8 de fevereiro e 1º de março). De Marthe Robert sabemos que é autora de *A revolução psicanalítica* e *De Édipo a Moisés*, entre outros livros. Segundo André Bourguignon, o nome dela e de Michel de M'Uzan, membro da Sociedade Psicanalítica de Paris, foram cogitados para dirigir uma edição das obras completas de Freud na década de 1960.[31] Questionada pelo jornal *Le Monde* a respeito de como concebia uma tal edição, ela afirmou que se tratava, antes de tudo, de "um trabalho filológico, dependente da competência dos germanistas, os únicos aptos a comparar o valor semântico de uma palavra na língua comum ou culta com o valor que o autor lhe dera em sua obra". Isso não destoa do que vimos Conrad Stein afirmar sobre os germanistas, com a diferença de que eles não lhe parecem os *únicos* capazes de distinguir significados e níveis de linguagem, mas sim os mais "à vontade" para fazê-lo (*s'arranger plus aisément*). No referido depoimento, mme. Robert também criticou a introdução de "neologismos desnecessários, que só podem contribuir para a confusão

[31] André Bourguignon, "Traduzir Freud? — A singularidade de uma história", em Marco Antonio Coutinho Jorge (org.), *O conceito de renegação em Freud e outros ensaios*. Rio de Janeiro: Jorge Zahar, 1991, pp. 177-202.

das ideias"; nisso rejeitou especificamente a tradução de *Trieb* por "pulsão", preferindo que se voltasse ao termo "instinto".

Laplanche e Pontalis, cujo *Vocabulário da psicanálise* foi publicado naquele ano (não sabemos em que mês), reagiram com um artigo no mesmo jornal, três semanas depois (talvez interesse registrar que eles pertenciam à outra sociedade francesa oficial, a Associação Psicanalítica da França). O título do que escreveram já revela muito do seu teor: "Conhecer Freud antes de traduzi-lo". Afirmavam preferir uma tradução literal, mesmo que "um tanto áspera", a uma versão elegante que traísse o sentido; e enfatizavam o escrúpulo necessário para com os termos técnicos. Por fim, descendo a questões específicas, apontaram a dificuldade criada pelos alótropos [*sic*] freudianos. Aqui houve um engano, porque "alótropos" designa as palavras oriundas do mesmo termo latino e que vieram a adquirir significados diferentes; como exemplo, em português, há "clamar" e "chamar", ou "clave" e "chave". Eles se referem aos *doublets* alemães, que abordamos acima (*Realität*/*Wirklichkeit*, por exemplo).

Laplanche venceu essa disputa, como sabemos. Ele se tornou o diretor das obras completas em francês. Marthe Robert prosseguiu com seu trabalho de tradutora e ensaísta. Em 1994, por ocasião de seu octogésimo aniversário, o jornal *Libération* publicou uma entrevista com ela. Claro que há muito em comum entre o seu ponto de vista e o meu, no tocante à tradução. Mas é preciso criticar, no que ela disse, um certo espontaneísmo, que tende a esquecer que o rigor é ainda mais essencial que a beleza, no caso de um pensador, e que, afinal, *existem* termos técnicos em psicanálise, e eles exigem um tratamento claro e específico.

Voltando ao que dizia Conrad Stein, ele chegou a propor, meio sério e meio brincalhão, admitindo ele mesmo a irrealidade da proposta, que se fizessem duas traduções completas em francês: uma erudita e homogênea, transmitindo a impressão de que Freud usava palavras incomuns, "onde bastam termos simples", e uma outra "mais acessível, mais conforme à maneira como ele escrevia".[32]

Paradoxalmente, talvez — devido à sua insistência na naturalidade de expressão —, ele é a favor da adoção de *névrose de contrainte* para *Zwangsneurose*, e usa *appareil d'âme* para verter *seelischer Apparat*, embora tenha reservas quanto ao uso de *animique* para *seelisch*, pois aquele adjetivo evocaria sobretudo o animismo. Finalmente, ele exprime o desejo de que se conserve a tradução mais corrente para *Sehnsucht* ao lado do neologismo *désirance*, pois a palavra alemã sempre poderá designar a "nostalgia".[33] Mas ele conclui reconhecendo a seriedade e confiabilidade dessa nova tradução, mesmo que ela se afaste do estilo de Freud, e fazendo votos de vida longa para a equipe de realização. Estes foram, essencialmente, os comentários de Conrad Stein. Foram os mais extensos da reunião, e é surpreendente a relativa minúcia com que foram reproduzidos, já que não haviam sido registrados por escrito. É de supor que a autora do relato esteve em contato com ele depois do evento.[34]

Retomando a palavra, do lado laplanchiano, Pierre Cotet contradisse a caracterização do estilo de Freud como fluente. "Os tradutores não têm absolutamente essa impressão", disse ele. Surpreendem-se com a "alternância" de páginas brilhantes e de outras que se leem com dificuldade. "Atualmente eles corrigem as provas do tomo III das OC.P [*Œuvres complètes. Psychanalyse*], admiram por páginas e páginas o *élan*, a fluidez de Freud, e subitamente são detidos: tudo muda, nada mais flui"[35]. A questão é se estas passagens mais difíceis, ou áridas, são extensas o bastante para caracterizar o todo. Parece-me que não, que a fluência predomina.

[32] Brun, op. cit., p. 276.

[33] Idem, ibidem, p. 292.

[34] Na realidade, como depois fui informado, ela é a esposa de Conrad Stein.

[35] Idem, ibidem.

Das outras participações devemos destacar a de Antoine Berman, que é justamente o autor de *A prova do estrangeiro*, influência reconhecida na teorização de Laplanche acerca da tradução, do qual já se falou acima. Ele afirma estar de acordo com o "trabalho textual" realizado, que resultou numa tradução "absolutamente confiável", mas ao mesmo tempo se pergunta se eles efetivamente produziram um texto francês autônomo. "É talvez a relação entre o que, no texto freudiano, deve ser 'meticulosamente' (*sourcilleusement*) reproduzido, e o que, nesse texto, deve ser objeto de transformações — elas mesmas regradas — que deveria ser reconsiderada. Esse jogo restituição/ transformação funciona, de resto, em todas as passagens bem-sucedidas da tradução."[36] Claro que ele não aprova incondicionalmente o "trabalho textual", como deu a entender no início, pois essa não é uma objeção de detalhe. Jeanine Altounian e François Robert — este, responsável pelos índices e em parte pela terminologia, como vimos — tomaram a si a resposta a Berman, reiterando, ela, que o custo da elegância é a fidelidade; ele, que se trata do problema da "estrangeiridade" do alemão de Freud, que deve ser reproduzida num "francês freudiano". Mas lembremos que já no começo de *Traduire Freud* Laplanche invocara a noção de Berman em prol da sua "doutrina". De modo que essa crítica de Berman vem confirmar a nossa impressão de que Laplanche alargou o sentido do conceito, e exagerou a "estrangeiridade" de Freud em sua própria língua, para justificar, mais que a estranheza, a bizarria de certas construções do seu Freud. As reservas de um outro que estava presente à reunião, Jacques Gagey, foram ao encontro das de Berman (que já sintonizavam com as de Stein): para ele, os choques sentidos por um leitor francês, à leitura deste "francês freudiano", em nada reproduziriam aqueles sentidos por um leitor alemão do original.[37] Houve ainda

[36] Brun, op. cit., p. 279.

[37] Idem, ibidem, p. 280.

intervenções menores de François Gantheret e Philippe Soulez (este, tradutor da equipe), aparentemente favoráveis à nova edição, mas sem declinar motivos, e uma outra de François Robert acerca do "Glossário", afirmando que este deveria ser ainda maior do que o publicado. Esse, então, foi o debate de maio de 1989, a propósito dessa nova edição.

No quadro das reações a ela, no momento em que apareceu, não poderíamos deixar de mencionar uma saborosa carta do psicanalista Jean-Paul Valabrega, endereçada a Jean Laplanche e depois tornada pública na *Revue Française de Psychanalyse* (n. 5, 1989, pp. 1463-4). Ele começa agradecendo o envio de *Traduire Freud*; e está claro que são amigos, pelo tipo de tratamento: "Caro Jean, obrigado por ter me enviado seu livro sobre a tradução de Freud. Ele suscita, evidentemente, todo o meu interesse e toda a minha atenção. É verdade que sou crítico no tocante à sua edição das *Obras completas*. Eis por quê:[...]". Ele diz então que sempre achou que para estudar verdadeiramente Freud é necessária "uma edição completa e crítica *bilíngue*", como já se fez com muitas obras clássicas. Isso requer duas observações. Primeiro, se ele realmente tem claro o que é uma edição crítica. Laplanche se refere várias vezes à *Standard* inglesa como uma edição crítica, coisa que ela não é; é uma edição *anotada*. "Crítica" é a edição que se preocupa em estabelecer o texto idealmente "correto" de uma obra, isto é, o mais conforme ao manuscrito ou a uma edição vista/ revista pelo autor, e que documenta essa preocupação através de notas, variantes e comentários (o aparato crítico), corrigindo erros tipográficos de edições anteriores, talvez solucionando trechos duvidosos etc. Um exemplo de edição crítica, no Brasil, é aquela de *Os sertões*, de Euclides da Cunha, feita por Walnice Galvão. Não existe edição crítica de Freud. Os alemães estão começando a pensar nisso agora. Está sendo feita uma de Kafka. Já existe uma de Nietzsche, feita por dois italianos. De Freud, só a intenção. Em segundo lugar, suponho que ele se refira aos clássicos gregos e latinos, quando afirma que há muitas edições críticas de clássicos. De pensadores modernos, creio que são poucas.

Valabrega prossegue argumentando que as *Obras completas* dirigidas por Laplanche tornarão impossível uma edição bilíngue, e que quem pretender estudar profundamente Freud terá necessidade de cem volumes ou mais: os *Gesammelte Werke*, a *Standard*, as *Œuvres complètes*, as traduções novas da Gallimard etc., enquanto uma edição bilíngue representaria apenas quarenta volumes. Essa matemática dispensa comentários; é no mínimo curiosa... Ele passa então ao texto propriamente. Discorda das "opções terminológicas" e também estilísticas: recusa-se a adotar *animique*, *contrainte*, *désaide*, *désirence*, *fantaisie*, *fantasier*, *mixtion*, *passagèreté*, *refusement*, *représentance*, *couverture* (para "lembranças encobridoras"), *souhait* (em vez de *désir*) etc.; e isso "por razões não de etimologia ou de literalidade, mas de sentido e de língua". "É frequente, de fato, que a tradução pela etimologia e a literalidade traga, não uma adequação ou um enriquecimento, mas ao contrário um enfraquecimento, uma perda de sentido, podendo chegar à desnaturação" (p. 1464). Em seguida, dá meia dúzia de exemplos do que quer dizer, extraídos do volume XIII. Eis quatro deles, encontrados no "Homem dos Lobos": "*Il s'était conservé deux souvenirs de couverture*" (p. 16); "*le sadisme s'était donc retourné dans la fantaisie sur la personne propre*" (p. 24); "*sa désirance de voir l'heure se terminer*" (p. 38); "*développement animique*" (p. 8). O seu julgamento final é bem franco e sintético: "Para mim, isso é algaravia" (*Pour moi, c'est du charabia*).

Observemos que todas essas críticas são essencialmente as mesmas, com maior ou menor grau de percepção do que está em jogo, do alcance linguístico e conceitual do que se discute, com maior ou menor informação e reflexão sobre a língua. Mas causa espécie o fato de ninguém, no debate, se referir a duas tradutoras da equipe de Laplanche que manifestaram publicamente a sua insatisfação com os critérios e o resultado final do trabalho. E o fizeram em dois artigos, publicados também na *RFP*. Colette Chiland, veterana psicanalista, assinava o primeiro, intitulado "Sonhos e lamentos".[38] Ela é também autora de um livro publicado entre nós, *Homo psychanalyticus* (Bertrand Brasil, 1993). O título do segundo era "Nota sobre a tradução de *Zwang*", de Michèle Pollak-Cornillot.[39]

O artigo de Chiland foi escrito em 1988, quando veio à luz o volume XIII. Ela recorda o quanto era desejada e esperada — há mais de vinte anos — essa edição completa de Freud na França, e elogia o seu aspecto físico e propriamente editorial: notas, índices, indicação da página da edição original (*Gesammelte Werke*) à margem. Tudo isso para lamentar mais vivamente certas orientações (*partis pris*) que nela se constatam: a passagens que fluem com facilidade (*coulant aisément*) seguem-se "textos incompreensíveis se não se conhece o glossário, a doutrina de tradução e o alemão" (p. 996). A declaração de Laplanche, de que, ao contrário da *Standard*, essa edição não é "ideológica", é rebatida por ela com uma frase de Raymond Aron, segundo a qual a ideologia é sempre a teoria do outro. O objetivo de "deixar transparecer o texto alemão em francês" — de assumir a estrangeiridade do texto, no fraseado de Laplanche — é impossível por definição, diz Colette Chiland; pois "é preciso saber alemão para compreender as intenções do Comitê de Terminologia [...]. Mas, sabendo algo de alemão, pode-se contestar as escolhas feitas" (p. 997). Há passagens que não estão escritas em francês, ou "francês freudiano", mas em "laplanchês". Não existe "alemão freudiano", diz ela; "Freud escreve em alemão, com alguns austrianis-

[38] Colette Chiland, "Rêves et regrets", *Revue Française de Psychanalyse*, n. 4, 1988, pp. 995-1001.
[39] Pollak-Cornillot, "Note sur la traduction de *Zwang*", *Revue Française de Psychanalyse*, n. 4, 1989, pp. 1223-35.

mos; escreve na língua comum, em que a formação de nomes compostos nada tem de insólito".

Ela passa a criticar especificamente algumas decisões relativas à terminologia.

> O nível de linguagem muda, quando se passa do alemão para o francês, por exemplo, no caso de *Vorstellung*, palavra da língua cotidiana, enquanto *représentation* é um termo mais abstrato, utilizado com frequência em filosofia (no sentido de representação mental). Marthe Robert havia proposto traduzir *Vorstellung* por *idée* (Strachey a traduz por *idea*); o texto fica mais leve, e eventualmente se tem um modo de sair da dificuldade de traduzir *Repräsentanz* sem forjar *représentance*.
>
> Freud não propõe, tampouco, uma "doutrina freudiana"; ele inventa um instrumento de investigação e de tratamento (o aspecto terapêutico, um certo número de analistas franceses quis fazê-lo sumir) e propõe conceitos para dar conta de sua experiência clínica. *Seus textos devem ser lidos em articulação com a experiência clínica, para esclarecê-la, e não como um texto fechado em si mesmo. É uma posição ideológica ler e traduzir os escritos de Freud como uma Bíblia* (p. 997; grifo nosso).

Evidentemente ela concorda em que a tradução pede rigor e coerência, que implica sobretudo, no caso, verter o mesmo conceito pela mesma palavra. Mas é de se perguntar se existem setecentos conceitos psicanalíticos, como calcula Jean Laplanche. Ela admite que o rigor permitiu a Laplanche, juntamente com J.-B. Pontalis, distinguir (*dégager*), com pertinência, o conceito de *Anlehnung*, que ele traduz por *étayage* ("escoramento, sustentação") e que ela traduziria por *appui* ("apoio"). Numa frase simples, ela resume com felicidade aquilo que elaboramos algumas páginas acima: "Uma mesma palavra pode ter dois ou mais sentidos e um mesmo sentido ser expresso por duas palavras" (p. 998).

Quanto ao problema dos *doublets*, ela acha que Freud os utiliza alternadamente — *seelisch* e *psychisch* são os exemplos que menciona —, "por puro efeito estilístico", um escritor alemão tendo este recurso para evitar a repetição. O termo de origem germânica pertence ao patrimônio da língua, produz mais ressonâncias afetivas, enquanto a palavra estrangeira é de uso mais científico, menos cotidiano, está "mais próxima da cabeça que do coração". Este é, assegura ela, o caso de *Instinkt* em relação a *Trieb*. Portanto, tem a atitude mais radical neste ponto: vê os dois termos como *doublets*, não tem dúvida de que *Trieb* deve ser traduzido por "instinto", e considera uma virtude de Strachey ter mantido essa palavra. Ela tem alguns outros argumentos em prol de "instinto", que é melhor deixar para quando tratarmos da questão.

Colette Chiland também se opõe decididamente à utilização da palavra "moção" (*motion*) para verter o alemão *Regung*. Ela cita o trecho inicial do artigo "Vergänglichkeit", nessa nova tradução. Depois de falar do passeio em companhia de um amigo taciturno e de um jovem poeta, numa bela paisagem, e de revelar o desalento do poeta, à ideia de que toda beleza desapareceria, Freud afirma o seguinte: "Sabemos que uma tal preocupação com a fragilidade do que é belo e perfeito pode dar origem a duas *motions animiques* distintas (*zwei verschiedene seelische Regungen*)". Mme. Chiland pergunta quem poderá entender que se trata de dois "movimentos psíquicos", dois "movimentos da alma". Pois uma moção é "uma proposta feita numa assembleia deliberativa por um de seus membros", conforme todos os léxicos; o sentido primeiro de "movimento" tornou-se secundário no uso moderno. Ela descarta igualmente alguns outros neologismos: *perlaboration*, *névrose de contrainte*, *post-foulement* e *désaide*. Deste último, diz: "Não censuro a esta palavra ser um neologismo. Censuro-lhe não ser nem espontaneamente compreensível nem semanticamente apropriada" (p. 1001). Isso porque o prefixo *des-* remete sobretudo a algo que se desfaz, como em "destruir, desunir, desatar", e não a uma ausência primordial.

Finalizando, ela diz que a sua equipe de tradução (que incluiu também Michel Candelier e Michèle Pollak-Cornillot) não pôde convencer o "comitê de terminologia" (leia-se Laplanche e François Robert) de que esses eram excessos de uma doutrina de tradução cujo rigor eles em geral aprovavam. E afirma não saber se Jean Laplanche "ganhará sua aposta de influenciar a evolução da língua francesa e nos fazer falar laplanchês, acreditando falar francês".

O artigo da outra tradutora é mais longo e mais minucioso do que esse. Como aborda um ponto mais específico, a tradução de *Zwang* (embora traga implicações mais gerais), nós o discutiremos na seção dedicada a esse termo.

CRÍTICA DE SEUS PRESSUPOSTOS

Vimos que a orientação de Laplanche e seu grupo pode ser resumida na frase: "jamais perder ou jamais apagar a pista do significante". É uma orientação eminentemente formal, que tenta se apegar a todo custo ao pé da letra, traduzindo sempre um termo alemão pelo mesmo equivalente francês, mesmo quando soa estranho em francês, devido a diferentes conotações do termo. Laplanche insiste para que se registre e se reproduza ao máximo as diferenças e as continuidades do texto alemão. Com isso ele está reagindo às antigas traduções ingênuas, que segundo ele foram seduzidas pela coloquialidade de Freud, guiando-se apenas pelo contexto da página ou do volume. De modo que, não tendo uma visão do conjunto da obra, não perceberam quando as palavras se tornam terminologia, quando "fazem conceito", conforme sua expressão. Apenas abarcando toda a obra pode-se pretender uma tradução científica, já que a versão dada a um termo num determinado volume talvez não seja admissível dois volumes adiante. Impossível não subscrever esta última afirmação. Ocorre, porém, que Laplanche estabelece uma associação estreita — em mais de um sentido — entre contexto local e linguagem corrente, de um lado, e contexto geral e linguagem conceitual, do outro. Estes seriam dois polos, entre os quais se moveria o escritor Freud, numa linha "onde se sucederiam os tipos de usos, do mais concreto ao mais abstrato, do vocabulário corrente à metapsicologia".[40] Eis a representação gráfica que ele oferece desses polos:

contexto geral ______________ *contexto local*
termos "conceituais" ______________ *termos de uso corrente*

No entanto, em Freud pode haver, e frequentemente há, superposição de concreto e abstrato. Na mencionada frase onde comparecem os termos *seelisch* e *psychisch*, a palavra portuguesa e francesa para *Vorgang*, "processo", é inevitavelmente abstrata para um falante dessas línguas, mas o termo original é bastante usado coloquialmente, por significar também "acontecimento" (aliás, há passagens no "Homem dos Lobos" em que essa versão talvez fizesse mais sentido, ou que ao menos a admitem também; sem dúvida "processo" eleva o registro da linguagem, sendo mais um exemplo em que Freud soa mais abstrato na tradução) e por fazer parte, através do seu cognato, o verbo *vorgehen* ("acontecer, ir adiante, proceder"), da riquíssima família formada em torno de *gehen* ("ir; andar"). Não somente em Freud, mas em todo escritor alemão, por ser essa uma característica bem comentada e mesmo decantada da língua alemã. Já vimos que o tradutor Georges-Arthur Goldschmidt, no que só podemos tomar como uma hipérbole, disse não haver nada mais simples e mais imediato que o vocabulário filosó-

[40] *Traduzir Freud*, p. 66/ 46.

fico alemão, e que todo o primeiro parágrafo da *Fenomenologia do espírito*, de Hegel, se compõe de um vocabulário que uma criança de cinco anos domina, com exceção de duas palavras. Essa é, de todo modo, uma diferença essencial entre o alemão e o francês, não considerada pelos mentores da nova edição francesa.

Na reação às velhas traduções "etnocêntricas" e "aclimatizantes", eles parecem estar indo ao extremo oposto, desprezando a relação de Freud com a língua coloquial, a maneira como sua linguagem está mergulhada e também como "emerge" do alemão. No tocante à terminologia, ele buscou ostensivamente não se afastar (ou afastar-se pouco) da linguagem corrente. A partir do uso vivo das palavras, procurou dar-lhes utilização científica. Não são frequentes as definições em Freud; elas resultam naturalmente das descrições da dinâmica psíquica. Um movimento inverso ao dos franceses, que buscam primeiro definir conceitualmente os termos, encaixando-os no sistema. Eles acreditam preservar a continuidade semântica pela manutenção da continuidade formal. Havendo dissonância entre as duas, a preferência recai sobre a segunda: "Em caso de dúvida, confiar mais na letra, na palavra, no 'significante', do que em supostas diferenças ou identidades de sentido".[41] Isso porque não se fiam no uso da língua:

"A relação de Freud com a língua corrente (*Sprachgebrauch*) não poderia, com efeito, ser invocada em favor de um achatamento da tradução, que deveria como que fluir nas locuções já existentes do francês. O *uso*, como o nome indica, degrada e amortece as ressonâncias das palavras, 'puxa para baixo' metáforas e metonímias".[42] Com essa denúncia, com essa invectiva contra o *uso*, acreditamos que estamos no cerne da concepção que esses tradutores têm da tradução e da linguagem. Pois para eles o uso é

[41] Idem, p. 69/ 49.

[42] Idem, p. 65/ 45-6.

como uma gravura em relevo que se desfigura com o toque, vai ficando embotada, *brouillée*, e não como um relevo cujo toque lembra, reaviva e traz ressonâncias — o que me parece ser a atitude de Freud.

Para Laplanche, invocar a relação de Freud com a língua corrente é uma atitude bem pouco científica, pois o uso, ele diz, "é frequentemente uma noção subjetiva: o uso do alemão de 1900 não é o mesmo de 1930 ou 1984; o uso popular não é o uso dos especialistas: médicos, físicos, biólogos, psicólogos; por outro lado, com frequência ele é invocado para justificar uma banalização do sentido, em relação à qual o uso freudiano rema a contracorrente".[43] Deixemos de lado as afirmações de que o uso é algo subjetivo, que varia com o tempo e difere segundo as profissões: são simplismos que parecem destinados sobretudo a "levantar poeira", e cuja inadequação deve ficar transparente à medida que avançarmos (se já não o é). Interessa-nos a declaração de que o uso "degrada e amortece as ressonâncias das palavras", e, por conseguinte, quem o invoca está procurando banalizar o sentido. A questão toda parece estar aqui, naquilo que se entende por "sentido". Vejamos o que a linguística tem a dizer a respeito. Há duas linhas de conceituação no caso: a chamada "analítica" ou "referencial" e a "operacional". A parte da linguística que estuda o significado, e que portanto pode nos ajudar diretamente, é a *semântica*. Vamos expor algumas definições do significado, com base no tratado de Stephen Ullmann.

As definições analíticas do significado partem do triângulo de Ogden e Richards. Eis esse triângulo, na versão um pouco simplificada de Ullmann:[44]

[43] Laplanche "Clinique de la traduction freudienne", op. cit., p. 7.

[44] Ullmann, *Semântica*, op. cit., p. 116.

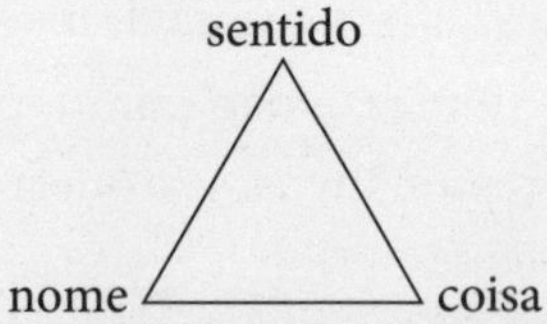

"Nome" é a "configuração fonética" da palavra: sons, entonação, sotaque; "sentido" é "a informação que o nome comunica ao ouvinte"; "coisa" é o evento não linguístico acerca do qual falamos. A nomenclatura de Ogden e Richards é mais técnica: símbolo, pensamento ou referência e referente. Percebe-se que o "significante" de Saussure corresponde ao "nome", e o seu "significado", ao "sentido"; quanto à coisa ou referente, é algo implícito na definição de Saussure, segundo E. Benveniste.[45] A melhor analogia para ilustrar a relação entre nome e sentido — caso se queira uma analogia — é aquela já mencionada anteriormente, feita por Saussure: a palavra como uma folha de papel, em que o significado é o verso e o significante o anverso, ou vice-versa.

Ullmann enfatiza que "é importante, para a compreensão dos processos semânticos, que a relação entre o nome e o sentido seja recíproca e reversível";[46] isto é, se alguém ouve uma palavra, digamos "caneta", pensa numa caneta, e compreende o que diz o interlocutor. Para este interlocutor, a sequência é inversa: por algum motivo pensa numa caneta, e então pronuncia a palavra. Essa fórmula — do caráter recíproco e reversível entre nome e sentido — nada mais expressa que a interdependência de significante e significado, e, assim como em Saussure, o referente não é explicitado, embora esteja presente e seja imprescindível. Mas para Ullmann ele não deve ser considerado pela

[45] Benveniste, "Nature du signe linguistique", em *Problèmes de linguistique générale*. Paris: Gallimard, 1966.

[46] Ullmann, *Lenguaje y estilo*. Madri: Aguilar, 1968, pp. 21-2 (trad.); também em *Semântica*, op. cit., p. 119.

linguística. "O linguista", diz categoricamente, deve "limitar a sua atenção ao lado esquerdo do triângulo, à ligação entre 'símbolo' e 'pensamento ou referência'".[47] Essa posição foi questionada por Izidoro Blikstein, que no seu livro *Kaspar Hauser ou a fabricação da realidade* faz um *plaidoyer* em favor do lado direito do triângulo.[48] Distinguindo entre coisa ou realidade e referente, Blikstein demonstra, com muita clareza, a função deste no processo da significação: "por obra da percepção/ cognição, a semiose irrompe durante a transformação da realidade em referente".[49]

Há também as definições operacionais do significado. Elas tiveram seu ponto de partida na filosofia, com Ludwig Wittgenstein e P. W. Bridgman. Em *A lógica da física moderna*, publicado na década de 1920, Bridgman destacava a natureza operacional dos conceitos científicos. Segundo ele, o conceito equivale a uma série de operações, "é sinônimo do conjunto correspondente de operações". Esse "operacionalismo" se estendeu às palavras em geral, e foi resumido na seguinte fórmula: "o verdadeiro significado de uma palavra deve ser buscado na observação do que uma pessoa faz com ela, e não no que diz acerca dela".[50] Wittgenstein foi ainda mais longe: para ele, quase sempre o significado de uma palavra *é* o seu uso. Nas *Investigações filosóficas* (1953, póstumo), ele recorreu a

[47] Idem, ibidem, *Semântica*, op. cit., p. 118.

[48] I. Blikstein, *Kaspar Hauser ou a fabricação da realidade*. São Paulo: Cultrix, 3ª ed., 1990. Na verdade, ele acha melhor a figura do trapézio, proposta por K. Heger, na qual a substância fônica (ou nome, ou significante) se liga primeiro a um monema (unidade significativa), que leva ao significado (conjunto das significações); ligando este ao conceito, na linha que forma a parte superior do trapézio — que não tem base —, há o semema (conjunto de traços semânticos); a linha da direita une o conceito à coisa. Mas ele próprio afirma tratar-se apenas de uma "versão mais matizada" do triângulo, na qual o referente continua excluído, de modo que não é preciso nos determos no trapézio.

[49] Idem, ibidem, p. 49.

[50] Apud Ullmann, *Semântica*, op. cit., p. 134.

várias analogias para elaborar a questão. "A língua", disse ele, "é um instrumento. Os seus conceitos são instrumentos." Em outra passagem: "Pensem nas ferramentas de uma caixa de ferramentas: há um martelo, um alicate, um serrote, uma chave de parafusos, uma régua, um vidro de cola, pregos e parafusos. — Assim tão diversas como as funções destes objetos são as funções das palavras".[51] Já foram apontadas algumas limitações neste símile (as palavras não são artefatos, a fala não é bem uma técnica), mas, como lembra Ullmann, ele é esclarecedor ao menos em um sentido: houve pesquisas que demonstraram uma relação direta entre a frequência de uma palavra e a diversidade de seus significados, assim como há uma relação direta entre a frequência e a diversidade do uso de uma ferramenta.

A célebre comparação da língua a um jogo de xadrez, feita por Saussure, também se encontra em Wittgenstein (independentemente; um não conhecia as teorias do outro). As unidades do xadrez são o rei, a rainha, o bispo, o cavalo, a torre e o peão. Uma peça, o rei, ou o bispo, pode ser de qualquer formato, desde que a gente possa distingui-la das outras. A identidade de uma peça é estabelecida por sua diferença das outras, pela relação com as outras. Ela é definida pelo que não é. Da mesma forma as palavras. O sentido da palavra "sorrir", por exemplo, é delimitado pela existência de outras palavras, como "rir", "gargalhar", "chorar" etc. O conjunto das palavras forma um sistema, "uma espécie de rede cujas malhas semânticas são todas interdependentes".[52] Wittgenstein diz: "A pergunta 'o que é uma palavra?' é análoga a 'O que é uma peça no xadrez?'" (§ 108; cf. § 43); e também: "Digamos que o significado de uma peça (uma figura) é o seu papel no jogo"; e mais de uma vez

[51] L. Wittgenstein, *Philosophische Untersuchungen*. Frankfurt: Suhrkamp, 1989, § 11.
[52] Georges Mounin, *Os problemas teóricos da tradução*, tradução de Heloysa de Lima Dantas. São Paulo: Cultrix, 1975, p. 33.

ele afirma que "o decisivo é o campo de força da palavra". A ocorrência da mesma analogia nos dois autores é significativa; ambos têm consciência da natureza *social* do significado, do sistema linguístico como fato social: "A coletividade é necessária para estabelecer os valores cuja única razão de ser está no uso e no consenso geral: o indivíduo, por si só, é incapaz de fixar o que seja".[53] Tanto para Saussure como para Wittgenstein, os valores provêm do sistema, os conceitos são "puramente diferenciais, não [são] definidos positivamente por seu conteúdo, mas sim negativamente, por suas relações com outros termos do sistema. Sua característica mais exata consiste em ser o que os outros não são".[54]

É interessante justapor esses insights dos dois pensadores às especulações de Nietzsche sobre a origem da consciência e da linguagem, em *A gaia ciência* (1882). O argumento de Nietzsche, um tanto simplificado, é o seguinte: Se pararmos para pensar um pouco, percebemos que a consciência — isto é, a reflexão sobre o próprio pensar e sentir — não é indispensável para a vida como tal, já que a maioria dos seres vivos perfaz todos os atos vitais sem que eles atinjam a consciência, e também a maior parte da nossa vida "pensante, sentinte e querente" não chega a se tornar consciente. De modo que "toda a vida seria possível sem se olhar no espelho, por assim dizer", sem se refletir. Para que então consciência, se ela é principalmente *supérflua*? A resposta é: ele acredita que a consciência, a intensidade e o refinamento da consciência, se acha em relação — ou em proporção, a palavra alemã parece permitir ambas as leituras — com a capacidade de comunicação do ser na qual surge, na qual surgiu (seja homem ou animal; pois os animais se comunicam, falamos de comunicação no mais lato senso), e que essa capacidade está em relação com a *necessidade* de comunicação.

[53] Saussure, op. cit., p. 132.
[54] Apud Mounin, op. cit., p. 33.

Mas isso quanto a raças e espécies inteiras, não indivíduos, e por imensos períodos de tempo. Sendo um animal frágil, a todo instante ameaçado, o ser humano precisou de seus iguais, *teve* que expressar suas necessidades, para obter e partilhar ajuda e proteção. E para isso foi necessária "consciência" [*Bewußtsein*], estar cônscio do que lhe faltava, "saber" o que pensava. Porque, ele faz questão de frisar, como todo ser vivo, o ser humano pensa continuamente, mesmo sem saber que está pensando; "o pensar que se torna consciente é a menor parte dele, a mais superficial [nada mais freudiano...]. [...] Apenas este pensar consciente *ocorre em palavras, ou seja, em signos de comunicação*, com o que se revela a origem da própria consciência. Em suma, o desenvolvimento da linguagem e o desenvolvimento da consciência [...] vão lado a lado".[55] Ele se refere ao ser humano como "inventor de signos" (algo que lembra o "povo inventa-línguas" de Maiakóvski). Este ser inventa-signos é também o ser cada vez mais consciente de si: "somente como animal social o homem aprendeu a se tornar consciente, a tomar consciência de si". De forma que, ao fim e ao cabo, consciência e linguagem são antes de tudo sociais, e quando o indivíduo tenta se conhecer e se exprimir da maneira mais sutil e mais idiossincrática, ele recorre ao que nele, no fundo, é propriedade e herança comum, partilhada com todos ou demais. Este, em linhas gerais, o raciocínio de Nietzsche. Mais recentemente, e parece que também de modo autônomo, Wittgenstein questionou a possibilidade da existência de uma linguagem privada, num argumento que tem pontos de contato com o de Nietzsche, e que não é preciso detalhar aqui. Basta lembrar que mesmo as questões mais íntimas, as vivências mais pessoais e "inefáveis", são expressas numa língua que já existia antes de nascermos.

Observemos que a especulação de Nietzsche vai ao encontro

[55] Nietzsche, *A gaia ciência*, tradução e notas de Paulo César de Souza. São Paulo: Companhia das Letras, 2001, § 354.

da ênfase de Blikstein sobre a importância da prática social na gênese da significação. Kaspar Hauser não percebe o mundo como seus "semelhantes", tendo crescido isolado de todo contato humano. Tornou-se alguém (e nesse "alguém" também caberiam aspas) desapercebido ou destituído de uma prática social. E é nessa práxis, conforme Blikstein (baseado em Adam Schaff), que "residiria o mecanismo gerador do sistema perceptual que, a seu turno, vai 'fabricar' o referente".[56] Esse argumento coloca-se em oposição às teses inatistas, segundo as quais o ser humano já nasceria com estruturas de percepção e cognição predeterminadas — com instinto para a linguagem, portanto. Mas os dois pontos de vista não se excluem necessariamente. Kaspar Hauser já teria vindo ao mundo com essa organização ou programação mental, e o cumprimento ou "florescimento" dela, à medida que cresceu, dependeria de trocas afetivas, intelectuais, sociais que não ocorreram.[57]

Voltando às teorias do significado, vemos que elas são *contextuais*: demonstram uma "saudável confiança no contexto". Os lexicógrafos ou dicionaristas percorrem naturalmente (isto é, inadvertidamente) as mesmas etapas descritas nesses conceitos do significado: primeiro colecionam exemplos de uso da palavra, isto é, fazem uma "seleção representativa de contextos" — em seguida, o significado é como que destilado a partir de certos traços comuns. Os melhores dicionários são aqueles que documentam ao menos em parte este processo, reproduzindo contex-

[56] Blikstein, op. cit., p. 53.

[57] A julgar por um manual como o de John Lyons, a tendência dos linguistas é sublinhar justamente a interdependência do biológico e do cultural na linguagem: já não é possível fazer uma "*sharp distinction between nature and nurture*", diz ele. "*And it may very well be that other kinds of socially acquired knowledge — including myth, religious belief, etc. — have as much of a species-specific biological basis as language does.*" (Lyons, *Language and linguistics*. Cambridge University Press, 1981, p. 303).

tos (as chamadas "abonações") como forma de avalizar os significados que oferecem.

A pesquisa do significado das palavras não difere essencialmente da investigação etnológica dos usos e costumes de uma tribo desconhecida, de uma outra cultura.[58] Já tivemos o auxílio de filósofos nessa argumentação. Vejamos agora o que um antropólogo pode nos dizer. "A concepção do contexto deve ultrapassar os limites da mera linguística e transportar-se para a análise das condições gerais em que uma língua é falada [...]. O estudo de qualquer língua falada por um povo que vive em condições diferentes das nossas e possui uma cultura diferente, deve ser conduzido simultaneamente com o estudo da sua cultura e do seu meio ambiente."[59] Em outras palavras, o tradutor é inevitavelmente — e, em geral, imperceptivelmente — um etnólogo, um estudioso da cultura da qual a língua que ele traduz é expressão. De modo que muitos erros de tradução, no fundo, são devidos à ignorância ou vivência insuficiente daquela outra sociedade. Isso talvez não seja muito claro para nós, cidadãos de uma cultura quase planetária, que assimilou em altíssimo grau os conhecimentos das culturas que a precederam ou que a ela se submeteram — das passadas, históricas, e das presentes, periféricas ou "primitivas". Mas não escapou à atenção de etnólogos-linguistas norte-americanos, que tiveram de lidar com a imensa variedade de línguas e culturas ameríndias. Exemplificando, tomemos a expressão "processo de divórcio": é um problema traduzi-la para a língua kwakwiltl, falada pelo povo do mesmo nome, no oeste do Canadá. Não seria tão problemático verter para o inglês ou o português o nome de uma instituição indígena, pois a nossa cultura ocidental

[58] Cf. Mounin, op. cit., particularmente o capítulo "A etnografia é uma tradução", pp. 209-20; e também Lyons, op. cit., p. 328 (e todo o capítulo intitulado "Linguagem e cultura").

[59] Malinowski, apud Ullmann, *Semântica*, op. cit., p. 106.

dispõe de um vasto inventário de comportamentos alheios — é a única que produziu etnógrafos, como se sabe. Ou, num exemplo mais próximo, como traduzir em língua ianomâmi a ideia de "santidade"? Isto pressupõe, num imaginário tradutor ianomâmi, rudimentos, ou mais que rudimentos, da doutrina cristã.

Não haveria um paralelo entre a tarefa do lexicógrafo, de colecionar contextos de onde "brotam" os significados, e a do etnógrafo que registra os costumes de uma tribo e os vê adquirirem significado no contexto daquela vida em comum? Num caso como no outro, temos "valores provenientes do sistema", peças do jogo de xadrez. Quando, páginas acima, procuramos verificar o que se entendia por "alma" (*Seele*) no âmbito cultural em que viveu Freud, não agimos de maneira semelhante à do dicionarista e do antropólogo? Certamente é mais fácil para nós, brasileiros, compreender o que os alemães ou austríacos entendem por *Seele* do que, para um ianomâmi, conceber o que significa para nós "santidade" ou "processo de divórcio" — afinal, a distância cultural entre Brasil e Áustria é bem menor do que aquela entre os indígenas da Amazônia e os civilizados brasileiros...

Quando um estudante de língua vai fazer um estágio no exterior, para treinar a pronúncia e conhecer a vida num outro país, ele está fazendo "pesquisa de campo" etnográfica, está captando ou checando as definições operacionais *in loco*. O mesmo ocorre na aquisição da linguagem pela criança, em frequência mais acentuada, porque para ela tudo é novo: "[...] ela ouve a linguagem em *todas as situações possíveis*, e em condições em que a linguagem e a situação sempre correspondem exatamente uma à outra, e se ilustram reciprocamente".[60] Podemos dizer que o significado de um termo, para uma pessoa que fala, constitui "a

[60] Jespersen, apud Mounin, op. cit., p. 218.

soma das situações e dos contextos em que ela ouviu e empregou esse termo".[61]

Jean Laplanche descarta a identificação de *Seele* com psique, estabelecida, ou melhor, reconhecida por Freud, e afirma que o autor não pode ser "o único juiz das diferenças no interior de sua própria língua".[62] Essa posição é repetida — é mesmo radicalizada — em *Traduzir Freud*, onde se declara que é preciso desconfiar da "referência ao puro contexto local, a fidelidade ao 'sentido' suposto e, *last but not least*, a opinião de Freud mesmo acerca do que diz ou disse" (p. 67). Esta opinião assombrosa, que convida a desconfiar do próprio criador dos conceitos (por que então confiar nos conceitos por ele criados?), decorre de uma não consideração, de uma ignorância — voluntária ou insciente — do caráter social do significado, de tudo isso que lembramos. Ela só poderia partir de quem não se impõe a tarefa inicial de descrever os contextos, a fim de circunscrever os sentidos, mas se empenha — num esforço talvez legislador — em prescrever sentidos. É reveladora a expressão "juiz das diferenças": Laplanche dá a impressão de que pretende se arvorar em juiz, esquecendo que a natureza diferencial dos signos é um dado da própria língua, do próprio sistema, como vimos, no qual o escritor ou o falante se move. A ênfase desmedida no significante é um corolário dessa recusa em atentar para o uso linguístico, para as relações naturais entre o alemão de Freud e a língua alemã. Na orientação de Laplanche, o significante é como que "descolado" do significado e passa a ter vida própria, relacionando-se autonomamente com outros significantes. Isso acontece porque o terceiro elemento do triângulo do significado, a "coisa" ou "referente", que antes não era incluído nas definições (cf. Saussure, Ullmann), agora é praticamente abolido. A "ânsia pelo inequívoco", que constatamos

[61] Mounin, op. cit., p. 155.

[62] Laplanche, "Clinique de la traduction freudienne", op. cit., p. 10.

nessa edição francesa, é mais facilmente satisfeita quando se concentra nas relações entre os significantes, porque aí a exatidão é possível. Se a palavra, o significante *Übertragung*, por exemplo, traduzido por *transfert* ("transferência"), aparece no composto *Gedankenübertragung* ("transmissão de pensamento"), ele tem que ser vertido também por *transfert* (*transfert de pensée*, e não *transmission de pensée*, como normalmente se faz), porque está "claro" que é a mesma palavra. Já a relação entre a palavra e aquilo que ela denota é menos óbvia, e remete a situações, a usos que não são considerados. É bem mais fácil reconhecer as semelhanças ou dessemelhanças entre as palavras do que entre as situações. Mas acontece que o essencial está no reconhecimento comum da situação: "A tradução constitui um caso de comunicação no qual, como em todo aprendizado da comunicação, esta se processa a princípio por intermédio de uma identificação de certos traços de uma situação, considerados comuns para dois falantes".[63] Ou seja, a situação não linguística — o recurso a ela, ao referente comum, partilhado — é o ponto de partida da tradução. Mas na psicanálise ocorre o seguinte: este referente, esta situação — o terceiro elemento do triângulo — é, por definição, mais esquivo, mais indefinível, "indizível" do que o normal. Ele é até mesmo "construível"... Se lembrarmos que já nas teorias que não admitem o inconsciente — teorias filosóficas — os objetos são esquivos, imagine-se a dificuldade para uma que postula a primazia dos processos inconscientes primários, das *situações* inconscientes. A referência a "fenômenos suscetíveis de serem observados" é o que torna possível a comunicação; logo, "tudo o que pode ser comunicado entre dois falantes da mesma língua também o pode ser entre dois falantes de línguas diferentes", por mais incomensuráveis, por mais diversas que sejam as estruturas dessas línguas.

[63] Mounin, op. cit., pp. 241-2.

ANGST/ ANXIETY/ ANGOISSE

Angst é traduzida geralmente por "angústia", mas também por "medo", "temor", "ansiedade". É um termo que fez fortuna em nossa época, aparecendo nas obras, mesmo nos títulos de vários pensadores e artistas. *O conceito de angústia*, de Kierkegaard, parece ter inaugurado essa moda. Há um romance de Graciliano Ramos intitulado *Angústia*, que, lançado na Alemanha em 1994 — e saudado pela imprensa alemã como um precursor do existencialismo francês — recebeu naturalmente o título de *Angst*. É evidente a semelhança gráfica e fonética entre o termo alemão e o português. Isso acontece porque, na realidade, ambos derivam da mesma palavra. O termo latim que emigrou naturalmente para o português — *angustia* — significava literalmente "aperto", opressão. Daí para sua utilização em sentido figurado, isto é, sua transposição do plano físico para o psíquico, foi um passo (este foi — é — um processo frequente na formação do vocabulário abstrato de uma língua). Claro que o alemão não deriva do latim como o português, mas resultou de uma língua indo-germânica que, assim como o latim e o grego, teve origem num só idioma, de que já não há registros, denominado indo-europeu. Por isso os dicionários etimológicos alemães informam que *Angst* vem da antiga palavra "angust", que significava "estreiteza", "aperto". E o atual adjetivo *eng* ("estreito"; para "rua estreita", por exemplo) é aparentado a *Angst*. O adjetivo que corresponde a este (*ängstlich*, "medroso") chegou ainda a ser usado por Goethe no sentido literal, apenas físico.[64] Em português ele aparece em algumas formações eruditas, como "angustirrostro", para designar um pássaro de bico estreito, ou "angustímano", para uma pessoa que tem as mãos estreitas.

Em Freud, o conceito de *Angst* é naturalmente utilizado em

[64] Cf. Wandruszka, op. cit., p. 24.

diversas obras, e o termo é discutido em quatro delas, conforme indica Jean Laplanche no verbete "Angústia", na "Terminologie raisonnée" do volume *Traduire Freud*.[65] Vamos abordar o uso e a discussão freudiana dessa palavra, num panorama que naturalmente não pretende ser exaustivo.

Na "Análise da fobia de um garoto de cinco anos", o caso do "pequeno Hans", de 1909, a angústia do menino, "correspondendo a um reprimido anseio erótico [pela mãe], é inicialmente sem objeto, como toda angústia infantil, é ainda angústia, e não medo".[66] Essa distinção entre *Angst* e *Furcht* foi repetida anos depois, em *Inibição, sintoma e angústia* (1926), num trecho que não posso deixar de citar, embora já muito citado:

"A angústia [*Angst*] tem uma inconfundível relação com a expectativa; ela é angústia *ante* algo. Nela há um traço de indeterminação e ausência de objeto; a linguagem correta chega a mudar seu nome, quando ela encontra um objeto, e o substitui por medo [*Furcht*]".[67]

É interessante justapor a essa passagem uma outra, de um filósofo totalmente alheio à psicanálise, e que neste ponto sintoniza com Freud: "*Angst* é essencialmente diverso de *Furcht*. Nós nos amedrontamos sempre diante desse ou daquele ente *determinado*, que nos ameaça neste ou naquele aspecto *determinado* [...]. A *Angst* manifesta o nada".[68]

Já em *Além do princípio do prazer* (1920), Freud afirmava que *Angst*, *Furcht* e também *Schreck* ("pavor") são erradamente usados como sinônimos, sendo que o último indicaria o estado em que fica a pessoa, resultante da ameaça ou perigo — e os dois primeiros,

[65] *Traduire Freud*, pp. 79-81.

[66] GW VII, 261.

[67] GW XIV, 197-8.

[68] Heidegger, *Was ist Metaphysik?*, apud Wandruszka, op. cit., p. 26.

como vimos, a expectativa do perigo e a presença do perigo, respectivamente. No entanto, nem sempre ele se mostrou seguro em classificar de errado o emprego popular desses termos, como se percebe na XXV das *Conferências de introdução à psicanálise* (1917), intitulada justamente "Die Angst". Ali ele declara que não tratará dessa questão, isto é, se o uso corrente distingue ou não sentidos diversos para as três palavras. Diz apenas que, para ele, "*Angst* se refere ao estado e não considera o objeto, enquanto *Furcht* dirige a atenção precisamente para o objeto".[69] E *Schreck* teria um sentido especial, o de efeito de um perigo para o qual não se estava preparado pela *Angst*.

Isso, em resumo, é o que Freud afirma sobre *Angst* e seus "vizinhos". Agora vamos ver se o *uso* que ele faz desses termos corresponde à ideia que faz deles. Deixemos de lado o *Schreck*, cuja tradução não traz maiores problemas: é um misto de pavor e espanto, um sobressalto, uma surpresa pouco agradável. Etimologicamente se relaciona mesmo à palavra alemã para "salto", significou originalmente "fazer saltar", e um vestígio deste sentido se conserva na palavra *Heuschrecke* ("gafanhoto").[70] O problema é a delimitação da área semântica de *Angst*, que não pode ser sempre e a todo custo vertido por *angústia*, como querem Jean Laplanche e José Luis Etcheverry, os responsáveis pelas novas edições francesa e castelhana de Freud. *Furcht* pode ser traduzido calmamente por "medo, temor" (é aparentado ao inglês *fright*), mas *Angst* possui uma gama de sentidos maior que "angústia". Freud mesmo reconhece a polissemia do termo (sua *Vieldeutigkeit* — que a *Standard* inglesa traduz simplesmente como *ambiguity*: cf. SE XVI, 395).

Já no primeiro dos textos aqui citados, a história do menino Hans, Freud utiliza alternadamente *Angst e Furcht*, contrariando a

[69] GW XI, 410.
[70] Cf. *Duden 7 — Herkunftswörterbuch*, Mannheim: Dudenverlag, 1989.

diferenciação que estabelece: fala, por exemplo, em *Furcht vor dem Pferd* ("medo do cavalo"), referindo-se ao mesmo fenômeno que denominou de *Strassenangst* (literalmente, "angústia da rua"). Em outro caso clínico, o do "Homem dos Lobos", não seria mais natural dizer que numa determinada situação ele tem medo da borboleta, em vez de angústia diante dela (*Angst vor dem Schmetterling*)? Ou, para tomar ainda outro caso, o de Dora: "Quando chegamos então em L., eu e papai, ele expressou claramente *Angst* de um incêndio. Chegamos numa tempestade violenta, vimos a pequena cabana sem para-raios. Aí era natural essa *Angst*".[71] Aqui é bem clara a maior amplidão de sentido do termo alemão, pois não havia incêndio. O pai de Dora sentiu medo — ou "apreensão" — ante a possibilidade de um incêndio. Talvez se possa ver nessa possibilidade o objeto que desperta a *Angst*; na passagem do "Homem dos Lobos", é a borboleta esse objeto; para o pequeno Hans, é o cavalo.

Uma contradição mais explícita do pretenso uso correto se acha logo depois daquela definição já citada, em *Inibição, sintoma e angústia*: "Perigo real é um perigo que conhecemos, angústia realista é angústia diante de um tal perigo conhecido".[72] Se o perigo é conhecido, se o objeto está presente, a palavra deveria ser *Furcht*, e não *Angst*.

Michèle Pollak-Cornillot — que chama a atenção para o trecho do caso Dora — afirma que se podem multiplicar os exemplos de que Freud não respeita o que caracteriza como o *korrekter Sprachgebrauch* (e a simples conferência de algumas das muitas menções que faz de *Angst*, consignadas em dez páginas do volume de índices dos *Gesammelte Werke*, basta para confirmar isso). Se Freud acha necessário apontar para o uso correto, raciocina ela, é porque existe um outro *Sprachgebrauch*, menos correto, mais

[71] GW V, 227.
[72] GW XIV, 198.

corrente, no qual as duas palavras às vezes se confundem, e Freud mesmo adota esse uso, talvez sem se dar conta.[73] Ou seja, não nos devemos guiar pelo que *seria* correto, mas pelo que efetivamente ocorre na língua. Em alemão se diz que alguém tem *Angst* de uma pessoa, um assaltante, por exemplo, ou de uma doença, um animal etc. E não se pense que este uso é "popular", desleixado, conforme a noção que temos no Brasil de uma linguagem coloquial gramaticalmente impura, divorciada do idioma escrito, vernacular e casto. Não: a "confusão" no emprego de *Angst* pode ser notada em escritores diversos. Por exemplo, o poeta e romancista Hermann Hesse fala, num romance que muitos leram na adolescência, em "*Die Angst aller Ängste: die Todesfurcht*",[74] isto é, "A angústia de todas as angústias: o medo da morte". O linguista Mario Wandruszka menciona um livro chamado *A angústia* [*Angst*] *como doença do Ocidente*, cujo autor diz ter retirado esse título de Nietzsche. Procurando a passagem de Nietzsche, Wandruszka deparou com: "*Furcht vor dem Tod als europäische Krankheit*" — "O medo da morte como doença europeia".[75]

Mais que qualquer outro, talvez, foi Kafka o escritor que em nossa época deu expressão à *Angst*, europeia, ocidental ou tão somente humana. Em algumas das cartas a Milena, ele empregou a palavra entre aspas, provavelmente para deixar claro o sentido metafísico, extracotidiano que tinha em mente: "Se não fosse a *Angst*, eu estaria quase são". E em outras duas cartas: "Você deve notar que há algumas noites eu não durmo. É simplesmente a *Angst*".[76] Sem dúvida a versão por "angústia" seria a mais adequada, no caso, pois "medo" é demasiado comum, ordinário, para um sentimento tão entranhado e tão vasto. Embora seja possível encontrá-lo nesta

[73] Pollak-Cornillot, op. cit., pp. 433-4.

[74] Em *O lobo da estepe*, apud Wandruszka, op. cit., p. 22.

[75] Wandruszka, op. cit., p. 22.

[76] Apud Marcel Reich-Ranicki, *Lauter Verrisse*. Stuttgart: DVA, 1984, p. 160.

acepção mais radical, sobretudo nas obras dos poetas. Penso particularmente em Carlos Drummond de Andrade, no poema "Congresso internacional do medo" (do volume *Sentimento do mundo*, de 1940): "Provisoriamente não cantaremos o amor,/ que se refugiou mais abaixo dos subterrâneos./ Cantaremos o medo, que esteriliza os abraços,/ não cantaremos o ódio porque esse não existe,/ existe apenas o medo, nosso pai e nosso companheiro" etc.

Retornando aos textos de Freud, após essa rápida digressão literária, constatamos que na *História de uma neurose infantil* a nova edição francesa recorre sempre a *angoisse devant* para traduzir *Angst vor*. Já notamos a estranheza que há em dizer que uma pessoa teve angústia diante de um animal. Laplanche se apoia naquela definição de Freud já mencionada, que relaciona a angústia com a expectativa e a vê como indeterminada e sem objeto, enquanto o medo teria sempre objeto. Ele se justifica dizendo que a estranheza já se encontra no alemão de Freud. É o argumento que sempre repete, seja na parte teórica de *Traduire Freud*, seja na "Terminologie raisonnée", seja na discussão com os críticos. Mas percebe a dificuldade evidente, a contradição de utilizar *Angst* com um objeto bem determinado como um cavalo ou uma borboleta. Então se deve supor que Freud deveria ter substituído *Angst* por *Furcht*?, ele pergunta. Longe disso, a reverência (*Ehrfurcht*) ante o mestre permite apenas a pergunta retórica, devido à incompreensão da pluralidade de sentidos do termo original, por não se considerar o seu uso efetivo na língua. "Com que direito o corrigiríamos [*sic*] em francês, se ele não o fez em alemão, quando levantou explicitamente a hipótese de uma tal 'substituição'?"[77] Isso é incorreto. Freud não levantou essa hipótese; ele afirmou que no uso mais correto da língua se prefere *Furcht* a *Angst*, no caso. E nós vimos que essa declaração foi precipitada, pois nem ele nem outros notórios estilistas respeitam a distinção.

[77] *Traduire Freud*, pp. 79-80.

Mas Laplanche não se dá por vencido, e tira da manga "um argumento de fundo, mais decisivo", pois para ele a manutenção de "angústia", em vez de "medo" tem importância "capital" na psicanálise (lembremos que ele raciocinou — melhor, racionalizou — de modo igual quando insistiu em que se recorresse a "sexual" e "sexuado" para verter *Geschlechts-* e *Sexual-*, e quando diferençou "anímico" de "psíquico": nos dois casos a distinção era absolutamente vital, o edifício inteiro da psicanálise desmoronaria, se não fosse mantida). Este argumento diz que o "medo de" um determinado objeto é, conforme a explicação de Freud, "angústia diante" desse objeto, "em razão da *expectativa* de uma ameaça indeterminada que esse objeto preciso apenas anuncia" (p. 80). Ou seja, o objeto esvanece ante uma ameaça de que seria o prenúncio ou portador; e sendo esta ameaça *indeterminada* e havendo *expectativa* quanto a ela, aí estão as outras duas palavras de peso na definição de Freud para "angústia", que tornam secundária a presença do objeto, na explicação (*explication de texte*...) de Laplanche. Em suma, como disse o poeta, "palavras, palavras, palavras...".

É interessante comparar o verbete sobre *Angst*, de *Traduzir Freud*, com o seu equivalente no *Vocabulário da psicanálise*, de Laplanche e Pontalis, publicado vinte anos antes daquele. Encontra-se à página 26 da edição brasileira revista. "Angústia ante um perigo real" é o nome desse verbete: é a tradução que os autores propõem para *Realangst*, no trecho que citamos acima, de *Inibição, sintoma e angústia*, onde usamos "angústia realista" (aquela provocada por um perigo real, *Realgefahr*; e aqui temos mais uma indicação da dificuldade em traduzir as palavras alemãs compostas...). Fora do texto a versão é aceitável, embora seja uma paráfrase, mas se a experimentamos naquela frase (de onde os autores a pescaram), vemos que é excessiva e redundante. E o comentário sobre o termo original já manifesta aquela deficiência de rigor que caracteriza *Traduzir Freud*: "Em *Realangst*, *Real* é substantivo; não qualifica a própria angústia, mas aquilo que a motiva". Primeiro, *Real*, aqui, tem função adjetiva: em todo composto alemão, o termo que vem antes qualifica o seguinte; segundo, ele não *qualifica* o motivo da angústia: ele *denota* esse motivo (que é o perigo real).

Mas o último parágrafo do verbete é de outra natureza. Ele diz:

> Sem entrar na teoria freudiana da angústia [de fato, não entra: eles discutem apenas um detalhe da conceituação de angústia; isto, direi de passagem, é indicador de uma tendência do *Vocabulário*: a sua parcialidade], note-se que o âmbito do termo *Angst*, em alemão e no seu emprego freudiano, não é o mesmo do termo "angústia". Expressões correntes como *ich habe Angst vor...* são traduzidas por "tenho medo de...". A oposição frequentemente admitida entre o medo, que teria um objeto determinado, e a angústia, que se definiria pela ausência de objeto, não se ajusta com exatidão às distinções freudianas.

Uma conclusão modesta e honesta, que vai ao encontro de tudo o que dissemos aqui. É pena que Laplanche não tenha procurado se ater a ela e desenvolvê-la em sua teorização posterior acerca da tradução. Mas é possível que o outro autor do *Vocabulário*, Jean-Bertrand Pontalis, seja o responsável por esse parágrafo.

Essa decantada diferenciação medo/ angústia, implicando a presença ou ausência do objeto, não possui lastro na língua alemã, portanto, e não permite extrapolações ou especulações de natureza filosófica, metafísica, patafísica ou metapsicológica. Na verdade, essa distinção é mais facilmente defensável em português: ao falar em "medo", imediatamente pensamos "de quê?", mas não fazemos a mesma pergunta ao mencionar "angústia" (a pergunta, no caso, seria "por quê?").

Na citação de Freud colocada no centro desse debate há uma sutileza — ou me parece haver uma sutileza — que não foi observada até o momento. "A angústia tem uma inconfundível relação com a expectativa; ela é angústia ante algo." Freud sublinhou a preposição *vor* ("diante de"). Ao fazê-lo, talvez quisesse que a compreendêssemos no sentido temporal, que ela também possui em alemão: "antes de", angústia anterior a algo — o que seria mais condizente com o teor da primeira oração, com a ideia de expectativa: angústia à espera, à espreita de algo, para se manifestar mais plenamente.

NACHTRÄGLICH/ DEFERRED ACTION/ APRÈS-COUP

No conto "Viagem aos seios de Duília", do ficcionista mineiro Aníbal Machado, um velho funcionário aposentado, sem família e sem amigos, empreende uma viagem à sua vila natal, a fim de resgatar o principal acontecimento de sua vida amorosa: quando adolescente, a garota que ele desejava, e que naquele instante participava de uma procissão, lhe mostrara repentinamente os seios, à sombra de uma árvore. Ele consegue localizá-la; ela agora é uma viúva, com muitos filhos. Ao lhe revelar sua identidade e lembrar aquele evento, ela enrubesce, "com quarenta anos de atraso".[78]

No primeiro volume de *Em busca do tempo perdido*, Marcel Proust, ou melhor, o narrador anônimo, relata uma cena que por acaso havia presenciado na infância, um ato íntimo e blasfemo realizado pela filha do compositor Vinteuil e pela sua amante, ante o retrato do pai recém-falecido. O narrador diz que desta impressão, "que no momento permaneceu obscura, proveio talvez a ideia que muito depois formei a respeito do sadismo. Ver-se-á mais tarde

[78] Aníbal Machado, *A morte da porta-estandarte e outras histórias*. Rio de Janeiro: José Olympio, 4ª ed., 1972, pp. 35-55.

como a lembrança dessa impressão, por motivos muito diversos, devia desempenhar importante papel em minha vida".[79]

Seriam estes exemplos do conceito freudiano de "efeito *a posteriori*", do *nachträglich*, do que os psicanalistas franceses chamam de *après-coup*, do que James Strachey, na edição *Standard* inglesa, traduziu como *deferred action*?

Este é um dos vários termos cuja tradução inglesa foi questionada por teóricos franceses. A crítica partiu sobretudo de Jacques Lacan, Jean Laplanche e Jean-Bertrand Pontalis.[80] Ela foi levada adiante e reelaborada por Helmut Thomä e Neil Cheshire, que fizeram uma radical crítica da crítica.[81] Vamos esboçar as vicissitudes do termo freudiano e tentar discernir o conceito que ele denota, com base sobretudo na *História de uma neurose infantil*, o texto onde ele mais aparece.

Antes, vejamos os sentidos da palavra na língua materna de Freud, que é afinal o solo no qual brotou o conceito. A noção dos usos permitirá delimitar mais claramente — sitiar com maior eficácia — a acepção técnica do termo.

O verbo *nachtragen* significa literalmente "levar, carregar (*tragen*) depois (*nach*)". Este o primeiro sentido registrado no *Duden*. Também significa "acrescentar (algo) a um escrito, a uma fala". Mais figuradamente, usa-se como equivalendo a "guardar rancor", "não esquecer". Em comum nessas acepções há o "depois", seja espacial ou temporal. O título de um belo romance de Peter Härtling, no qual somente após a morte do pai o protagonista

[79] Marcel Proust, *Em busca do tempo perdido*, v. 1:*No caminho de Swann*, tradução de Mário Quintana. Lisboa: Livros do Brasil, p. 159.

[80] *Écrits*. Paris: Seuil, 1966, passim; *Vocabulaire de la psychanalyse*, verbete *après-coup*/, ed. bras., verbete "posterioridade", pp. 441-5.

[81] "Freud's *Nachträglichkeit* and Strachey's 'deferred action': trauma, constructions and the direction of causality", *International Review of Psycho-Analysus*, 1991, v. 18, pp. 407-27.

percebe o quanto o amava realmente, é *Nachgetragene Liebe*.[82] O verbo *tragen*, diga-se de passagem, é bastante rico em derivados. Um deles é *übertragen*, que significa "trasladar, transferir", e que tem grande importância na teoria da psicanálise, como se evidencia pelo substantivo correspondente, *Übertragung*, "transferência".[83]

Também o adjetivo — ou advérbio — *nachträglich* é usado coloquialmente, para indicar o que se faz ou ocorre "posteriormente, com atraso". Como exemplo, o de uma pessoa que telefona para outra no dia seguinte ao do aniversário desta, dizendo que é para lhe dar parabéns *nachträglich*. O primeiro título alemão da obra-prima de Machado de Assis (isto é, o título da primeira tradução em língua alemã, assinada por Wolfgang Kayser) era *Die nachträglichen Memoiren des Brás Cubas*.

Esse adjetivo aparece com frequência em Freud, tanto nas obras como nas cartas; e também nas atas das reuniões da Sociedade Psicanalítica de Viena. Uma contagem dessas ocorrências, tornada possível pela transcrição em computador realizada na Universidade de Tübingen, revela que nas cartas (naquelas que até o momento foram encontradas) ele é usado 68 vezes, e nos textos e atas, 188 vezes — não distinguindo aqui, por enquanto, o uso técnico do coloquial.[84]

[82] Tradução de Wolfgang Kayser para *Memórias póstumas de Brás Cubas*. Uma tradução mais recente, por Erhard Engler (Suhrkamp), adotou o título *Die posthumen Memoiren des Brás Cubas*. Quanto ao romance de Härtling, foi editado no Brasil com o título de *Dívida de amor* (Brasiliense, tradução de Kurt Jahn).

[83] Numa das copiosas notas que incorporou à sua tradução de "Freud como escritor", de Walter Muschg, Jacques Schotte faz a associação de *nachtragen* com *nachholen* ("aprender depois", "recuperar"), e de ambos com *übertragen* e *wiederholen* ("repetir"), observando que essas palavras, como outros termos centrais em Freud, ilustram o que Bally chamou de "tendência fenomenista e dinâmica" do alemão, bastante clara na importância dos prefixos e na concretude da relação verbo/ substantivo cognato (Schotte, nota 10 a "Freud écrivain", *La Psychanalyse*, n. 5, 1959, p. 116).

[84] Apud Thomä e Cheshire, "Freud's *Nachträglichkeit* and Strachey's 'deferred action'", op. cit., p. 410; sobre as cartas, ver Gerhard Fichtner, "Freuds Briefe als historische Quelle", op. cit., pp. 803-29.

O substantivo cunhado por Freud a partir do adjetivo — *Nachträglichkeit* — surge mais raramente, e sempre na acepção técnica, é claro. Apenas nove vezes na correspondência — nas cartas a Fliess! — e cinco vezes nas obras e nas atas de reuniões. Esses números não coincidem na edição alemã das obras completas (GW) e na SE, e isso por dois motivos. Primeiro, porque há uma pequena variação dos textos que as compõem: alguns incluídos na SE não se achavam nas GW, e, com a publicação do volume complementar das GW, esta edição passou a contar com alguns escritos que não constam da SE. Segundo, e este é o motivo que nos interessa aqui, porque Strachey não traduziu essas palavras consistentemente pelos mesmos "equivalentes" ingleses. Como foi dito, vamos concentrar a discussão no caso do "Homem dos Lobos", onde o conceito de *Nachträglichkeit* é explicitado por Freud.

O verbo *nachtragen* aparece três vezes nessa obra. Eis uma tabela com as versões em inglês, francês, espanhol e italiano:[85]

GW	SE	OC.P	AE	*Opere*
p. 69	p. 41, *bring forward*	p. 39, *apporter après-coup*	p. 40, completar	p. 518, *mettere in luce*
p. 103	p. 72, *discuss at this later stage*	p. 69, *collecter après-coup*	p. 67, presentar	p. 546, *mettere in luce*
p. 12	p. 80, *produce*	p. 77, *livrer après-coup*	p. 74, completar	p. 553, *inserire*

[85] As edições consultadas foram as mencionadas acima. Seria possível acrescentar os correspondentes na versão holandesa, mas não acrescentaria muito fazê-lo. Basta registrar que nela o verbo também é traduzido de modo não específico, e para o adjetivo se usa geralmente *acheraf* (*aprés-coup*, em francês), enquanto o substantivo *Nachträglichkeit* é traduzido por *effect achteraf*.

Observe-se que em nenhum momento o verbo é usado num sentido especial, mas sim naquela segunda acepção de "acrescentar, afirmar complementando". No entanto, os tradutores franceses juntam sempre a expressão *après-coup* ao verbo, para marcar o parentesco entre o verbo e o adjetivo/ advérbio alemães, produzindo formulações bizarras em sua língua materna, em nome da fidelidade ao significante.

Mais relevante, para nossos propósitos, é um cotejo das traduções para *nachträglich* (no caso da edição francesa, indico apenas a página, pois invariavelmente se utiliza *après-coup*):

GW	SE	OC.P	AE	*Opere*
p. 65	p. 38, *deferred*	p. 36	p. 37, *con posterioridad*	p. 516, *differita*
p. 64n	p. 38n, *deferred*	p. 35n	p. 37n, *con efecto retardado*	p. 515n, *differita*
p. 71	p. 44, *deferred*	p. 42	p. 46, *con posterioridad*	p. 521, *effetto ritardato*
p. 75	p. 47, *deferred*	p. 45	p. 47, *con posterioridad*	p. 523, *effetto ritardato*
p. 87	p. 58, *deferred*	p. 55	p. 55, *con posterioridad*	p. 533, *ritardata*
p. 109	p. 77, *deferred*	p. 74	p. 72, *con efecto retardado*	p. 551, *posticipata*
p. 128	p. 94, *retrospectively*	p. 91	p. 86, *con posterioridad*	p. 566, *retrospettivamente*
p. 129	p. 95, *subsequently*	p. 93	p. 88, *con posterioridad*	p. 568, *retrospettivamente*
p. 137n	p. 103n, *after the event*	p. 100n	p. 94n, *con posterioridad*	p. 575n, *a posteriori*
p. 142	p. 107, *deferred*	p. 104	p. 98, *efectos retardados*	p. 579, *lontane conseguenze*

p. 144	p. 109, *deferred*	p. 106	p. 99, *efecto retardado*	p. 581, *effetto ritardato*
p. 147	p. 112, *deferred*	p. 109	p. 102, *efecto retardado*	p. 584, *posticipatamente*

Por esse quadro se vê que Strachey não se limita a *deferred action/ effect/ revision*, como argumentam seus críticos. Thomä e Cheshire se basearam no índice remissivo da *Standard*, deixando escapar (conscientemente) as ocasiões em que *nachträglich* teve outra versão em inglês. No entanto, essas outras opções são em número insuficiente para refutar a principal crítica a Strachey, no que toca a esse termo específico. O fato é que ele não se deu conta da ambiguidade do termo, a ponto de não achar necessário comentá-lo no prefácio à *Standard*, juntamente com alguns outros que lhe pareciam problemáticos. Também no "Glossário para uso de tradutores", publicado por Ernest Jones já na década de 1920, encontra-se apenas o verbete *Nachtrag*, com as seguintes correspondências em inglês: *subsequent addition, postscript, supplement, addendum*.[86]

Laplanche e Pontalis argumentaram que não se pode reduzir o conceito freudiano a um simples retardamento da ação, entendendo por isso "uma distância temporal variável, devida a um efeito de adição, entre as excitações e a resposta".[87] De fato, a noção de *nachträglich* é bem mais complexa, e está ligada à concepção freudiana da etiologia das neuroses, à questão do trauma ou da fantasia de sedução. Algo que reside no próprio centro da teoria, no "epicen-

[86] No *New German-English psycho-analytical vocabulary*, de Alix Strachey (Londres: Baillière, Tindall & Cox, 1943), que constitui apenas uma edição revista e ampliada do "Glossário" dirigido por Jones, há somente os verbetes *nachträglicher Gehorsam* e *nachträgliche Reaktion* — traduzidos respectivamente por *deferred obedience* e *deferred reaction, delayed reaction*.

[87] *Vocabulário*, p. 35 (445 das edições anteriores).

tro" da revolução psicanalítica, e que por isso foi tão destacado pelos comentadores franceses.

É um problema que já ocupava Freud na década de 1890, como atestam as cartas a Fliess, em particular o seguinte trecho, muito citado: "Trabalho com a hipótese [...] o material presente na forma de traços mnésicos sendo sujeito [...] a um rearranjo de acordo com novas circunstâncias — como que retranscrito".[88] Ou seja, a sedução, o acontecimento relevante, deveria seu efeito à sua existência objetiva, ou sobretudo a uma reelaboração fantasiosa de sua lembrança? E isso se daria apenas no caso de vivências traumáticas, ou com as vivências em geral?

Foi somente no caso do "Homem dos Lobos" que Freud voltou a lidar com o problema. A partir de um sonho do paciente, ele concluiu que este havia presenciado uma cópula entre os pais quando tinha menos de dois anos de idade, "e compreendeu tanto o fato como a sua significação".[89] Esta afirmação surpreendente é então matizada numa nota de rodapé, onde pela primeira vez surge o termo *nachträglich* nessa obra: "Quero dizer que ele o compreendeu à época do sonho, aos quatro anos, não à época da observação. Com um ano e meio ele recolheu impressões cuja compreensão posterior [*nachträglich*] lhe foi possibilitada na época do sonho por seu desenvolvimento, sua excitação sexual e sua pesquisa sexual".[90]

Mais adiante isso é repetido no corpo do texto: "[...] a ativação desta cena [isto é, a cena primordial da cópula dos pais] (evito propositalmente a palavra "recordação") tem o mesmo efeito que

[88] Carta de 6 de dezembro de 1896.

[89] GW XII, 64; SE XVII, 37. No original, "[...] *und verstand den Vorgang wie dessen Bedeutung*"; eis aqui uma amostra de que *Vorgang* não deve ser sempre traduzido por "processo", como fazem Laplanche e José L. Etcheverry.

[90] GW XII, 64n; SA [*Studienausgabe*] VIII, 157n; OC.P XIII, 35n.

teria se ela fosse uma vivência recente. A cena atua posteriormente [*nachträglich*], e nesse ínterim, no intervalo entre um ano e meio e quatro, nada perdeu do seu frescor".[91]

No entanto, se aos quatro anos as impressões colhidas quando era um bebê foram "compreendidas", só encontrariam expressão décadas depois, durante a análise. É em outra nota que Freud lida com esse problema, explicitando o conceito, ao usar o substantivo abstrato *Nachträglichkeit*:

> [...] pode facilmente parecer cômico e inverossímil que um garoto de quatro anos fosse capaz de tais [...] pensamentos cultivados. Este é simplesmente um segundo caso de *Nachträglichkeit*. Com um ano e meio a criança recebe uma impressão a que não pode reagir o bastante, só a compreende, só é comovida por ela na sua revivescência aos quatro anos e somente na análise, duas décadas depois, pode apreender, com sua atividade mental consciente, o que ocorreu então dentro de si.[92]

Uma objeção possível a este raciocínio seria a de que se trata do mesmo caso, pois "compreender" se daria apenas conscientemente, seria atributo do processo secundário; então a verdadeira compreensão se deu apenas na análise. Ou, outra possibilidade, supor dois estágios do efeito a posteriori: quando no berço, apenas registrou, quando criança, percebeu que se tratava de um ato sexual, e quando adulto, pôde precisar nuances (expressão de gozo da mãe, embora ela fosse objeto da violência do pai).

Nessa passagem, a versão de Strachey para *Nachträglichkeit* é *deferred action*. Na única outra ocasião em que o substantivo é usado por Freud, ele recorre a *effects* [...] *deferred*. Na nova tradução

[91] GW XII, 71; SA VIII, 162-3; SE XVII, 44.

[92] GW XII, 72n; SA VIII, 163n; SE XVII, 45n; OC.P XIII, 43n; AE XIV, 44n.

francesa dirigida por Laplanche, utiliza-se *effet d'après-coup*. O argentino Etcheverry adota *posterioridad*, juntando entre chaves o termo original e a expressão *efecto retardado*, como uma paráfrase ou explicação. Já na edição italiana lê-se *effetto ritardato*.[93]

A tradução inglesa para o adjetivo é a mesma, como vimos, com variação apenas do substantivo qualificado: *deferred understanding, deferred revision, deferred effects* sendo os mais frequentes. As traduções castelhana e italiana são tributárias de Strachey, e portanto sujeitas ao mesmo questionamento. (A versão francesa é um caso à parte.) No *Vocabulário da psicanálise*, Laplanche e Pontalis criticaram brevemente a redução de *nachträglich* à ideia de um simples adiamento de efeito. Uma crítica pertinente, partilhada por outros que se detiveram na questão, e reconhecida também por defensores da SE em seu conjunto: Emmet Wilson caracterizou essa escolha particular como "*most unfortunate*".[94]

De fato, "retardado" ou "adiado" (*deferred*) traz à mente a ação de uma bomba-relógio, de um mecanismo programado, ou um processo que inevitavelmente ocorrerá de maneira preestabelecida. Minimiza-se ou ignora-se o caráter ativo posterior: o "rearranjo" ou "retranscrição", nos termos do *Projeto*. É significativo que Freud prefira ostensivamente "ativação", em vez de "recordação". "Retardado" diz respeito apenas ao vetor passado-presente, enquanto a simples versão por "posterior" não exclui a possibilidade de recriação fantasiosa, de "atribuição retrospectiva de sentido", na expressão feliz de Thomä e Cheshire.

Um exame atento da primeira aparição de *nachträglich*, na versão de Strachey para o "Homem dos Lobos", mostra que ele se viu obrigado a modificar a frase original, devido à interpretação

93 GW XII, 88; SA VIII, 175; SE XVII, 58; OC.P XIII, 56; AE XIV, 56.

94 *Vocabulário*, p. 35; Wilson, "Did Strachey invent Freud?", op. cit., p. 301.

simplista do termo. A frase diz: "Com um ano e meio ele recebeu as impressões cuja compreensão posterior [*nachträglich*] lhe foi possibilitada na época do sonho por seu desenvolvimento, sua excitação sexual e sua pesquisa sexual".[95] Na tradução de Strachey: "*He received the impressions when he was one and a half; his understanding of them was deferred, but became possible at the time of the dream owing to his development, his sexual excitations, and his sexual researches*".[96] Sem considerar a mudança no estilo e na "dinâmica da informação",[97] que levou à supressão do pronome relativo "cujo" (*deren*, no original), note-se a presença da adversativa "mas" (*but*), não utilizada por Freud, uma vez que não há obstáculo à compreensão *posterior*.

Verifiquemos agora uma ocasião em que Strachey recorre a outro termo para traduzir *nachträglich*. À página 94, lemos: "*The patient's first association in connection with the problem of his fear of the butterfly can now easily be explained retrospectively as a distant allusion to the primal scene*". Aqui não seria possível o recurso a *deferred*, pois o narrador, Freud, situa-se no presente, tanto que Strachey sentiu-se autorizado a acrescentar um "agora" (*now*) inexistente no texto alemão. Pois se *nachträglich* denota "depois de algo", o seu efetivo significado depende da perspectiva temporal em relação a esse algo, e também de sua natureza (se for algo definitivo, como a morte, "memórias *póstumas*", se for provisório, como um aniversário, "parabéns *atrasados*").

Entretanto, ao questionar o que definem como "um determinismo linear que considera *unicamente a ação do passado sobre o presente*", insistindo em que, segundo Freud, "o indivíduo modifica

[95] GW XII, 64n; SA VIII, 157n; OC.P XIII, 35n.

[96] SE XVII, 37-8n.

[97] Cf. N. E. Enkvist, "Contrastive text linguistics and translation", em *Theory and practice of translation, Nobel Symposium 39*. Berna: Peter Lang, [s.d.], pp. 169-87.

posteriormente os *acontecimentos* passados",[98] Laplanche e Pontalis parecem incorrer num outro vício, não menos grave que o de Strachey, e que veio a se explicitar inteiramente anos depois, no verbete sobre *après-coup* da "Terminologie raisonnée", no volume *Traduire Freud*. Pois ali se lê, na justificativa de uma nova versão para *Nachträglichkeit*: "Nossa única inovação, para essa tradução, foi verter o substantivo (derivado do adjetivo com o sufixo *-keit*) pela expressão '*effet d'après-coup*' (e não '*effet après-coup*', que, assim como o inglês *deferred action*, levaria a crer num simples retardamento da ação exercida pelo passado sobre o presente, enquanto o '*effet d'après-coup*' ocorre também segundo o vetor inverso: do presente em direção ao passado)".[99] Ou seja, a reação a Strachey, nesse ponto preciso, estimulou uma concepção peculiar de causalidade, que atuaria em duas direções: a tradicional, do antes para o depois, e uma nova, do depois para o antes.

Segundo Thomä e Cheshire, especulações desse tipo não foram privilégio de Laplanche (único autor da "Terminologie raisonnée"), como atestam a "teoria do [...] tempo cíclico", de Modell, a "retroação do significante" e "estrutura temporal de uma ordem mais elevada", de J. Lacan, os "movimentos regressivos" de material psíquico, de Wetzler, entre outros.[100] Embora concordando com o *Vocabulário da psicanálise*, no que toca à contestação da *deferred action*, eles argumentam que a ideia de uma "retroativação", de traços mnésicos inconscientes adquirirem importância apenas depois, graças a vivências posteriores, não é incompatível com a causalidade "normal", unidirecional, e tampouco é exclusiva da psicanálise. Sua concepção vai totalmente de encontro à de Laplan-

[98] *Vocabulário*, p. 33; grifos meus.

[99] *Traduire Freud*, p. 82.

[100] Apud Thomä e Cheshire, "Freud's *Nachträglichkeit* and Strachey's 'deferred action'", op. cit., p. 413.

che e Pontalis, quando estes afirmam que a *Nachträglichkeit* "não pode ser entendida como uma distância temporal variável, devida a um efeito de adição [*sic*], entre as excitações e a resposta".[101] Para Thomä e Cheshire, o que se verifica é uma confusão lógica, que pode ser desfeita se imaginarmos um sistema de processamento de informações, no qual os efeitos atuais de inputs anteriores — impressões infantis, digamos — "são armazenados como componentes ativos e influentes do sistema dinâmico aqui-e-agora, mas também foram sujeitos a um reprocessamento e reorganização à luz de inputs posteriores nesse sistema".[102] O que, dizem — e não me parece haver como discordar —, é justamente o que Freud expressou como "retranscrição" ou "rearranjo" dos conteúdos mentais, no já citado trecho do *Entwurf*.

Uma lembrança ou fantasia se refere a um acontecimento passado, "mas o reprocessamento correspondente no interior do sistema de informações diz respeito apenas aos resíduos de informação *presentes* daquele input histórico".

> Assim, quando o Homem dos Lobos, após a puberdade, o Menino dos Lobos, após a fase fálica, dota uma lembrança infantil de significado sexual, e em consequência constrói alguns eventos subsequentes traumaticamente, ele não está *causando*, anos depois, que o *evento* infantil *tenha* certas propriedades que não tinha antes (o que realmente seria uma espécie de causação regressiva); e supor, além disso, que aquele evento possa, por sua vez, afetar causalmente suas percepções presentes, realmente nos obrigaria a adotar uma noção de "causalidade bidirecional". Tudo o que precisamos postular, no

[101] *Vocabulário*, p. 35. Citada por Thomä e Cheshire, na edição inglesa do *Vocabulário da psicanálise*, a passagem diz: "*in terms of a variable time-lapse, due to some kind of storing procedure, between stimuli and response*" (p. 413).

[102] Thomä e Cheshire, op. cit., p. 414; as citações seguintes são da mesma página.

entanto, é que o aparelho psíquico do homem ou garoto dos lobos tornou-se "ressintonizado" conforme as linhas indicadas acima, de maneira tal que alguns inputs contemporâneos não apenas ativam os traços mnésicos reprocessados, derivados do evento infantil em questão, mas também (em virtude do estado presente do sistema que inclui esses traços reprocessados) evocam uma resposta traumática no aqui e agora.

Resumindo, pode-se dizer que, ao se postular uma ação do presente sobre o passado, uma nova "temporalidade", confunde-se "retrospectivo" com "retroativo", ativação posterior com retroação.

Mas a analogia que Thomä e Cheshire fazem com um sistema de processamento pode favorecer equívocos, se não enfatizarmos que o indivíduo processa, digamos, o próprio processar. Trata-se de um sistema dinâmico: os "resíduos de informação" são atuais, o próprio sistema (a subjetividade, em suma) funciona no presente. A temporalidade das *lembranças* não deve nos levar a esquecer a atemporalidade da *memória*. Esta não se refere apenas a coisas passadas, mas é "algo que se inscreve e atua no presente e esquematiza e produz futuro".[103]

Quanto às traduções apresentadas para *nachträglich*, vimos que o próprio Strachey recorreu também a *retrospectively, subsequently* e *after the event*. A primeira se justifica em certos contextos, como vimos, e esta última é um sinônimo de "posteriormente"; a segunda, "subsequentemente", já seria menos apropriada, pois significa "pouco depois", "imediatamente após", trazendo, portanto, uma especificação temporal ausente na palavra alemã. Os dois sentidos que se depreendem do uso de Freud são "posterior" e

[103] Francisco Formigli, "Memória não é lembrança", manuscrito inédito, Salvador, 1995, p. 2.

"retrospectivo", ou dos advérbios correspondentes. Essa ambiguidade essencial do termo *nachträglich* torna difícil traduzi-lo sempre pelo mesmo "equivalente" em outra língua. A solução adotada pelo novo tradutor de língua espanhola é um exemplo de literalidade impensada. Ele oscila entre *con posterioridad* e *con efecto retardado*, pondo entre chaves o adjetivo/ advérbio original, e não fazendo distinção entre um sentido e outro. Usa *posterioridad* nas duas ocasiões em que aparece o substantivo, acrescentando o original seguido de, entre aspas, *con efecto retardado*, oferecendo este como versão literal do problemático termo[104] — ou seja, deixando que o leitor decida o que isso pode significar, "lavando as mãos", à maneira de um conhecido personagem do Novo Testamento.

Não é preciso abordar novamente a versão francesa, já criticada acima e em capítulos anteriores, e que representa, a nosso ver, um caso de literalidade *mal pensada*, fruto de uma reflexão equivocada sobre a língua. A tradução italiana vai quase ao extremo oposto, no que toca à variação léxica, pois utiliza seis palavras diferentes: *differita*, *effetto ritardato*, *posticipata*, *a posteriori*, *retrospettivamente* e *lontane conseguenze*. Esta última é a que mais surpreende, por traduzir *nachträgliche Wirkungen*, mesma expressão que duas páginas adiante aparecerá como *effetto ritardato* (também singular no original). Tamanha diversidade de termos é desnecessária, podendo induzir ao erro com que os defensores da utilização de um só vocábulo, não importando o contexto (os paladinos do significante, que têm Laplanche como líder), buscam justificar a sua posição: isto é, dificultar o acompanhamento do conceito por parte

[104] No breve glossário constante do volume de "apresentação" das novas *Obras completas*, redigido pelo tradutor, encontram-se os verbetes *Nachträglich* e *Nachträglichkeit*, com as seguintes equivalências: *Con posterioridad* (*algunas veces, "con efecto retardado"*) e *Posterioridad* (José Luis Etcheverry, *Sobre la versión castellana*. Buenos Aires: Amorrortu, 1978, p. 132).

do leitor. Tanto a edição italiana como a nova espanhola (argentina) socorreram-se bastante de Strachey, não apenas no aparato editorial — são as únicas, além da famigerada *Standard* brasileira, que reproduzem integralmente a divisão de volumes e as notas e introduções da inglesa. Na sua atitude ante a versão de *nachträglich* acredito perceber a hesitação entre seguir Strachey e procurar outras opções, devido talvez a uma vaga, porém incômoda consciência da inadequação de *deferred action*.

Finalizando, parece-me que a tradução portuguesa menos insatisfatória, para o adjetivo e o advérbio em questão, seria "posterior" e "posteriormente" ou "a posteriori", ou "retrospectivo" e "retrospectivamente", segundo o contexto. Podendo ocorrer, no entanto, que os dois sejam admissíveis; seria o caso desta frase: "A angústia ante a borboleta de listas amarelas, que a ela remontava [à cena com Grucha, a doméstica], demonstrou que ela tivera um conteúdo significativo, ou que se tornara possível dotar retrospectivamente esse conteúdo de tal significação".[105]

A versão do substantivo oferece uma dificuldade maior. "Posterioridade", segundo o nosso *Aurélio*, significa apenas "caráter ou situação do que é posterior". Está longe, portanto, de exprimir todas as ressonâncias que *Nachträglichkeit* pode evocar num leitor alemão. Mesmo deparando com ela pela primeira vez — vimos que foi cunhado por Freud, utilizando o expediente corriqueiro da sufixação do adjetivo —, este leitor reconhece de imediato a sua derivação de *nachträglich*. Thomä e Cheshire aventam várias possibilidades, não se fixando em nenhuma, deixando a decisão "ao engenho dos futuros tradutores".[106] Isso porque eles próprios reconhecem a insuficiência de cada uma delas (feiura, imprecisão, caráter demasiado erudito etc.): *posteriorisation*, *retroactivity*, *retroactivation*,

[105] GW XII, 129; SA VIII, 208; SE XVII, 95; OC.P XIII, 93; AE XVII, 88; *Opere*, v. 7, p. 568.
[106] "*Nachträglichkeit* and Strachey's 'deferred action'", op. cit., p. 424.

retroconstruction, *hysterogenesis* (do grego *hysteros*, "depois"), *palinergy* (*palin*- "de volta"), *postference* (por analogia com *transference*), *postponability* ("adiabilidade"!), *postportation* etc. Mas o próprio Helmut Thomä já havia feito uma sugestão menos esdrúxula: a de "atribuição retrospectiva" (de sentido, teríamos que acrescentar).[107] Embora não se trate de um substantivo abstrato, e seja antes uma paráfrase, esta seria uma opção defensável, talvez: "atribuição retrospectiva ou posterior de sentido" — juntando-se entre colchetes o termo alemão. Outra hipótese, esta com a vantagem da simplicidade, seria recorrer a "efeito *a posteriori*".

A análise de *nachträglich* torna bem patente o processo de formação da terminologia em Freud. Um termo coloquial passa a ser usado de modo mais ou menos específico, não havendo sempre delimitação clara entre os usos "normais" e os "científicos". O verbo cognato continua sendo usado inespecificamente. O adjetivo e o advérbio admitem mais de um sentido ou nuance de sentido, conforme o contexto, e o substantivo criado pelo autor é inequivocamente "técnico". Por fim, também nesse caso constatamos mais uma vez a ingenuidade que representa querer traduzir um determinado vocábulo freudiano — ou simplesmente alemão — por apenas uma palavra em todas as situações, a todo custo.

VERNEINUNG/ (DÉ)NÉGATION/ NEGATION

A tradução de *Verneinung* não chega a ser um ponto controverso na literatura psicanalítica de língua portuguesa. Os psicanalistas em geral dizem "negação". Em português, este substantivo se

[107] Apud Meira Likierman, "'Translation in transition': some issues surrounding the Strachey translation of Freud's works", *International Review of Psycho-Analysis*, v. 17, 1990, p. 118.

emprega tanto para a negativa lógica de uma frase como para a oposição a algo, ou recusa de fazer algo. No primeiro caso, o antônimo seria "afirmação"; no segundo, "aceitação" ou "admissão". "Negar" significa dizer não, questionar a veracidade do que alguém afirma, e também rejeitar algo: negar o valor de uma obra de arte, negar a vida, por exemplo. Mas neste caso também usamos "afirmar"como oposto, já que esse verbo significa tanto "dizer" como "dizer sim" (exemplos: afirmar que não gosta de uma comida; afirmar a vida). Os alemães usariam dois verbos diferentes: *bejahen*, de *ja* ("sim") para esse último sentido, e *behaupten* para aquele.

O fato é que em nossa língua o verbo "negar" possui um leque de sentidos bem mais amplo que *verneinen* em alemão. Basta dar uma olhada nos respectivos verbetes, em dicionários de cada uma dessas línguas. No *Duden* e no *Wahrig* (nome do autor/ coordenador, como o nosso *Aurélio*), esse verbo é definido com os dois significados que acabamos de ver: "responder com 'não' a uma pergunta" e "opor-se, não estar de acordo com algo", para citar o *Duden*. Mas, além desses dois, "negar" possui, conforme o *Dicionário de verbos e regimes* de Francisco Fernandes, os sentidos de "abandonar, repudiar, trair, abjurar, recusar", entre outros, e no uso reflexivo, "recusar-se, ocultar-se, furtar-se a algo". Devemos não esquecer, ainda, os verbos-irmãos como "abnegar, denegar, renegar", que matizam ou realçam algumas das vertentes do negar.

De modo que não há problema em verter *verneinen* por "negar", pois temos aí um caso em que a riqueza semântica do vocábulo português é maior que a do alemão — quando, em nossa investigação dos termos problemáticos de Freud, o contrário tem sido a regra (e justamente por isso esses termos são controversos).

Melhor dizendo, não *havia* problema em verter *verneinen* por negar, até Laplanche e Pontalis afirmarem que, além de "negação" no sentido lógico ou gramatical do termo, *Verneinung* tem o sentido psicológico: "recusa de uma afirmação que enunciei ou que me atribuem — por exemplo, não, eu não disse isso, não pensei isso".[108] E, acrescentaram, "*verleugnen* (ou *leugnen*) aproxima-se de *verneinen* tomado neste segundo sentido: renegar, denegar, retratar, desmentir". Há duas considerações a fazer aqui. Os dois autores restringiram o significado do verbo alemão, ao enxergar um segundo sentido apenas "psicológico". Quanto a *leugnen e verleugnen*, cobrem parte da área semântica de "negar", aquela de acepções mais, digamos, morais. Algumas amostras deixarão isso claro: negar seus ideais, negar sua origem, renegar sua fé, renegar seus amigos, "isto é algo que não se pode negar", "ele não pode negar sua ambição", negar sua culpa, "ele não negou ter feito isso", negar a existência de Deus. Como se vê, esse verbo é mais usado — e, portanto, possui maior riqueza de sentidos — do que *verneinen*. E na verdade não se aproxima deste na acepção psicológica a que se referem Laplanche e Pontalis. Isso porque o "segundo sentido" por eles mencionado não corresponde a "renegar, denegar etc.", e porque este segundo sentido ("recusa de uma afirmação que enunciei") talvez tenha algo de psicológico, mas pouco de psicanalítico.

Na situação analítica, a negação é o disfarce mediante o qual um conteúdo reprimido inconsciente chega à consciência. Se o paciente diz: "O senhor pergunta quem pode ser essa pessoa no sonho. Minha mãe não é" — logo o analista (e qualquer leitor um tanto informado) vai concluir que *é* a mãe. Esse exemplo está no texto de Freud dedicado ao conceito, intitulado justamente "Die Verneinung". Procedendo a uma leitura desse trabalho, vemos que a negação não consiste no fato de o paciente negar uma afirmação que tenha feito, mas algo que lhe veio à mente de modo espontâneo. Apenas sob o manto da negação uma ideia reprimida se insinua pela consciência, sendo então afirmada. Nas palavras de Freud: "A negação é um modo de tomar conhecimento do reprimido, na

[108] *Vocabulaire*, p. 113; *Vocabulário*, p. 293 (verbete "(*dé*)*négation*").

realidade já é um levantamento da repressão, mas naturalmente não a aceitação do reprimido. Aqui se pode ver como a função intelectual se dissocia do processo afetivo".[109] Depois da negação inicial, o indivíduo pode vir a apreender e aceitar intelectualmente aquele conteúdo, mas a repressão persiste no essencial. A partir daí, Freud passa a fazer conjecturas sobre a origem da faculdade de julgamento no ser humano — por isso esse pequeno texto de cinco páginas se tornou um dos seus artigos mais estudados, e somente na França teve quase trinta traduções diferentes.

Numa síntese ligeira, ele diz mais ou menos o seguinte. A tarefa da função intelectual do juízo, do julgamento, é afirmar ou negar conteúdos de pensamento.

> Negar algo no juízo significa, no fundo: isto é uma coisa que eu preferiria reprimir. A condenação (*Verurteilung*; cf. *Urteil*, "sentença", o título do conto de Kafka) é o substituto intelectual da repressão, o seu "não" é uma marca distintiva, um certificado de origem tal como, digamos, *made in Germany*. Mediante o símbolo da negação, o pensamento se liberta das limitações da repressão e se enriquece de conteúdos de que não pode prescindir para o seu desempenho.[110]

> A função do juízo tem essencialmente duas decisões a tomar. Deve atribuir ou recusar [*zu- oder absprechen*] a uma coisa uma qualidade, e deve admitir ou contestar a uma representação a existência na realidade. A qualidade acerca da qual se deve decidir poderia originalmente ser boa ou má, útil ou nociva. Expresso na linguagem dos *Triebregungen* mais antigos, orais: isso eu quero comer ou quero cuspir; e numa transposição que vai mais adiante: isso eu quero

[109] GW XIV, 11-5; SE XIX, 235-9. Desse artigo, como já dissemos, há tradução de Marilene Carone, publicada na revista *Discurso*, n. 15, 1983, pp. 125-32.
[110] GW XIV, 12-3; SE XIX, 236.

introduzir em mim ou excluir de mim. Portanto: deve estar em mim ou fora de mim.

Deixando de lado a outra decisão, aquela que diz respeito à relação entre a ideia de algo e sua existência no real ("é também uma questão de *dentro e fora*", diz Freud), passemos à conclusão de Freud:

> O estudo do juízo nos permite vislumbrar, possivelmente pela primeira vez, a gênese de uma função intelectual, a partir do jogo dos *Triebregungen* primários. Julgar é o prosseguimento coerente daquilo que, nas origens, era realizado pelo princípio do prazer: a inclusão no Eu ou expulsão dele. Sua polaridade parece corresponder à oposição entre os dois grupos de instintos cuja existência supomos. A afirmação — como substituto da união [*Vereinigung*] — está ligada a Eros, e a negação — sucessora da expulsão —, ao instinto de destruição. [...] O desempenho da função do juízo é possibilitado apenas pelo fato de a criação do símbolo da negação haver permitido ao pensamento um primeiro grau de independência dos êxitos [*Erfolgen*] da repressão, e com isso também da coação do princípio do prazer.[111]

Demorei-me um pouco na especulação do artigo porque — além do puro fascínio do insight freudiano —, cotejando essas citações com o resumo que Laplanche e Pontalis oferecem no *Vocabulário da psicanálise*, com as citações por eles escolhidas, nota-se um pendor (que me parece característico do modo de pensar/argumentar do *Vocabulário*) a "desencarnar" o raciocínio de Freud. Eles omitem qualquer menção ao "jogo dos *Triebregungen* primários" e seu nexo com uma faculdade mental superior, a comer ou cuspir, introduzir ou expelir do Eu. Não seria isso, para eles, o tema

[111] GW XIV, 15; SE XIX, 239.

central do artigo, e sim o fato de que "a negação de que trata a psicanálise e a negação no sentido lógico e linguístico (o 'símbolo da negação') têm a mesma origem".[112] Mas parece inegável, no conjunto do argumento, que Freud não perde de vista a matéria, a "carne", mesmo em suas especulações mais ousadas e abstratas. O corpo nunca deixa de estar presente.

Retornando à argumentação de Laplanche e Pontalis, eles sustentam que não se pode saber, no texto de Freud, quando ele usa uma ou outra das acepções que distinguem — que são limitadoras, segundo nossa crítica —, que, em francês, existem *négation*, que corresponderia ao primeiro sentido, e *dénégation*, ao segundo. Sugerem então a grafia *(dé)négation* para o substantivo; não tratam do verbo, que coerentemente deve ser *(dé)nier*. Existem essas palavras também em português. "Denegar" significa "dizer que não é verdade, negar", conforme o *Aurélio*, e tanto ele como o *Aulete* dão o exemplo "Denegar um crime". Mas em geral usa-se logo "negar", e o substantivo parece ser empregado mais num sentido restrito, jurídico. Segundo Domingos de Azevedo, *dénégation* tem uso jurídico também.[113] Não sei até que ponto a proposta de Laplanche e Pontalis vingou. Na nova edição francesa, no volume teórico que a acompanha, Laplanche não discute o termo *Verneinung*. No Glossário da terceira parte encontra-se apenas *négation* e *nier*. Aparentemente, essa questão desapareceu sem deixar vestígios. Quanto a nós, podemos tranquilamente continuar com "negação".

Mais relevante é a proposta de distinguir entre *Verneinung* e *Verleugnung*, reservando para este a palavra *déni*, em francês, e "recusa", em português. Já vimos que o verbo *verleugnen* equivale a vários dos sentidos do nosso "negar". Outros verbos alemães também se inscrevem na sua área de sentido: por exemplo, *ableugnen*,

[112] *Vocabulaire*, p. 114; *Vocabulário*, p. 295.

[113] *Grande dicionário francês/ português*. Lisboa: Bertrand, 8ª ed., 1984.

ablehnen, *abweisen*, *weigern*, *verweigern* etc. Aqui é interessante fazer um parêntese e falar rapidamente dos prefixos verbais. Eles podem indicar sentidos diferentes, ou nuances de sentidos. Nos três verbos mencionados, o prefixo *ab-* traduz afastamento, rejeição. Se tomarmos o segundo verbo, por exemplo, e trocarmos o prefixo por *an-*, o verbo passa a significar o oposto: *sich anlehnen* é "apoiar--se";[114] daí *Anlehnung*, a designação para o fato de inicialmente os impulsos eróticos seguirem, "se apoiarem" nos órgãos usados para as funções vitais de percepção do mundo externo, alimentação e excreção; de modo que não é por puro acaso que os orifícios que o bebê usa — que nós usamos — para essas funções se tornem ligados ao prazer, "zonas erógenas". No caso do prefixo *ver-*, ele é usado numa infinidade de verbos, podendo indicar transformação, intensificação ou reforço, ação errada ou falha na ação, perfecção ou completude da ação etc. Em *verneinen* e *verleugnen* ele parece denotar reforço ou, talvez melhor, realce da ação. Não deve ser confundido, em hipótese alguma, com o célebre sentido de ação falha, de lapso, presente em verbos como *verschreiben*, *vergreifen*, *verlesen* etc., estudados por Freud na *Psicopatologia da vida cotidiana*. A aproximação entre estes e aqueles é descabida; dizer, como faz J. Schotte, que a série de vocábulos com *ver-* (*Verdrängung*, *Verneinung*, *Verwerfung*, *Versagung* etc.) se relaciona a esses outros[115] é uma afirmação que talvez cause apenas confusão na cabeça do leitor, pois, sendo o espectro de *ver-* tão amplo, os laços semânticos entre um e outro desses termos podem ser muito vagos, ou não existir absolutamente.

A distinção entre *Verneinung e Verleugnung* foi feita pelo próprio Freud, de maneira ostensiva, em pelo menos duas ocasiões. No

[114] Corresponde ao verbo inglês *to lean*. Há uma canção dos Rolling Stones que diz: "*Well, we all need someone we can lean on*".

[115] J. Schotte, nota 18 à sua tradução de Muschg, "Freud écrivain", op. cit., p. 117.

trabalho "Algumas consequências psíquicas da diferença anatômica entre os sexos", de 1925, lê-se: "[...] ocorre o processo que eu gostaria de designar como *Verleugnung*, o qual não parece ser raro nem muito perigoso na vida psíquica da criança, mas que no adulto poderia levar a uma psicose".[116] Isso acontece, é sabido, ante a constatação, feita pela menina, de que não tem nem jamais terá um pênis. A outra passagem está em "O fetichismo", de 1927. Nesse outro célebre artigo (também de cinco páginas), Freud sustenta que o fetiche é um substituto para o pênis. Mas não um pênis qualquer, e sim um muito especial, muito importante nos primórdios da infância, e que depois é esquecido. Nas palavras de Freud: "Isto é: normalmente seria abandonado, mas o fetiche se destina justamente a preservá-lo. Colocando de maneira mais clara, o fetiche é o substituto para o falo da mulher (da mãe), no qual o menino acreditou e ao qual [...] não deseja renunciar".[117] Então o menino recusa uma percepção da realidade, a ausência de pênis na mulher. No estilo bem expressivo de Freud: "Não, isso não pode ser verdade. pois se a mulher for castrada o seu próprio pênis corre perigo, e contra isso se rebela a porção de narcisismo de que a natureza, precavidamente, dotou esse órgão". Esse conflito entre a percepção e o desejo contrário leva a um *compromisso*, do tipo que só é possível no inconsciente, segundo os processos primários. Novamente dando a palavra a Freud:

> Sim, na psique a mulher continua a ter um pênis, mas esse pênis já não é o mesmo de antes. Outra coisa ocupou seu lugar, foi como que nomeada seu substituto e veio a herdar o interesse que antes se dirigia a ele. Mas tal interesse experimenta ainda um extraordinário acréscimo, porque o horror à castração ergue para si um monumento, ao

[116] GW XIV, 24; SE XIX, 253.
[117] GW XIV, 311; SE XIX, 152.

criar esse substituto. Também uma aversão ao genital feminino real, jamais ausente num fetichista, permanece como *stigma indelebile* da repressão ocorrida. Agora vemos o que o fetiche faz e de que modo é mantido. Ele subsiste como signo de triunfo sobre a ameaça de castração e como proteção contra ela, ele permite também que o fetichista não se torne um homossexual, ao emprestar à mulher a característica que a torna aceitável como objeto sexual.[118]

Ele prossegue discorrendo sobre o modo como se instaura o fetiche, o porquê da escolha do pé, de roupas íntimas, veludos e peles, e por aí afora. Interessa, no momento, o trecho em que ele diz o seguinte: "Querendo-se diferenciar mais firmemente o destino da ideia [*Vorstellung*] daquele do afeto, reservando o termo 'repressão' [*Verdrängung*] para o afeto, a designação alemã correta para o destino da ideia seria *Verleugnung*".[119]

Aqui a questão é mais uma vez de terminologia, de escolha convencionada sobre o que tal ou tal termo deve designar. "Recusa" para *Verleugnung* e "negação" para *Verneinung* parecem O.K. Na edição brasileira do *Vocabulário* isso foi adotado, mas há momentos em que a tradução não mantém a uniformidade que o verbete prega. Na parte sobre negação, encontra-se "recusa" onde em francês consta *refus*, e não *déni* (no original alemão está *Ablehnung*, já mencionado acima).[120] Na seção sobre recusa aparecem dois verbos ("[...] recusam ou negam [...]") para verter um só em francês (*dénient*; *leugnen*, em alemão).

À parte esses descuidos de tradução, a tentativa de manter a uniformidade terminológica esbarra no uso de sinônimos pelo autor. Assim, quando Freud lança mão de outros termos, por razões

118 GW XIV, 313-4; SE XXI, 154.

119 GW XIV, 313; SE XXI, 153.

120 *Vocabulaire*, p. 114; *Vocabulário*, p. 294; GW VII, 406n; SE X, 183n.

de estilo, sonoridade, ou mesmo idiossincrasia pessoal, o tradutor se vê ante o dilema de buscar sinônimos em sua língua, incerto de que sejam pertinentes no conjunto da teoria, ou utilizar o termo preconizado pelos intérpretes que discutiram o assunto e chegaram a convencer outros estudiosos em favor daquele termo — neste caso, além do empobrecimento literário, pode ocorrer até um estreitamento conceitual, se virmos no emprego de palavras diversas uma forma de enriquecer a abordagem, mediante uma maior variedade de descrições ou aproximações dos fatos psíquicos.

As tentativas de homogeneização do vocabulário, embora inevitáveis (e mesmo louváveis), sofrem de uma certa ingenuidade linguística, por pressupor uma equivalência mais ou menos exata entre os sentidos e as famílias de palavras de duas línguas. Assim, se em português temos "negar, recusar, rejeitar, evitar, renegar", elas não se relacionam entre si como, em alemão ou em francês, os verbos "equivalentes". Se imaginarmos um desenho em que o "campo semântico" de uma palavra seja proporcional ao círculo que ocupa, e que seja ligado a outros círculos por traços, cuja distância caracterizaria o grau de aproximação ou distanciamento dos sentidos, teríamos algo assim:

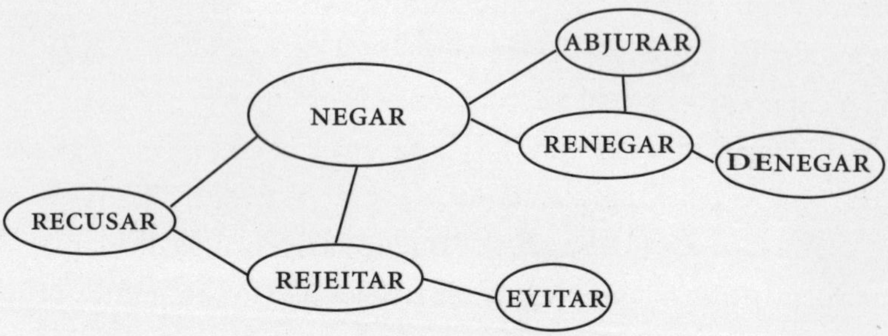

Em alemão ou em francês a figura seria outra. Em alemão, por exemplo:

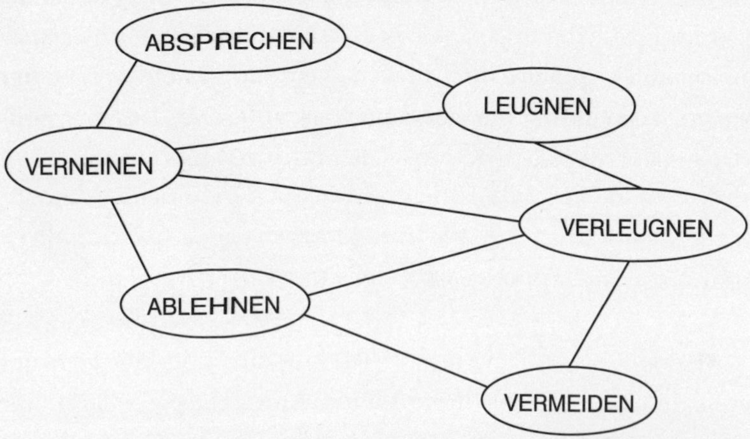

Querer que os campos semânticos sejam iguais em línguas diferentes seria o mesmo que — para usar uma metáfora astronômica — desejar que duas galáxias sejam iguais, que os corpos que as compõem tenham as mesmas dimensões, exerçam entre si as mesmas atrações etc. A matéria de que são feitas pode ser a mesma, e eles podem obedecer às mesmas leis físicas, as que regem todo o universo, mas as galáxias que formam não se equivalem. Assim também, as línguas podem se formar a partir da mesma "matéria fônica", e partilhar certas leis essenciais de morfologia, gramática etc., mas nunca se "equivalem".[121]

[121] Um linguista romeno, Eugenio Coseriu, atentou para o quanto essa concepção ingênua é difundida. As pessoas não percebem o quanto duas línguas distintas são semanticamente "incomensuráveis". Ao mesmo tempo, isso tende a ser visto como o maior problema da tradução. Para tomar um exemplo muito invocado entre nós: "saudade" só existe em português, afirma-se. Seria "intraduzível", como *esprit*, em francês, ou *gemütlich*, em alemão. Coseriu lembra que a maioria das palavras do vocabulário "primário", em duas línguas que não sejam histórica e culturalmente bastante próximas, são "intraduzíveis" neste sentido. E, mesmo em línguas assim, há discrepâncias evidentes (lembremos como é diversa a tradução de um simples "Boa noite!" em línguas próximas...). Ora, nós, que tivemos a sorte de nascer no interior da rica família românica, com frequência lidamos com línguas que se pare-

Finalizando, para verter *Verneinung* e *Verleugnung* os demais tradutores recorreram a *negación* e *desmentida* (esp.), *negazione* e *diniego* (it.), *negation* e *disavowal* (do verbo *to disavow*, "repudiar, rejeitar, desmentir, negar, condenar, desconhecer, desautorizar"). No Glossário de Jones não consta nenhum dos dois termos.

VERWERFUNG/ REJECTION/ FORCLUSION

Tampouco se achará nele *Verwerfung*, uma outra palavra que tem sido discutida nos últimos anos. Antes de proceder a uma análise das traduções que têm sido propostas para ela, vejamos como é usada em alemão. O verbo *verwerfen* deriva de *werfen*, que significa "lançar, arremessar". O *Wahrig* consigna, para *verwerfen*, os sentidos de "lançar ou guardar (um objeto) de maneira tal que não é mais encontrado; rejeitar, declarar imprestável ou inaceitável (um método, plano, sugestão, um juízo); abortar (apenas para animais)". Como frequentemente ocorre, o segundo sentido veio a prevalecer. Isso se percebe nos outros léxicos consultados. No *Duden* (de edição mais recente) não se vê o sentido concreto inicial, e alguns outros, secundários, são acrescentados (como "dar as cartas erradamente", no uso reflexivo). O dicionário de Leonardo Tochtrop diz apenas: "desaprovar, condenar"; já o *Michaelis*, ainda hoje o mais completo dicionário bilíngue, oferece (na ortografia do começo do século XX): "deitar d'uma parte a outra, espargir; derri-

---

cem mais do que certos dialetos germânicos (e que não se consideram dialetos por razões não propriamente linguísticas, mas históricas, políticas e culturais). Diante do inglês ainda sentimos uma certa estranheza, mas trata-se de uma língua que tomou muito do latim e do francês. Estamos mal-acostumados, por não lidar mais intensamente com línguas "distantes", em que há declinações, composição mais livre de palavras e vocabulário latino relativamente escasso. (A questão da "incomensurabilidade" das línguas será retomada adiante.)

bar, tirar do seu lugar, desordenar, revolver, confundir, consumir deitando; *fig.* engeitar, recusar, regeitar; reprovar; condemnar, excluir; não admittir; *einen Richter, Zeugen* ~, recusar um juiz, testemunha etc.".[122]

Laplanche e Pontalis recorrem a *forclusion* para verter *Verwerfung*; suas considerações sobre o termo alemão se acham no verbete com esse título. Já de início reconhecem ser um vocábulo introduzido por Jacques Lacan. Não surpreende que os lacanianos brasileiros recorram a "forclusão" e ao que seria o verbo cognato, "forcluir". É igualmente compreensível que Laplanche e Pontalis incluam o termo lacaniano, uma vez que o seu *Vocabulário da psicanálise* pretende abarcar também a terminologia posterior a Freud. Menos compreensível é a sua aceitação, como tradução mais correta de um termo freudiano (ou simplesmente alemão), de um neologismo que parece indicar um conceito específico elaborado por um discípulo ou comentador. Torna-se necessário verificar, com base nos mesmos textos invocados por Lacan, Laplanche e Pontalis, se o uso que Freud faz de *Verwerfung* e *verwerfen* autoriza tal versão (que, no caso, seria entendida como "interpretação", não como "tradução"). Os autores do *Vocabulário da psicanálise* afirmam que *Verwerfung* "é usado por Freud em acepções bastante variadas", mas acreditam poder reduzi-las, "esquematicamente", a três. As duas primeiras estariam entre aquelas enumeradas acima, principalmente "rejeição" ou "repúdio" e "condenação". A terceira delas, ressaltada por Lacan, estaria confirmada em textos como "As neuropsicoses de defesa" (1894) e, sobretudo, no "Homem dos Lobos".

No artigo de 1894, a passagem que sustentaria a proposta

[122] Os dois bilíngues ajuntam outras significações, que não nos interessam aqui ou que já apareceram nos "unilíngues": "*es verwirft sich*, 1. empena-se, torce-se; 2. desloca-se" — *Tochtrop*; e "equivocar-se, errar deitando ['deitar' aqui no sentido de 'colocar, verter']; abortar" — *Michaelis*.

lacaniana seria esta: "[...] o ego rejeita (*verwirft*) a representação insuportável e ao mesmo tempo o seu afeto, e se conduz como se a representação nunca tivesse chegado ao ego".[123] No "Homem dos Lobos", *Verwerfung* e seu verbo surgem várias vezes. Segundo Laplanche e Pontalis, a passagem mais "demonstrativa" (*probant*, no original) é a seguinte: "[...] a terceira corrente, a mais antiga e mais profunda, que tinha rejeitado (*verworfen hatte*) pura e simplesmente a castração e na qual não havia ainda julgamento sobre a realidade desta, essa corrente era certamente ainda reativável".[124] Ora, tampouco nesses casos a palavra alemã parece estar sendo usada numa acepção particular, e é significativo que nessas citações eles não sintam a necessidade de traduzir *verwerfen* por "forcluir", empregando o prosaico "rejeitar" (*rejeter*). Este é, diga-se de passagem, o termo geralmente utilizado nas outras versões estrangeiras, ao lado de "repudiar" — apenas a nova edição argentina aparece com *desestimar* (e *desestimación* para o substantivo), uma opção surpreendente, que o tradutor Etcheverry procura canhestramente justificar.[125]

Mas isso não passaria de "simples pesquisa terminológica", segundo Laplanche e Pontalis. O que justifica a introdução do neologismo estaria "no prolongamento de uma *exigência constante em Freud*: a de definir um mecanismo de defesa específico da psicose". E nesse ponto a escolha de palavras por Freud pode levar a

[123] GW I, 72; SE III, 58; mas aqui se reproduz a versão do VP, nesta citação e na seguinte.

[124] GW XII, 117; SE XVII, 85. Devido ao fato de Strachey não divisar um conceito específico em *Verwerfung*, não surpreende que nesse trecho ele nem sequer traduza o verbo: "*But beyond any doubt a third current, the oldest and deepest, which did not as yet even raise the question of the reality of castration, was still capable of coming into activity*".

[125] Cf. Etcheverry, op. cit., pp. 68-72; mas em alguns usos de *verwerfen* no particípio ele diz preferir *reprobado*. No glossário que fecha o volume, ele acrescenta, após *desestimación*: *véase* Ablehnung, Urteilsverwerfung; como equivalente deste encontra-se então *desestimación por el juicio*, e daquele, *desautorización*.

equívocos, "particularmente quando fala de 'recalque' a propósito da psicose. O próprio Freud mostrou esta ambiguidade: '[...] pode-se duvidar de que o processo chamado recalque tenha nas psicoses algo de comum com o recalque nas neuroses de transferência'". No entanto, essa passagem que citam de "O inconsciente" (1915) refere-se à esquizofrenia; o termo "psicoses" se encontra apenas na tradução de Laplanche e Pontalis (ou naquela que utilizaram). O original alemão diz: "*Bei der Schizophrenie* [...] *muß uns der Zweifel auftauchen, ob der hier Verdrängung genannte Vorgang überhaupt noch etwas mit der Verdrängung bei den Übertragungsneurosen gemein hat*".[126]

À diferença de *Verdrängung*, *Verneinung* e *Verleugnung*, parece-me discutível que Freud tenha atribuído uma clara acepção técnica a *Verwerfung*. A passagem do "Homem dos Lobos" em que Lacan começa por basear sua argumentação é aquela em que, após dizer que o menino rejeitou (*verwarf*) a castração, Freud explica: "*Wenn ich gesagt habe, daß er sie verwarf, so ist die nächste Bedeutung dieses Ausdrucks, daß er von ihr nichts wissen wollte im Sinn der Verdrängung*"[127] ("Quando eu disse que ele a rejeitou, o significado imediato da expressão é que não quis saber dela, no sentido de que a reprimiu"). Essa última oração se presta a duas leituras divergentes: ele não quis saber dela, no sentido de que a reprimiu, ou não quis saber dela tal como se faz na repressão. Em geral as traduções conservam a ambiguidade, diferentemente do que fizemos: "[...] *no quiso nada saber de ella en el sentido de la represión*; *no quiso nada saber de ella siguiendo el sentido de la represión*; *il n'en voulut rien savoir au sens du refoulement*. Strachey faz dela a primeira leitura que apontamos: [...] *he would have nothing to do with it, in the sense of having*

[126] GW X, 301; no *Vocabulário da psicanálise* encontra-se, provavelmente por erro tipográfico, a indicação de p. 31 — tanto na edição brasileira como na francesa.
[127] GW XII, 117; SE XVII, 85.

repressed it". Assim também os tradutores italianos (talvez apenas o acompanhando): "[...] *non ne volle sapere affatto, e cioè la rimosse*".[128] Mas Lacan, Laplanche e Pontalis a interpretam da segunda forma, significando que ele não quis saber dela como ocorre na *Verdrängung* — e, indo além, acrescentam: e sim tal como na *Verwerfung*.

Por isso Lacan entende uma frase que surge algumas páginas antes como corroboração daquilo em que vê um processo distinto, até então despercebido na psicanálise.[129] A frase diz, com efeito: "*Eine Verdrängung ist etwas anderes als* [é algo diferente de] *eine Verwerfung*" (p. 111). Mas há que situá-la no contexto. Freud está considerando as duas atitudes do "Menino dos Lobos". Ao ver ou imaginar ver os pais num ato sexual em que a mãe é penetrada por trás, erguida sobre as mãos e os joelhos ("de quatro", em português coloquial), ele inicialmente teve a impressão de que o coito era sempre anal, e portanto a mulher podia também possuir um pênis — com o que então o seu não estava ameaçado. Mas depois os indícios das diferenças anatômicas entre homem e mulher se tornaram inescapáveis. O que fez então o garoto, sempre segundo a interpretação de Freud?

> Rejeitou [*verwarf*] o que era novo — [...] por motivo da angústia de castração — e apegou-se ao velho. [...] Era por certo uma contradição que a partir desse momento pudessem coexistir angústia [ou medo] de castração e identificação com a mulher mediante o intes-

[128] BN [*Obras completas*. Madri: Biblioteca Nuova] II, 1987; AE XVII, 78; OC.P XIII, 82; *Opere*, v. 7, p. 558. Na edição holandesa se encontra a mesma leitura que fazemos, de forma mais explícita que o original: "[...] *dat hij er niets wilde weten, en wel in deze zin dat hij haar had verdrongen* [no sentido de que a tinha reprimido]" (*Nederlandse editie, Ziektegeschiedenissen 3* [volume 3 dos Casos clínicos], p. 116).

[129] Ele vai mais longe, na verdade, e atribui a Freud o uso ostensivo da palavra no sentido em que ele, Lacan, a entende: "*Et pour désigner ce processus, il emploie le terme de* Verwerfung [...]" (op. cit., p. 386).

tino, mas era apenas uma contradição lógica, o que não quer dizer muito. Todo o processo é agora característico do modo como o inconsciente trabalha. Uma *Verdrängung* é algo diferente de uma *Verwerfung*.

Lida no contexto, portanto, a frase caracteriza a *Verdrängung* como um processo mais complexo que uma *Verwerfung*, que inclui esta, mas também a aceitação do seu oposto, já que no inconsciente esse tipo de contradição não importa. Os autores franceses que consideramos veem na *Verwerfung* algo merecedor de mais atenção. Laplanche e Pontalis se perguntam o que é exatamente rejeitado, quando a criança não aceita a castração, percebendo nisso uma "ambiguidade indubitável" em Freud. "Será a própria castração?",[130] perguntam, e somos tentados a responder: "Sem dúvida". "Neste caso, seria uma verdadeira teoria interpretativa dos fatos que seria rejeitada, e não uma simples percepção." Creio ser justamente isso o que Freud quer dizer. Eles prosseguem perguntando e respondendo: "Tratar-se-á da 'falta de pênis' na mulher? Mas então é difícil falar de uma 'percepção' que seria recusada, porque uma *ausência* só é um fato perceptivo na medida em que é relacionada com uma *presença* possível". Ora, é claro que a presença em questão é a do pênis no homem. Na conhecida figura de dois bebês que olham para dentro de suas fraldas, com a legenda *Vive la différence!*, um deles é menino e o outro, menina, *ça va sans dire*.

Estas seriam as dificuldades dessa construção teórica de Freud, segundo Laplanche e Pontalis. E uma solução para elas viria da interpretação oferecida por Lacan, com base em algumas formulações de Freud no já referido trabalho de 1925, *Die Verneinung*. A abordagem de Lacan é mediada pelo comentário de Jean Hyppolite

130 *Vocabulário da psicanálise*, p. 197/ 166.

sobre esse texto, feita por solicitação do próprio Lacan e reproduzida em apêndice no volume dos *Écrits*.[131] Hyppolite acha melhor traduzir a palavra por *dénégation*, mas não justifica sua escolha. Ou melhor, parece explicá-la indiretamente, ao examinar a expressão *etwas im Urteil verneinen*, que não seria verdadeiramente inequívoca, podendo, para um olhar mais preocupado (ou mais desocupado, não resistindo ao jogo e à ironia...), significar tanto "negar algo *no* juízo" como "negar algo no juízo", isto é, exercendo essa faculdade. Neste caso, que é sem dúvida o mais pertinente, temos "uma espécie de *déjugement*", no dizer de Hyppolite. Acreditando ser necessário distinguir, no texto de Freud, entre "a negação interna ao juízo [*jugement*]" e a atitude da negação, ele parece reservar para esta o termo *dénégation*, por analogia com *déjugement*. O comentário de Hyppolite é rico em *aperçus* que testemunham a riqueza e a ousadia do *paper* de Freud, sobretudo ao enfatizar o caráter mítico da oposição entre Eros/ afirmação e Destruição/ negação. Como seria de esperar de um especialista em Hegel, ele se entusiasma ao deparar com *Aufhebung* na seguinte frase: "A negação [*dénégation*] [...] é uma *Aufhebung* da repressão [*refoulement*], mas não por isso uma aceitação do reprimido". Mas quem lida com a língua alemã sabe ser temerário aproximar Freud e Hegel a partir desse vocábulo, pois, se é fato que ambos tiram partido de sua polissemia, Hegel o erige em conceito filosófico, enquanto Freud o usa nos sentidos comuns de "suspensão" e "supressão".

O ponto em que se apoia Lacan, na leitura de Freud por Hyppolite, diz respeito ao penúltimo parágrafo de "A negação" (do qual já citamos boa parte acima), que resume toscamente a origem da função intelectual do juízo na ação primordial de incluir ou expelir do Eu, segundo as normas do princípio do prazer. Hyppolite se

[131] Hyppolite, "Commentaire parlé sur la *Verneinung* de Freud", em Lacan, op. cit., pp. 879-87.

detém na frase que diz: "A afirmação — como substituto da união [*Vereinigung*] — está ligada a Eros, e a negação — sucessora da expulsão —, ao instinto de destruição". Por trás da afirmação estaria a união, Eros. "A afirmação primordial", comenta Hyppolite, "não é outra coisa senão afirmar; mas negar é mais que querer destruir. O processo que a ela conduz, que se traduz por *rejet*, sem que Freud use aqui o termo *Verwerfung*, é acentuado ainda mais fortemente, pois ele recorre a *Ausstoßung*, que significa expulsão."[132]

Baseando-se nessa passagem — nessa aproximação, ainda que por "negação", entre *Verwerfung e Ausstoßung* —, Lacan define a *Verwerfung* como "aquilo que se opõe à *Bejahung* [afirmação] primária e constitui como tal aquilo que é expulso". O que ele denomina "afirmação primária" ou "simbolização" seria a inclusão no sujeito (*Einbeziehung ins Ich*), enquanto a expulsão para fora do sujeito (*Ausstoßung aus dem Ich*) "constitui o real na medida em que este é o domínio que subsiste fora da simbolização".[133] Daí, segundo Laplanche e Pontalis, a fórmula de Lacan para a alucinação: "[...] o que foi forcluído do simbólico reaparece no real".[134] Eles deixam escapar que aí Lacan está "traduzindo para a sua linguagem" a passagem de Freud que haviam citado. Essa passagem, eles a tinham trazido, no mesmo verbete sobre "forclusão", ao tocar no mecanismo da projeção em relação com a psicose, a fim de documentar que para Freud, a partir de um determinado momento, a projeção já não seria o fator essencial da psicose. Eis o núcleo desse trecho: "[...]

[132] Idem, ibidem, p. 883.

[133] Lacan, "Réponse...", op. cit., p. 388; cf. Laplanche e Pontalis, *Vocabulário*, p. 197/ 166.

[134] Apud *Vocabulário*, p. 197/ 166: [...] *ce qui a été forclos du symbolique réapparaît dans le réel*; o trecho não corresponde exatamente ao que se lê na "Réponse au commentaire...": [...] *ce qui n'est pas venu au jour du symbolique, apparaît dans le réel* [o que não vem à luz do simbólico aparece no real]; mas Laplanche e Pontalis o citam entre aspas, embora sem indicar precisamente a página na "Réponse".

reconhecemos, isto sim, que o suprimido interiormente retorna do exterior".[135] Se Lacan apenas traduz para a sua linguagem algo já expresso por Freud — de maneira menos hermética e mais sóbria —, cabe perguntar que vantagem haveria em adotar essa linguagem. "Um termo novo se justifica quando descreve ou ressalta um fato novo", diz Freud em outra parte.[136]

Sobre o termo adotado por Lacan sabe-se que vem do Direito e que denota, segundo Domingos de Azevedo, "exclusão, privação de um direito que não foi exercido no prazo legal"; o verbo *forclore*, usado sobretudo no particípio passado, significa, portanto, "excluir, impedir que alguém use de um direito, por não o ter exercido em tempo oportuno: *La partie adverse fut déclarée forclose*". Nos léxicos da língua portuguesa encontramos também esse significado jurídico de "exclusão": "ato pelo qual alguém é privado ou excluído de determinadas funções; exclusiva" (*Aurélio*). De modo que os lacanianos de expressão portuguesa poderiam muito bem recorrer a esse substantivo e ao verbo "excluir", para verter *forclusion* e *forclore*. Mas aqui entram em jogo (ou "jogam um papel", ou, melhor ainda, "jogam um rolo" — *jouent un rôle* — como talvez prefiram alguns...) certas considerações. A primeira, não necessariamente de maior peso, consiste no fenômeno que os professores de alemão como língua estrangeira chamam de *Interferenzfehler* ("erros de interferência"): o vocabulário ou a sintaxe de uma língua "interfere" no uso de outra. Isso se nota em pessoas que viveram um período no exterior, por exemplo. "Não é grave", diz uma moça brasileira que viveu na França a alguém que lhe derrubou um pouco d'água no vestido. É a versão literal do que um francês diria

[135] GW VIII, 308: "[...] *wir sehen vielmehr ein, daß das innerlich Aufgehobene von aussen wiederkehrt*"; cf. *Vocabulário*, p. 196/ 165; Laplanche e Pontalis não mencionam que Freud se refere à paranoia, escrevendo sobre o caso Schreber.
[136] "Fetischismus", GW VIII, 312-3; SE XII, p. 153.

em tal situação (*C'est pas grave!*). No Brasil, diríamos algo como: "Não faz mal", "Não tem importância".

No caso de áreas do conhecimento em que uma língua tem hegemonia, ou alguma preponderância em relação a outra, há a tendência de essas versões equivocadas se cristalizarem pelo uso, vindo a formar um jargão. Entre psicanalistas de influência anglo-americana, ouve-se (e também se lê) o verbo "realizar" no sentido de "dar-se conta, perceber" — *to realise*, em inglês —, quando em português ele sempre significou "executar, transformar em realidade". Essa impregnação de sentidos, tornando-se difundida e mesmo sistematizada no campo da psicanálise, favorece a caracterização de escolas, vertentes e grupos, de forma tal que às vezes notamos a filiação de um psicanalista ao ouvir/ ler umas poucas frases suas.

E com isso entramos na segunda consideração. As diversas escolas e correntes cultivam, de modo deliberado ou inadvertido, essa particularização do vocabulário, a fim de se manter como grupos distintos e estimular a coesão entre seus membros. E todo o "movimento psicanalítico" tendeu, já enquanto Freud vivia, e mais ainda após sua morte, a forjar novas palavras ou torcer o sentido de palavras velhas, em parte por exigência da própria evolução da teoria, em parte para distinguir-se de e diante do conjunto da sociedade e dos demais grupos ou áreas do conhecimento. Os discípulos se preocupam bem mais com a terminologia do que os mestres, já observou U. Pörksen.[137] Isto parece ser inevitável, tanto na psicanálise como em outros campos.

Por outro lado, o impulso à terminologização (com perdão da palavra não muito bela) pode se dar no vocabulário de um só discípulo, à medida que ele vai refinando seus próprios conceitos, ou torcendo e distorcendo as palavras-conceitos do mestre, para se metamorfosear (ou "metaformosear"...) ele mesmo em mestre —

[137] Pörksen, "Zur Terminologie der Psychoanalyse", op. cit., pp. 23, 28.

supondo que para isso tenha o necessário talento, astúcia e carisma. No caso específico de *Verwerfung*, é digno de nota que Lacan primeiro acate a versão tradicional de *rejet*, depois sugira *retranchement* ("corte" ou "eliminação") e por fim se apegue a *forclusion*.[138] A coisa vai num crescendo de particularização e realce da própria contribuição, em detrimento daquela do (ex-)mestre. Talvez se possa divisar o mesmo padrão em outros termos-conceitos de Lacan e de vários outros discípulos que se fizeram mestres.

Algo curioso, e que talvez se possa compreender em relação com o processo que descrevemos, é que Laplanche omite qualquer menção a *forclusion* na "Terminologie raisonnée" do volume *Traduire Freud*. Apenas encontramos, no Glossário, *rejet* para *Verwerfung* e *rejeter* para *verwerfen*, sem comentários. Para onde foi toda a argumentação das quatro páginas do *Vocabulário* cobertas pelo verbete *forclusion*? Se, no caso de *Verneinung*, Laplanche ainda renegou a tradução que defendera no *Vocabulário* — *(dé)négation* —, a "forclusão" de outrora desapareceu de sua nova leitura sem deixar vestígios. Jamais saberemos se foi excluída ou forcluída.[139]

Nesse meio tempo, Laplanche afastou-se em alguma medida do mestre Lacan (e do colega Pontalis). O título de um de seus últimos livros, *Novos fundamentos para a psicanálise*, seria talvez indício de que afinal chegou a sua vez de ser mestre. Um exame dessa ambição está fora do escopo deste trabalho. Mas é impossível não lembrar da resposta de Freud, numa conversa informal, quando lhe perguntaram o motivo das divergências de Jung, Adler e Rank: "Porque eles também queriam ser papas!", disse o "pai" da psicanálise.[140]

[138] Cf. Lacan, op. cit., pp. 360, 386, 558.

[139] A edição portuguesa do *Vocabulário da psicanálise* dá "rejeição"; na nova edição, revista para o público brasileiro, acha-se "forclusão", como no original.

[140] Ludwig Binswanger, *Sigmund Freud: reminiscences of a friendship*. Nova York: Grune & Stratton, 1957, p. 9 (trad. inglesa); essa anedota traz à mente o espirituoso título usado por Ruth Menahem, num artigo sobre a nova edição

ZWANG/ OBSESSION/ CONTRAINTE

Na versão do vocabulário freudiano, um dos poucos consensos tem sido a fórmula "neurose obsessiva" para traduzir *Zwangsneurose*, juntamente com "atos obsessivos" para *Zwangshandlungen* e "ideias (ou representações) obsessivas" para *Zwangsvorstellungen*. É certo que, tendo em vista a maior abrangência do termo alemão — cognato do verbo *zwingen*, "coagir, obrigar" —, também se traduzia e se traduz o substantivo por "compulsão", "impulso", "coação". Nisto se considerava um uso que precedia Freud mesmo, e que ele adotou em textos que traduziu do francês e do inglês ou que redigiu diretamente em francês.

No entanto, essa tradição foi questionada por Jean Laplanche, que propôs, como mais correto, o termo *contrainte* para verter *Zwang*. Vamos passar em revista a argumentação de Laplanche, apresentada na "Terminologie raisonée" do volume *Traduire Freud* e em diversas entrevistas. Isso requer, naturalmente, um escrutínio dos textos de Freud por ele evocados — e também de textos por ele ignorados ou não considerados. Uma discussão lúcida dessa questão foi feita por Michèle Pollak-Cornillot, e portanto será útil nos socorrermos dessa autora.

O argumento de Laplanche para rejeitar a versão tradicional se encontra no verbete "*contrainte*" de *Traduire Freud*. Ele afirma que na tradução de *Zwangsneurose* por *névrose obsessionnelle* estabeleceu-se uma "equivalência apressada entre o sintoma clínico das 'obsessões', definido pela psiquiatria francesa do final do século XIX, e a neurose isolada por Freud como *pendant* da histeria".[141] A alegação de que num artigo publicado em francês, "Obsessions et

---

francesa: "Wo FREUD war soll ICH werden" (*Revue Française de Psychanalyse*, n. 3, 1988, p. 744).

[141] *Traduire Freud*, pp. 84-5.

phobies", de 1895, Freud mesmo fala de *névrose des obsessions* não é válida, diz Laplanche, pois no resumo alemão desse artigo ele retraduz *obsession* pela mesma palavra alemã (*Obsession*) e não por *Zwangsidee* ou *Zwangsvorstellung*. Além disso, num outro texto do mesmo período, intitulado "Autoreferat", Freud explicitaria que não há correspondência entre uma e outra, sendo as *Obsessionen* as *eigentliche Zwangsvorstellungen* (*répresentations de contrainte* propriamente ditas), diferentes das *traumatische Zwangsvorstellungen*.

Na verdade, o texto em que Freud usa *névrose des obsessions* como equivalente de *Zwangsneurose* (inserindo o termo alemão entre parênteses, após a expressão francesa) não é aquele a que se refere Laplanche, mas sim "L'hérédité et l'étiologie des névroses", de 1896, também escrito em francês.[142] É certo que o título da versão alemã de "Obsessions et phobies", a cargo de um certo A. Schiff, e editada numa revista médica de Viena, foi "Zwangsvorstellungen und Phobien".[143]

Prosseguindo com o argumento de Laplanche, a ideia obsessiva constitui, para Freud, apenas uma parte da *Zwangsneurose* — algo atestado, por exemplo, no uso da expressão "uma *Zwangsneurose* com obsessões", em "Uma neurose do século XVII envolvendo o demônio".[144] De maneira que *Zwang* seria um conceito bem mais abrangente na teoria de Freud, designando o modo de funcionamento e o modo de manifestação dos processos psíquicos primários. Estando presente, por conseguinte, desde os primórdios da teoria — quando Freud emprega compostos como *Bahnungszwang* (*contrainte de frayage*, "coação de abrir caminho") e *Assozia-*

[142] Cf. GW I, 411, 420. Esse pequeno lapso parece ter escapado ao exame de Pollak-Cornillot. O artigo "Obsessions et phobies" se acha no mesmo volume dos GW, 345-53; foi reproduzido o texto francês de ambos. Eles foram incluídos no terceiro volume da SE, traduzidos para o inglês. Um terceiro artigo publicado em francês, de 1893, está igualmente no primeiro volume dos GW e no primeiro da SE.

[143] Cf. "Editor's note", SE III, 71.

[144] GW XIII, 338.

tionszwang, no *Esboço* de 1895 — até sua maturidade, como na *Wiederholungszwang* ("compulsão de repetição") de *Além do princípio do prazer*. Outros usos indicadores de tal abrangência seriam *Zwangshandlungen*, *Zwangscharakter*, *Schicksalszwang* (*actions de contrainte*, *caractère de contrainte*, *contrainte de destin*). Em suma, a *contrainte* estaria longe de ser "apanágio da neurose 'obsessiva', achando-se, sob formas diversas, em *todas* as patologias".[145]

Na prática, isso o levou não só a traduzir sistematicamente *Zwang* por *contrainte*, qualquer que seja o contexto, mas também a utilizar o verbo *contraindre* para *zwingen* ("coagir, obrigar") e a expressão *marqué de contrainte* para o adjetivo *zwanghaft* e algumas formas atributivas de *Zwang*. Assim encontramos, no "Homem dos Lobos" — como se não bastasse a bizarria de *névrose de contrainte* — sintagmas como *piété marquée de contrainte*, [*par accès*,] *états amoureux sensuels marqués de contrainte*, *amours de contrainte*, *souffrance de contrainte*,[146] para verter expressões ou compostos que soam naturais em alemão, e que também se mostram compreensíveis nas versões em outras línguas. Eles são, respectivamente: *zwanghafte Frömmigkeit* — *obsessive piety*/ *religiosidad obsesiva*/ *piedad compulsiva*/ *devozione ossessiva*; *Anfälle von zwanghafter sinnlicher Verliebtheit* — *compulsive attacks of falling physically in love*/ *accesos de enamoramiento sexual obsesivo*/ *ataques de enamoramiento sensual compulsivo*/ *accessi di innamoramento sensuale ossessivo*; *Zwangslieben* — *compulsive love*, *amores obsesivos*, *amores compulsivos*, *stati amorosi di tipo ossessivo*; *Zwangsleiden* — *obsessional disorder*/ *neurosis* (*sic*) *obsesiva*/ *afección obsesiva*/ *sofferenza ossessiva*.[147]

145 *Traduire Freud*, p. 85.

146 OC.P XIII, "À partir de l'histoire...", pp. 15, 39 e 54; estes são alguns exemplos entre muitos.

147 GW XII, 41, 68, 86; SE XVII, 17, 41, 56; BN II, 698, 710, 718; AE XVII, 18, 40, 54; *Opere*, v. 7, pp. 496, 518, 531.

Nisso a nova edição francesa é coerente com a orientação estritamente literal já discutida antes, mostra-se fiel ao lema de seguir a todo custo a "pista do significante". Em sua crítica dessa opção terminológica, a tradutora Michèle Pollak-Cornillot, a exemplo do que fez com outros termos freudianos, pesquisou primeiramente os textos que Freud traduziu do francês e do inglês. Segue uma amostra do que encontrou. Onde Charcot escreveu: "*C'est un genre d'obsession, que j'ai rencontré bien des fois*", Freud usou *krankhafter Zwang* (o adjetivo significando "doentio").

Onde se lê, em Bernheim, que "*l'obsession était plus fort que l'impression provoquée*", ele recorreu a *Zwangsvorstellung*. Também neste autor deparamos com a seguinte frase: "*Il faut témoigner de l'intérêt au malade, le capter pour ainsi dire, sans le violenter* [...]" — cuja última oração foi vertida por: "*ohne ihn Zwang anzutun*", literalmente, "sem exercer coação sobre ele". E numa outra passagem de Charcot, em que este fala de um menino que sofre de coprolalia: "*Eh bien, il le profère continuellement, malgré lui, par impulsion*" — Freud utilizou *Zwang* para traduzir esta última palavra.

Muitos anos depois, em 1911, ao verter para o alemão um artigo de J. Putnam, Freud não hesitou em escrever *Zwangsneurose*, onde no original constava *obsessional disorders*, e usou *Zwang* para *impulse* e *Zwangsvorstellungen* para *obsession*.[148]

Portanto, assim como em outros textos, o tradutor Freud

[148] Apud Pollak-Cornillot, "Note sur la traduction de *Zwang*", op. cit., pp. 1224-5, 1227. Na tese de doutoramento de mme. Pollak-Cornillot há um capítulo dedicado a *Zwang*, com um quadro minucioso de todas as ocorrências do termo e de seus cognatos, nas obras desses autores traduzidas por Freud (pp. 456-4); de resto, esse capítulo reproduz o texto do artigo citado; ver também a intervenção da autora nas *Cinquièmes assises de la traduction littéraire* (*Arles 1988*), em 12 de novembro de 1988, quando se discutiu a tradução de Freud (Arles: Actes Sud, 1989, pp. 106-12).

buscou sempre considerar o contexto e utilizar termos consagrados pelo uso, lembra Pollak-Cornillot. *Zwangsvorstellung* não foi cunhado por Freud, sendo um vocábulo aceito na terminologia psiquiátrica de então, conforme demonstra o verbete a ele dedicado no dicionário médico de Villaret, em 1888, que inclui a seguinte definição: "*Zwangsvorstellungen* são aquelas que se impõem de maneira espontânea e irresistível à consciência e perturbam o curso normal das ideias (*Vorstellungen*), mas sempre são vistas como mórbidas pelo indivíduo afetado".[149]

O núcleo do argumento de Laplanche está no exemplo mencionado: *Zwangsneurose mit Obsessionen*. Ele vê nisso a prova de que se deve entender a obsessão, em Freud, como distinta de *Zwang*, e portanto recorrer a outra palavra. Compreende "obsessão" num sentido limitado aos sintomas mais visíveis, até mesmo "caricaturais" da *névrose de contrainte*[150] — traços expostos, podemos acrescentar, exemplificando, no artigo "Atos obsessivos e práticas religiosas", de 1907.

Essa evolução na terminologia proposta por Laplanche não constitui surpresa para quem fizer uma leitura atenta do verbete sobre neurose obsessiva do *Vocabulário da psicanálise*. Nele já se nota a insatisfação com o termo corriqueiro, mediante um raciocínio que antecipa aquele de *Traduire Freud*. A saber, que *Zwang* denota compulsões não só do pensamento (obsessões), mas também dos atos e da afetividade. Como a psicanálise veio a se ocupar da estrutura obsessiva, mais que dos sintomas, torna-se inadequado falar de neurose obsessiva, pois a expressão remete sobretudo aos sintomas, mais que à estrutura. Ocorre então o contrassenso de

[149] Idem, ibidem, p. 1227.
[150] Idem, ibidem, p. 86.

referir-se a estrutura ou caráter obsessivo sem a presença de "obsessões caracterizadas".[151]

É por isso, concluem Laplanche e Pontalis, que se verifica a tendência de reservar o termo *obsédé* ("obsediado") para o doente com nítidas obsessões. (Na edição brasileira do *Vocabulário*, utilizou-se também "obsessivo" para traduzir *obsédé*, o que sem dúvida obscureceu a conclusão do verbete...).[152]

Michèle Pollak-Cornillot se serve dos mesmos textos de Freud para criticar a argumentação de Laplanche. É fato que no resumo alemão de "Obsessões e fobias" Freud utiliza a palavra alemã *Obsession*, diz ela, mas ele a define exatamente como define *Zwangsvorstellungen* no texto "Autoreferat". Neste, inicialmente ele expõe o mecanismo de formação das *Zwangsvorstellungen*, através da substituição da ideia ou representação (*Vorstellung*) reprimida. Depois as diferencia das fobias e as chama de *Obsessionen*, invocando o mesmo mecanismo de substituição. Trata-se então da conhecida sinonimia entre uma palavra germânica e uma "estrangeira", adotada do grego ou do latim. Ora, conclui Pollak-Cornillot,

> é claro que a neurose obsessiva pode não ser caracterizada por ideias *obsédantes* [obsessoras ou obsidiantes], mas por atos *obsédants*, por compulsões, e justamente a existência do *doublet*, em alemão, permite a Freud especificar que neste caso preciso esta neurose se caracterizava por obsessões (ideias *obsédantes*) e não por atos compulsivos: tratava-se de uma *Zwangsneurose mit Obsessionen* (ou *Zwangsvorstellungen*), em oposição a uma *Zwangsneurose mit Zwangshandlungen* [atos obsessivos ou compulsivos].[153]

[151] *Vocabulaire*, p. 285.
[152] *Vocabulário*, p. 314.
[153] Pollak-Cornillot, op. cit., p. 1228.

Essas considerações parecem responder bem à argumentação de Laplanche e seu grupo. Recusando-se a reconhecer — ou não chegando a perceber — a coexistência dos dois vocábulos que denotariam a mesma coisa, eles procuram enxergar uma ruptura entre o sentido lato de *Zwang* (aplicado à estrutura psíquica) e aquele mais estrito (relativo aos sintomas). Aqui se manifestaria uma vez mais o pendor a exacerbar nuances, a transmutar conotações de um sentido principal em sentidos diversos, que já se apontou acima como traço da nova edição francesa. Questões de nomenclatura, de convenção, tendem a se tornar questões conceituais.

No entanto, e aparentemente sem o saber, Laplanche tocou num ponto que já foi levantado por outros que se ocuparam da versão da terminologia freudiana. Numa resenha dos *Estudos sobre a histeria*, o inglês Mitchell-Clarke preferiu *imperative ideas* para verter *Zwang e Zwangsneurose*, "como que para enfatizar mais uma vez o papel 'ativo' de tais ideias", observa Riccardo Steiner.[154] Na França, uma comissão encarregada de unificar o vocabulário psicanalítico francês discutiu a tradução de *Zwangsneurose*, entre outros termos, na reunião do dia 31 de maio de 1927. Um dos seus membros afirmou que o quadro clínico designado pelo termo correspondia ao que chamavam de *névrose obsessionnelle*. Outros dois objetaram que *obsessão* era mais "estreita", semanticamente, do que o original *Zwang*, por não abranger a ideia de coação, e propuseram "compulsão". Essa palavra foi aceita, mas paradoxalmente rejeitou-se a tradução de *Zwangsneurose* por "neurose de compulsão", não havendo registro da solução que encontraram.[155]

A preocupação da equipe de Laplanche, de marcar o elemento

[154] "A world wide international trade mark of genuineness?", *International Review of Psycho-Analysis*, v. 14, 1987, pp. 66-7; não apenas a observação, também a descoberta da resenha de Mitchell-Clark é de Steiner.
[155] Cf. Roudinesco, op. cit., pp. 389-90.

"ativo" ou coercitivo presente no original, teve precedentes e procedência, portanto. Mas *Zwang* abarcaria verdadeiramente mais do que "obsessão"? Estaria nisso a razão de os tradutores alternarem entre esta e "compulsão", e seus respectivos adjetivos? A resposta a essas perguntas requer, inicialmente, uma averiguação do(s) sentido(s) de *Zwang*. Os dicionários da língua alemã oferecem, como seus equivalentes, "necessidade, demanda urgente, ordem, pressão; inibição". É o substantivo cognato do verbo *zwingen*, "coagir, obrigar": "*Man kann niemanden zu seinem Glücke zwingen*", dizem os alemães — isto é, "Não podemos obrigar ninguém a ser feliz". Etimologicamente, *zwingen* teve a significação primeira de "apertar, pressionar com o punho"; depois, na Idade Média, foi empregado para designar problemas fisiológicos, em particular a prisão de ventre. No alemão moderno passou a predominar o sentido "espiritualizado" que aqui registramos.[156]

Procedendo agora a uma pesquisa igual sobre os vocábulos portugueses favorecidos pelos tradutores, constatamos que "obsessivo" é explicado como algo "que causa obsessão, que persegue". Acha-se ligado etimologicamente a "obsidiar" (*obséder*, em francês), isto é, assediar alguém, "para impedir que outras pessoas lhe falem, e poder deste modo dominá-lo", na explicação de Domingos de Azevedo.[157] Não tem parentesco com "obcecar" (*obcaecare*, em latim), que vem a ser um sinônimo erudito de "cegar". Já "compulsão" e "compulsivo" são cognatos do verbo "compelir", que significa "obrigar, constranger, forçar". Tanto em "obsessivo" como em "compulsivo" se acha o elemento de coação indispensável num equivalente estrangeiro de *Zwang*. A diferença estaria talvez no grau em que a coação é

[156] Cf. Verbetes *Zwang* e *zwingen* do *Wahrig* e do Kluge; cf. também Goldschmidt, op. cit., pp. 125ss.

[157] No verbete *obséder* do *Grande dicionário francês/ português*; também o define como "importunar com excessiva assiduidade".

sentida como imposta ou como interiorizada, na delimitação de "dentro" e "fora", "eu" e "não eu" — em suma, do que o indivíduo percebe como sendo sua vontade ou algo alheio a ela. A discussão de *Zwang* levaria, então, ao onipresente problema da constituição da subjetividade (ou o pressuporia). Mas isso se pode dizer de qualquer conceito psicanalítico, de modo que não enveredaremos por esse caminho (mesmo supondo que tivéssemos competência para isso).

Nessa abordagem mais concreta e imediata, apenas buscamos mostrar que não é sem motivo que os tradutores usam "obsessão" e "compulsão", pois uma coleta dos usos dessas palavras pode abonar a impressão de que o sentido de obrigação e constrangimento não está ausente nelas. Nem sempre são intercambiáveis, sem dúvida. Podemos dizer, por exemplo, que Shakespeare e Dante são as duas obsessões de um determinado crítico literário. Jamais se diria que são suas duas compulsões. Mas tomemos a frase citada num grande dicionário da língua portuguesa: "[...] um não sei quê de *obsessivo* e insano tomou de impulsioná-lo à perseguição do rapaz, maniacamente".[158] O adjetivo é aplicado a alguém que se move ou é movido por compulsões ou impulsos: "impulsionar" ou "impelir" pertence à família de "compelir". A problemática do *Zwang* tangencia, portanto, aquela de *Trieb* — embora não da forma esquemática proposta por G.-A. Goldschmidt, segundo a qual ele é "o *Trieb* ao avesso: o *Zwang* revira [*retourne*] o *Trieb*, é em suma a parte vergonhosa dele".[159] O que estaria em questão, como dissemos, seria a margem de liberdade atribuída ao ego, ao Eu. Admitindo que num indivíduo neuroticamente normal — ou normalmente neurótico — tal margem não seja

[158] *Caldas Aulete*, verbete "obsessivo"; trata-se de uma citação do escritor português Abel Botelho.

[159] Goldschmidt, op. cit., p. 133; o autor prossegue dizendo que "todo *Zwang* mascara um *Trieb*, e é a manifestação concentrada, contraída deste, se podemos formular assim. *Trieb* e *Zwang* se equilibram e se encostam [*s'épaulent*] de alguma forma".

lá muito grande, o mesmo conceito estará em jogo, quer falemos de pequenos atos obsessivos ou de grandes, largas compulsões que estejam na base de sua configuração psicológica.

O conceito de *Wiederholungszwang* é o exemplo por excelência dessas últimas. Numa outra reunião da mencionada Comissão da Sociedade Psicanalítica de Paris que se encarregou de homogeneizar o vocabulário técnico em francês, discutiu-se a melhor versão para esse termo. Já se usara "coação [*contrainte*] de repetição", mas Freud não aprovou a escolha. Um membro do grupo fez notar que *contrainte* "implicava uma sensação de incômodo subjetivo que estava ausente da noção freudiana de *Zwang*".[160] Então foi adotado "compulsão à repetição", já se tendo recorrido a "compulsão" para *Zwang*.

Nossa conclusão é que, assim como em outros casos, *Zwang* não corresponde sempre a apenas um vocábulo estrangeiro. Em determinados contextos pode ser "obsessão, obsessivo", em outros "compulsão, compulsivo". Isso porque as palavras de duas línguas não cobrem a mesma área semântica, dificilmente "equivalem" em toda a extensão. Por isso o tradutor Freud não hesitou em utilizar palavras diferentes. A proposta de usar apenas *contrainte* para traduzir *Zwang* não considera equivalências aceitas por Freud mesmo, e a maior abrangência do original alemão. Daí subscrevermos a crítica de Pollak-Cornillot à escolha de Laplanche. "Procurando a 'pista do significante'", diz ela, "chega-se às vezes a apagar a pista dos significados."[161]

TRIEB/ INSTINCT/ PULSION

De *Trieb* pode-se dizer que é o mais central dos termos psicanalíticos. E é na sua tradução que as edições inglesa e francesa

[160] Roudinesco, op. cit., p. 390.
[161] Pollak-Cornillot, op. cit., p. 1231.

divergem diametralmente, chegando a constituir duas linhagens teóricas distintas. Para muitos críticos, a opção de Strachey por "instinto" foi sua decisão mais desastrosa, pois implicaria uma inadmissível "biologização" da psicanálise. Todos os críticos de língua inglesa citados até o momento — Brandt, Brull, Bettelheim, Holder, Ornston — foram de opinião que *drive* seria uma escolha mais acertada. No "Prefácio geral" à *Standard*, Strachey reservou mais de uma página para justificar *instinct*, já rebatendo a proposta de *drive*. Ele afirma que essa não é uma palavra utilizada na língua inglesa, e que a maioria dos críticos se deixou influenciar por sua (deles) familiaridade com a língua alemã, pois *Trieb* e *drive* têm a mesma origem. "Freud usou a palavra *Trieb* para cobrir uma variedade de conceitos diferentes", diz ele, não sendo tarefa do tradutor diferençar esses usos. Isso deve ser deixado para o leitor, contanto que o original seja sempre vertido pela mesma palavra inglesa. "A única coisa racional a fazer nesses casos", conclui, "parece-me ser escolher uma palavra obviamente vaga e indeterminada e ater-se a ela. Daí minha escolha de 'instinto'."[162] Ele reconhece ainda uma "pequena complicação" no fato de Freud empregar também *Instinkt*. Mas isso ocorreria apenas uma meia dúzia de vezes, "e sempre, talvez, no sentido de instinto de animais". Ele chamará a atenção para esses casos em notas de rodapé.

Essa posição de Strachey representou uma mudança em relação ao "Glossário" de Jones, onde se dá *impulse* como alternativa para *instinct*, "conforme o contexto". A oscilação entre um e outro termo era comum nas versões inglesas anteriores à *Standard*.

O vocábulo alemão, sendo bastante corrente, tem uma notória

162 "General preface", SE I, xxiv-xxv. A afirmação de que *drive* não é normalmente usado como substantivo na língua inglesa, de modo correspondente ao *Trieb* alemão, tem o respaldo do *Oxford English dictionary* (cf. a reimpressão de 1987, edição de 1971).

polissemia.[163] Em geral pode ser traduzido por "impulso, ímpeto, inclinação, propensão, propulsão, pressão, movimento, vontade" e (em botânica) por "broto, rebento".[164] O verbo do qual deriva, *treiben*, é usado em muitas situações coloquiais. Entre os seus sentidos estão: "impelir, mover, empurrar, enxotar, conduzir, estimular, animar, ocupar-se de ou dedicar-se a algo, fazer, ter relação sexual, brotar, germinar". Pode ser substantivado, como todo verbo alemão, e tomar um sentido diferente do substantivo cognato: *das Treiben*, "a agitação; a maquinação". Pode fazer parte de compostos, como é usual em alemão: *Treibstoff*, "combustível"; *Treibhaus*, "estufa". Portanto, sua latitude semântica é maior que a de *drive*, o suposto equivalente inglês.

Não surpreende que Freud tenha se referido a *Trieb* como "uma palavra que muitas línguas modernas nos invejam".[165] Tanto mais que ele soube tirar partido dessa riqueza de sentidos, assim como da natural capacidade de formar compostos, notória no alemão — de maneira a tornar a tradução consistente do termo, nos usos substantivos e atributivos que lhe deu, algo muito improvável, em torno do qual dificilmente chegará a haver consenso.

A principal crítica à versão por "instinto" foi encampada e elaborada por teóricos franceses da psicanálise. As primeiras traduções francesas, feitas enquanto Freud vivia (e acompanhadas por ele) recorriam ao vocábulo tradicional, sem maior discussão. A

[163] Algo do que segue foi retirado de uma "nota do tradutor", na minha tradução de Nietzsche, *Além do bem e do mal*, op. cit., pp. 217-20.

[164] Um exemplo desse último sentido acha-se nesta estrofe de um poema de Bertolt Brecht: "*Ach in jener Nacht der Liebe/ Schlief ich einmal müde ein:/ Und ich sah voll grüner Triebe/ Einen Baum im Sonnenschein*". ("Ah, naquela noite de amor/ Adormeci cansado enfim/ E vi, plena de verdes brotos,/ Uma árvore ao sol". "Sentimentales Lied Nr. 78", em Brecht, *Gedichte über die Liebe*. Frankfurt: Suhrkamp, 1982, p. 171).

[165] "Die Frage der Laienanalyse" (1926), GW XIV, 227; SE XX, 200.

partir de Jacques Lacan, e principalmente com o *Vocabulário da psicanálise*, difundiu-se a alternativa *pulsion*, que aos poucos foi sendo adotada em outras línguas neolatinas: na edição italiana de Musatti e Boringhieri, na nova edição castelhana de J. L. Etcheverry, nas traduções catalãs (*pulsió*)[166] e entre psicanalistas brasileiros.

A nota de Strachey acabou tendo efeito inverso ao pretendido, fornecendo água para o moinho dos adversários. Pois ao apontar as ocasiões em que Freud usava *Instinkt*, "sempre, talvez [*sic*], no sentido de animais", abriu caminho para que os intérpretes estabelecessem uma distinção nítida e absoluta, no texto freudiano, entre o uso de *Trieb* e o de *Instinkt*. O "talvez" foi esquecido, e passou-se a ver na "pulsão" o conceito freudiano por excelência, aquele que define o humano-simbólico, objeto da psicanálise, por oposição ao instintivo-animal, objeto da biologia. Tal distinção, que se tornou quase um lugar-comum nos cursos de psicologia e psicanálise, baseia-se — é minha impressão — numa leitura simplificada da "letra freudiana" e do próprio "texto-base do *homo natura*".

Tomemos o verbete "pulsão" do *Vocabulário* de Laplanche e Pontalis, que contém a síntese mais acatada desse argumento. Ele constata de início a existência dos dois termos em alemão, *Instinkt* e *Trieb*, este de ascendência germânica, aquele, latina. *Instinkt* designaria algo com finalidade precisa e que teria objeto e meta fixos, enquanto *Trieb*, conforme sua etimologia (*treiben* = *pousser*, lembram os autores), denota uma orientação geral e "sublinha o caráter irreprimível da *poussée*", podendo variar de meta e de objeto. Laplanche e Pontalis reconhecem que alguns autores alemães parecem usar os termos indistintamente, mas este não seria o caso

[166] Como se vê, por exemplo, na edição catalã das *Conferências introdutórias*, intitulada *Introducció a la psicoanàlisi* (tradução de Àngels Planella, 2 vols. Barcelona: Edicions 62/ Disputació de Barcelona, 1982). Quanto aos holandeses, eles usam a palavra *drift*, etimologicamente próxima de *Trieb*.

de Freud: quando ele fala de *Instinkt*, pretende qualificar um comportamento animal hereditário, próprio de uma espécie, "preformado em seu desenvolvimento e adaptado a seu objeto". Em suma, na acepção mais comum e estrita do termo, como quando se fala do instinto migratório de certas aves. Já o *Trieb*, inequivocamente humano, é um "conceito-limite entre o somático e o psíquico, [...] o representante psíquico dos estímulos oriundos do interior do corpo e que atingem a alma", nas palavras do próprio Freud.[167]

Talvez o conceito de instinto vigente já na época de Freud não fosse tão limitado como creem Laplanche e Pontalis. Estudiosos do comportamento animal, etologistas como Konrad Lorenz, questionavam a estreita noção comum de instinto já na década de 1920. Isso é algo a ser checado; de toda forma, não é a linha de argumento que seguimos.[168] Limitando-nos ao terreno da filologia, podemos veri-

[167] "Triebe und Triebschicksale" (1915), GW X, 214; SE XIV, 121-2; cf. também GW V, 67; SE VII, 168.

[168] Não a seguimos porque, de tão interessante, poderia nos levar muito longe. Depois de Lorenz, cresceram bastante as pesquisas que atestam um comportamento mais complexo e uma mente mais versátil do que era costume esperar dos animais. A atividade de sonhar, por exemplo, parece ser generalizada entre os mamíferos. Darwin já se impressionava com os movimentos e sons que os cachorros fazem ao dormir, semelhantes aos de se alimentar, morder, copular. Quem possui animais domésticos está familiarizado com o leque de emoções que eles são capazes de manifestar (até mesmo patológicas: sabe-se que uma cadela de Freud teve gravidez psicológica...). Já foi observado um gorila que se deteve ante uma cachoeira, em atitude que poderia ser descrita como sendo de contemplação extática. A leitura de especialistas como Donald Griffin (autor de *Animal minds*) e Eibl-Eibesfeldt (*Human ethology*) é proveitosa para os psicanalistas — na medida em que estes se incluam entre os estudiosos do comportamento humano. Estou convencido de que, se vivesse hoje, Freud leria obras de etologia e psicologia evolucionária, em vez de teorizações linguísticas e filosóficas. Para quem achar que essa última frase busca apenas o efeito, lembro a seguinte passagem de *O mal-estar na civilização*: "No começo do processo de civilização estaria, portanto, a adoção da postura ereta pelo ser humano. O encadeamento parte daí, através da depreciação dos estímulos olfativos e do isolamento da menstruação, até à preponderância dos

ficar, primeiro, se etimologicamente a palavra "instinto" não permitiria um sentido mais generoso, e até que ponto *Instinkt* se diferencia de *Trieb*, para os falantes e escreventes do alemão. Em segundo lugar, é preciso checar os trechos onde Freud usa *Instinkt*, para ver se efetivamente ele faz uma diferenciação tão nítida como se crê.

Segundo o *Dicionário etimológico da língua portuguesa*, de Antenor Nascentes,[169] "instinto" descende do latim *instinctu*, "instigação", e o verbo *instigare* significa "aguilhoar, estimular". Outro dicionário etimológico, o do português José Pedro Machado,[170] dá "instigação, excitação, impulso" para *instinctu*, exemplificando com uma frase do século XVI: "[...] se não houvera instinto do céu, que movera espíritos, fora impossível haver nenhum sisudo que se sujeitara a tamanha carga". Portanto, o sentido original é concreto: "picada, aguilhoada". Ao entender "instigação" como um processo interior, já o fazemos em linguagem figurada, como explicita Lalande: "*Le mot français vient du latin* instinctus, *qui, proprement, a le sens d'aiguillon, piqûre, sens transporté d'ordinaire par analogie du physique au moral*".[171]

No alemão culto sempre houve a incorporação de palavras gregas e latinas. Na verdade, o próprio vocabulário filosófico alemão foi calcado no latim, foi praticamente criado por Christian Wolff na primeira metade do século XVIII (ainda em 1689, Christian

estímulos visuais, à visibilidade que obtêm os órgãos genitais, chegando à continuidade da excitação sexual, à fundação da família, e com isso ao limiar da cultura humana. Esta é apenas uma especulação teórica, mas de importância suficiente para justificar uma averiguação exata do modo de vida dos animais próximos ao homem" (GW XIV, 459n; SE XXI, 99n). Isto soa como um prenúncio da moderna investigação etológica.

[169] Rio de Janeiro: Instituto Nacional do Livro, 1955.

[170] Lisboa: Livros Horizonte, 3ª ed., 1989.

[171] *Vocabulaire technique et critique de la philosophie*. Paris: PUF, 16ª ed., 1988, verbete "Instinct".

Thomasius teve recusada a autorização do censor para publicar um tratado de lógica, por se considerar que temas filosóficos não podiam ser tratados em língua alemã...). Palavras como *Begriff*, *Satz*, *Aufgabe*, *Beschreibung*, *Erklärung* surgiram como traduções de Wolff para *notio*, *propositio*, *problema*, *descriptio*, *definitio et coetera*.[172] Mas ocorreu também que palavras germânicas de sentido análogo continuassem vivas. A maioria dos termos estrangeiros é claramente percebida como não alemã, havendo dicionários próprios para defini-las e dar seus equivalentes "nativos". *Instinkt* foi adotado durante o século XVIII e passou a fazer parte do vocabulário culto, enquanto o vocábulo tradicional, *Trieb*, era — é — mais usado coloquialmente. Os *Fremdwörterbücher* (léxicos de estrangeirismos) apresentam *Instinkt* como sinônimo de *Naturtrieb* ou *innerer Trieb* (*Trieb* natural ou interior).

O dicionário de Gerhard Wahrig oferece as seguintes definições e equivalências para *Instinkt*: "*Trieb* natural para determinadas maneiras de comportamento no homem e nos animais; *Antrieb* [impulso, ímpeto] inconsciente; sentimento seguro, capacidade de intuição". Estas são, essencialmente, as mesmas definições encontradas em léxicos da língua portuguesa para "instinto". Já o *Trieb* compreende as duas primeiras delas, que se incluem nos vários

[172] Cf. Eric A. Blackall, *The emergence of German as a literary language 1700-1775*. Ithaca: Cornell University Press, 2ª ed., 1978, pp. 19-48. Esse livro é um bem documentado estudo sobre o repentino florescimento do alemão como língua de cultura, no decorrer do século XVIII. De interesse particular é o capítulo que trata da linguagem da filosofia. Entre outras coisas, Blackall observa que com frequência Wolf usa termos do vocabulário geral com conotações matemáticas específicas (*Kraft*, "força"; *Bewegung*, "movimento"; *Größe*, "grandeza"). E isso constitui "*an important part of his establishment of a native vocabulary for a scientific discipline*" (p. 29). É clara a semelhança com o procedimento de Freud, tal como o descrevemos no primeiro capítulo. Igualmente significativa é a atitude de Wolff ante a polissemia de muitas palavras: "*It was a virtue, he said, of normal language that the same word should be used in slightly varying connotations*" (p. 42).

sentidos elencados acima. Ele é claramente o mais amplo dos dois termos, o de maior abrangência e ressonância. Ora, buscando-se um "equivalente" assim amplo, vago e rico em associações, numa língua neolatina, o candidato natural seria "instinto". Seria e foi, no passado, quando se traduziram autores alemães que o empregaram bastante, como Schopenhauer e Nietzsche. O neologismo que se propõe para substituí-lo é mais abstrato e pobre em conotações. No entanto, parece já haver se aclimatado à língua francesa: encontra-se dicionarizado e deparamos com ele em revistas para o público não especializado. Talvez porque seria uma forma mais curta de *impulsion* ("impulso", em francês). Mas em português a palavra "impulsão" exprime um conceito limitado à física. E em "pulsão" (do latim *pulsare*, "bater, sacudir"; cf. "pulso, pulsação" e também os astronômicos *pulsars* e *quasars*) faltaria justamente a ideia de ímpeto ou pressão, que segundo a etimologia é denotada pelo prefixo *im*.

Entre os dicionários brasileiros, o *Aurélio* traz o verbete mais detalhado sobre "instinto". Sua primeira definição corresponde à do "instinto migratório", mencionado acima. A segunda está ligada ao *innerer Trieb* de fundo biológico, inerente ao homem e aos animais superiores: instinto gregário, instinto materno. Mas esta definição nem sempre é distinguível da primeira: aqui entra em jogo a delimitação problemática do que é cultural e do que é biológico (mais até, entra em jogo a própria pertinência dessa delimitação). Os dois outros sentidos que encontramos no *Aurélio* são figurados: tendência, aptidão inata e segura ("instinto musical") e intuição, inspiração natural, espontânea ("Seu instinto o fez cancelar a viagem"). O *Caldas Aulete* distingue as mesmas acepções, de modo um pouco menos preciso. É interessante notar que os dicionários alemães consultados — *Wahrig* e *Duden* — trazem as mesmas explicações para o termo, com pequenas variações de uso.

Tomar um neologismo em detrimento de um "velho conhecido" significa menosprezar as relações associativas. E a psicanálise, como a língua, vive de associações. Os tradutores e comentadores atentam para as relações entre os sintagmas, descuidando daquelas entre os termos considerados fora do discurso. Lembremos o exemplo de Saussure, das inúmeras associações mentais possíveis despertadas pela palavra *enseignement*.[173] Um experimento revelador seria perguntar a um grupo de pessoas o que lhes evoca o termo "instinto", e depois fazer o mesmo com "pulsão". A "rede semântica" do primeiro seria bem mais rica, ligando-se aos campos léxicos de "impulso", "sexo", "ímpeto" etc., o mesmo não acontecendo com o segundo.[174]

Mas a principal objeção a "instinto" estaria no próprio uso freudiano do termo, segundo vários exegetas. É certo que ao menos uma vez ele se refere explicitamente ao "instinto dos animais",[175] mas as outras passagens onde surge o termo não parecem permitir uma interpretação tão inequívoca como a pretendida. Assim é no final da parte sexta de "O inconsciente" (1915), em que se lê: "O conteúdo do *Ics* pode ser comparado a uma população aborígine da psique. Se no ser humano existem formações psíquicas herdadas, algo análogo ao instinto dos animais, então isso constitui o âmago do *Ics*".[176] No caso clínico do "Homem dos Lobos", considerando a atitude do menino de quatro anos frente à cena primária reativada, ele acha difícil não imaginar que alguma espécie de pré-conhecimento não atuasse então no garoto, algo semelhante "ao abrangente conhecimento instintivo dos animais. [...] Esse elemento instintivo seria o âmago do inconsciente, uma primitiva atividade do espírito, que posteriormente é destronada e recoberta

[173] Op. cit., pp. 143, 145-6.

[174] Cf. o exemplo da rede semântica de "luz", dado por Maria Tereza Biderman, "A estruturação mental do léxico", em *Estudos de filologia e linguística em homenagem a Isaac Nicolau Salum*. São Paulo: Edusp/ T. A. Queiroz, 1981, pp. 131-45.

[175] "Inibição, sintoma e angústia", GW XIV, 201; SE XX, 168.

[176] GW X, 294; SE XIV, 195.

pela razão humana [...]".[177] No parágrafo seguinte ele afirma estar cônscio de que pensamentos como esses, "que acentuam na vida psíquica o fator hereditário, adquirido filogeneticamente", foram expressos por vários pesquisadores, mas ressalta que a psicanálise deve antes penetrar nas camadas do que foi adquirido individualmente, para só então procurar alcançar vestígios hereditários.

É com base nesses trechos que Laplanche e Pontalis declaram que, para Freud, o equivalente às "formações psíquicas herdadas" não se acha no *Trieb*, mas nos "esquemas filogenéticos hereditários" (expressão deles; o substantivo não foi usado por Freud), que seriam as fantasias primárias.[178] Essa nos parece ser uma base muito frágil para estabelecer uma distinção resoluta entre *Instinkt* e *Trieb*, e para afirmar, portanto, que o fato de não fazê-lo pode "introduzir uma confusão entre a teoria freudiana das pulsões e as concepções psicológicas do instinto animal, e diminuir [*estomper*] a originalidade da concepção freudiana". Esses autores concedem que Freud jamais explicitou essa oposição, mas insistem em vê-la como fundamental. Ora, essas passagens permitem conceber o instintivo como nuclear na psique humana, como alicerce do propriamente psicológico, "pulsional", na terminologia gaulesa, mas não como distinto e oposto a este. Elas pressupõem um complexo imbricamento do que seria biológico, filogenético, e do que seria psicológico, individual.

A argumentação de Laplanche e Pontalis implica uma ruptura ou cesura entre o que é humano e o que é animal, desprezando o que haveria deste naquele. Um movimento contrário ao ponto de vista essencial da psicanálise de Freud — que, tal como seus antecessores espirituais diretos (Schopenhauer e Nietzsche, para ficarmos entre os alemães), incluía decididamente o homem entre

177 GW XII, 156; SE XVIII, 120.

178 *Vocabulaire de la psychanalyse*, verbete "*Instinct*", p. 203.

os animais.[179] Essa ruptura foi percebida e lamentada por alguns psicanalistas e tradutores franceses, como Colette Chiland e Marthe Robert, que em mais de uma oportunidade questionaram o termo-conceito de "pulsão".[180] Ao mesmo tempo, a argumentação contra "instinto" tende a ignorar passagens onde Freud usa um e outro termo alternadamente, ou sublinha o fundamento biológico de sua conceituação. Laplanche e Pontalis recordam, sofisticamente, a diferenciação entre meta, objeto e fonte do *Trieb*, nos *Três ensaios sobre a teoria da sexualidade* e no primeiro dos trabalhos metapsicológicos de 1915, mas esquecem oportunamente a frase inicial dos *Três ensaios*, que usa a palavra *Trieb* tanto para seres humanos como animais: "A existência de necessidades sexuais no homem e nos animais se expressa na biologia mediante a suposição de um *Geschlechtstrieb*"; e ignoram também, na terceira página do ensaio metapsicológico, a ênfase no pressuposto biológico da análise dos fenômenos psicológicos.

Outra passagem não lembrada, e não condizente com o ponto de vista desses autores, acha-se no final da quinta parte do ensaio "O inconsciente". Nela, Freud adverte que, no tocante à distribuição das atividades psíquicas entre os sistemas *Ics* e *Cs*, ele a descreve tal como seria na pessoa adulta, na qual o *Ics* "funciona apenas como estágio preliminar da organização mais elevada" (isto é, do *Cs*). "O conteúdo e as relações desse sistema durante o desenvolvimento individual, e a significação [*Bedeutung*] que tenha nos animais, não podem ser deduzidos de nossa descrição", devendo ser objetos de uma investi-

[179] O mesmo ponto de vista foi saborosamente expresso por um amigo homossexual, numa ocasião em que lhe perguntei o que achava do termo "pulsão". Ele respondeu: "Pulsão têm os anjos, meu querido; gente tem instinto" (registro o fato da sua homossexualidade porque é frequente os homossexuais terem uma percepção mais penetrante da sexualidade — própria e alheia).

[180] Cf., por exemplo, "Traduire Freud: un entretien avec Marthe Robert", *Le Monde*, 8 de fevereiro de 1967; Chiland, "Rêves et regrets", op. cit., pp. 995-1001.

gação própria. Temos aqui, portanto, uma referência ao *Ics* como sistema comum a bichos e homens, ressalvando o autor que o mapeamento feito em "O inconsciente" não diz respeito a características do sistema durante o crescimento do indivíduo, nem à sua importância [*Bedeutung*] na configuração psíquica dos animais.

Talvez seja lícito afirmar que no fundo é o narcisismo humano (a "inconsciente vaidade humana") que se manifesta na insistência em distinguir resolutamente um *Instinkt* animal de um *Trieb* humano. Há um aforismo de Nietzsche, intitulado "Crítica dos animais", que Freud provavelmente subscreveria. Ele diz: "Receio que os animais vejam o homem como um semelhante que perigosamente perdeu a sadia razão animal — como o animal delirante, o animal ridente, o animal plangente, o animal infeliz".[181] Registremos que a palavra alemã aqui vertida por "delirante", *wahnwitzig*, formou-se com dois substantivos que por acaso — ou não por acaso — se encontram nos títulos de duas obras conhecidas de Freud: *O* Wahn *e os sonhos na Gradiva de W. Jensen* (1907) e *O* Witz *e sua relação com o inconsciente* (1905).

A discussão precedente talvez leve à conclusão de que proponho sem reservas o recurso a "instinto" para verter *Trieb*. Na verdade, há algumas reservas a fazer. Tanto no caso de "instinto" como no de "pulsão" existem ganhos e perdas. Apenas afirmo que neste as perdas são maiores que os ganhos, e naquele os ganhos ainda superam as perdas. O exame dos textos mostra o uso do termo alemão em senti-

[181] Nietzsche, *A gaia ciência*, op. cit., § 224. Em outro livro, *Aurora* (tradução e notas de Paulo César de Souza. São Paulo: Companhia das Letras, 2004), encontramos o seguinte aforismo, intitulado "Humanidade": "Nós não consideramos os animais seres morais. Mas vocês acham que os animais nos consideram seres morais? — Um animal que podia falar afirmou: 'Humanidade é um preconceito de que pelo menos nós, animais, não sofremos'" (§ 333). A expressão "inconsciente vaidade humana", entre parênteses no texto, é também de Nietzsche: *Além do bem e do mal*, op. cit., § 230.

dos algo diferentes daqueles de "instinto". Os compostos formados por Freud a partir dele são muitos: além de *Ichtrieb* e *Todestrieb* (*Tod* = morte), os mais conhecidos, há, entre outros, *Partialtrieb*, *Triebbesetzung*, *Triebreiz* (*Reiz* = excitação), *Triebschicksal* (*Schicksal* = destino), *Wisstrieb*, *Schautrieb*. No caso dos dois últimos é maior a dificuldade em recorrer a "instinto", pois designam o *Trieb* de saber (*wissen*) e de olhar (*schauen*). *Knowledge instinct* e, sobretudo, *scoptophilic instinct* são questionáveis; o segundo, sobre ser um neologismo esdrúxulo, é equivocado, pois se baseia na raiz grega *scopt*, que significa "ridicularizar" — algo que Strachey veio a reconhecer depois, no mencionado obituário de Joan Riviere. Aqui a versão por "impulso" seria mais natural. O fato é que *Trieb* cobre os sentidos — ou partes dos sentidos — de "instinto", "impulso" e "ímpeto" (e, por isso, uma sugestão sensata seria talvez a de utilizar uma das três palavras, segundo o contexto, incluindo o original entre colchetes).

Em *Psicopatologia geral*, Karl Jaspers dedica algumas páginas à conceituação de *Trieb*. Sendo Jaspers decididamente não freudiano, e tendo este seu livro alcançado larga difusão, é útil verificar o que ele diz. Ele oferece uma definição múltipla do termo: *Triebe* são "*instintos vivenciados*, ou seja, funções executadas a partir de um dado impulso [*Drang*], sem que conteúdo e meta do que sucede estejam na consciência, mas de forma tal que um intrincado e adequado processo [*Geschehen*] atinge sua meta, em consequência de movimentos impulsivos [*dranghaft*]";[182] *Triebe* são necessidades corporais: fome, sede, sono, "ou seja, impulsos que, sendo-lhes dados os meios, atingem imediatamente as suas metas"; *Triebe* são "um criativo/ laborioso dar forma" [*ein schaffendes Gestalten*], em movimentos do corpo, por exemplo, nos quais este manifesta e

[182] Jaspers, *Allgemeine Psychopathologie*. Berlim: Springer, 9ª ed., 1973, p. 263. A primeira edição desse compêndio é de 1913. *Triebe* (com *e* no final) é a forma plural alemã de *Trieb*.

representa o seu ser, ou em obras adequadas a esse fim; *Triebe* são impulsos [*Antriebe*] para ações, impulsos que de modo consciente e intencional atingem sua meta com os meios dados.

"Os conteúdos dos *Triebe* são múltiplos como a vida", diz Jaspers. Por isso, a enumeração deles seria infindável; e sua classificação, um tanto difícil. Após mencionar as classificações dualistas de Nietzsche e Freud, ele sugere uma divisão em três grupos. Primeiro, os *Triebe* somático-sensuais: o sexual, o de comer, beber etc. Depois, os vitais, sem localização corporal, que se subdividem em três: *vitale Daseinstriebe* [existenciais] — vontade de poder, vontade de se submeter, impulso à autoafirmação, instinto gregário etc.; *vitalseelische Triebe* [intelectuais] — curiosidade, impulso para o sossego, vontade de posse, por exemplo; e *vitale Schaffenstriebe*, como impulso à expressão, à apresentação, à produção de obras. Por fim, o grupo dos *Triebe* espirituais: os impulsos que levam a apreender e adotar valores religiosos, éticos, estéticos.[183]

Não interessa, aqui, discutir a "tábua dos *Triebe*" de Jaspers. Chama a atenção, por exemplo, sua tendência a ignorar o nexo entre impulsos altos e baixos, a ação da "química dos sentimentos" de que falava Nietzsche — isto é, o modo como também nesse âmbito "as cores mais magníficas são obtidas de matérias vis e mesmo desprezadas".[184] Tal ignorância está em consonância com a crítica geral que Jaspers faz a Freud, em outra passagem do mesmo livro. O que nos interessa em sua abordagem é a evidência de um

[183] Idem, ibidem, pp. 264-66. Da conotação mais espiritual de *Trieb* há um bom exemplo em Heinrich Heine, quando, ao afirmar que todos os seres humanos são judeus ou helenos — entendidos não como povos, naturalmente, mas como atitudes ou modos espirituais —, ele se refere àqueles como "homens de impulsos [...] ascéticos, hostis à figuração" ("*Menschen mit asketischen, bildfeindlichen* [...] *Trieben*"; em Heine, *Ludwig Börne: eine Denkschrift*, v. 4 dos *Sämtliche Schriften*. Munique: Carl Hanser, 1971, p. 18).

[184] Nietzsche, *Humano, demasiado humano*, op. cit., § 1.

pensador — de um falante culto da língua — a lidar com a abundância de sentidos de um termo-chave de sua língua. E observamos que também nele, quando emprega *Trieb*, as palavras portuguesas que imediatamente se oferecem como tradução deste são "instinto", "impulso" e "ímpeto".

A objeção que os críticos de língua inglesa fazem a *instinct* deriva da constatação de que "*Trieb* é mais ambíguo". Acontece, no entanto, que essa ambiguidade ou polissemia não é específica de alguns vocábulos alemães (que seriam mais camaleônicos que os seus pares em outras línguas), mas decorre de uma característica que se pode chamar de "não isomorfismo léxico".[185] Isto é, as palavras (ou "lexemas") têm, com frequência, denotações algo diversas em duas línguas. Dois exemplos comuns são: as palavras francesas *rivière* e *fleuve* significam ambas "rio", mas a primeira denota um rio que não deságua no mar; as palavras inglesas *ape* e *monkey* significam "macaco", mas a primeira designa os primatas.

Num ensaio crítico intitulado "Colocações certas e erradas na teoria da tradução", já mencionado anteriormente, Eugenio Coseriu se ocupa desses e de outros "problemas da tradução" (expressão que já se tornou um clichê; daí as aspas...). Por se tratar de uma abordagem lúcida e elucidativa, vamos nos deter nela um pouco mais. Coseriu parte do reconhecimento do fenômeno acima, o de que os conteúdos de duas línguas frequentemente não se equivalem: *rivière* não corresponde exatamente a "rio", o verbo *to know* pode significar "saber" ou "conhecer" etc. Mas em geral essa diferença é considerada o problema-mor da tradução. As pessoas perguntam como se traduz este ou aquele vocábulo *para* determinado idioma. Costuma-se falar de termos "intraduzíveis", como "saudade", em português, ou *esprit*, em francês. Ora, observa Coseriu, na verdade são intraduzíveis, neste sentido, "quase todas

[185] A expressão é de Lyons, op. cit., p. 153.

as palavras do léxico primário, não terminológico, de línguas que não sejam histórica ou culturalmente bastante ligadas (e com frequência também dessas)".[186]

Tomemos a expressão *Guten Morgen*. O significado desse cumprimento alemão — seu conteúdo no interior da língua — é "boa manhã"; sua tradução correta, porém, é "bom dia". Mas em alemão se diz *Guten Tag*, que literalmente significa "bom dia", sendo empregado num horário posterior. Ou seja, os próprios conteúdos linguísticos enquanto tais não são "traduzidos"; e "a tradução não ocorre no plano das línguas individuais (*Einzelsprachen*), mas no nível dos *textos* (também *Guten Tag* é um 'texto'). [...] A tradução cuida de exprimir 'um mesmo conteúdo de texto' em línguas diferentes".

Como os conteúdos das línguas são diversos, mas o conteúdo "traduzido" tem que ser "o mesmo", este não pode ser idiomático (*einzelsprachlich*), mas apenas "supraidiomático" (*übereinzelsprachlich*). É preciso distinguir então, argumenta Coseriu, três espécies de conteúdo linguístico: designação, significado e sentido.

O significado (*Bedeutung*) é o conteúdo dado somente por uma determinada língua. A designação (*Bezeichnung*) toca à "coisa" extralinguística; é alcançável apenas mediante significados linguísticos, mas não coincide com eles. A pouca profundidade da água num rio ou numa praia, por exemplo, é designada das seguintes formas, em alemão, espanhol e italiano: *Hier kann man stehen* ("Aqui se pode ficar em pé"), *Aquí se hace pie*, *Qui si tocca*. Os significados são diferentes, a designação é a mesma. Quanto ao sentido (*Sinn*), é o "conteúdo especial de um texto ou unidade de texto, na medida em que não coincida simplesmente com o significado e a designação".

Qual a tarefa do tradutor, então? É "reproduzir não o mesmo

186 Coseriu, "Falsche und richtige Fragestellungen in der Übersetzungstheorie", op. cit., p. 19.

significado, mas *a mesma designação* e *o mesmo sentido* com os meios (isto é, com os *significados*, propriamente) de uma outra língua". A pergunta a fazer, portanto, não é "Como se traduz este significado desta língua?", mas sim "Como se denomina a mesma coisa em outra língua, na mesma situação?". O tradutor procede, primeiro, "semasiologicamente", ao compreender a designação no texto original, e depois "onomasiologicamente", ao estabelecer a correspondência numa outra língua (esses palavrões eruditos vêm das palavras gregas *sema*, "sinal, marca" e *onomasía*, "designação"). No primeiro estágio ele se comporta como um falante da língua de partida, quando este compreende, "decodifica" um texto; no segundo, como um falante da língua de chegada, quando este produz, "codifica", um texto — com a diferença única (e por outro lado enorme, podemos acrescentar) de que o conteúdo a ser expresso já lhe foi dado inteiramente.

A afirmação, tantas vezes repetida, de que a tradução é impossível, aplica-se ao significado, enquanto a igualmente repetida constatação da sua possibilidade diz respeito à designação. Não tem cabimento falar em impossibilidade, já que precisamente os significados *não podem* ser traduzidos, sendo por definição idiomáticos; eles podem ser "descritos", explicados (o que é tarefa dos dicionaristas). A diversidade dos significados não é, portanto, o maior problema da tradução, mas sim "o pressuposto dela, a condição de sua existência: justamente por isso há tradução, e não mera substituição de expressões".

Outra objeção levantada pelos primeiros críticos da *Standard* é a de que haveria uma perda na expressividade emocional, um amortecimento da tonalidade afetiva de muitas palavras.[187] Num

[187] Brandt, "Some notes on English freudian terminology", op. cit., p. 334; Brull, "A reconsideration of some translations of Sigmund Freud", *Psychotherapy: Theory, Research and Practice*, v. 12, 1975, p. 274.

dos exemplos que oferecem, não se pode negar a pertinência da crítica: verter *grausam* ("cruelmente") por *shockingly*, como na carta a Fliess de 3 de outubro de 1897, é sem dúvida atenuar indevidamente o vigor do original. Mas em geral essa crítica vê como deficiência da tradução o fato de os sentimentos despertados por certas palavras não serem precisamente aqueles despertados por suas "equivalentes" em outra língua. Ora, lembra mais uma vez Coseriu, isso não constitui falha da tradução, mas sim um dos seus "limites racionais" — o principal, a bem dizer, pois é um limite que vale para a própria fala.[188]

O debate acerca de *Trieb* sugere um paralelo com a nossa "saudade". É impossível traduzir o seu "significado" para outra língua, mas pode-se transpor a sua "designação". Ela pode ser vertida por *Sehnsucht* ("mania de ansiar"), *Heimweh*, ("saudade de casa, da pátria"), *Nostalgie* etc., conforme a situação. O fato de não haver um termo alemão que cubra exatamente sua denotação não significa que um alemão seja incapaz de sentir saudade. De modo semelhante, a não existência de um termo inglês ou neolatino que "equivalha" exatamente a *Trieb* não quer dizer que os que usam essas línguas não possam compreender os textos em que esse termo aparece, as teorias em que ele desempenha um papel.

Uma analogia para as diferenças entre os termos na psicologia dos afetos pode ser encontrada na divisão do espectro das cores. Sabe-se que as línguas diferem no vocabulário para as cores. Em grego há uma só palavra para "azul" e "preto", uma outra cuja tradução pode ser "verde" ou "amarelo"; em latim não há uma palavra para "cinza", ou para "marrom"; em navajo há uma só palavra para "azul" e "verde"; o russo tem palavras distintas para "azul-claro" e "azul-escuro", e assim

[188] Coseriu, op. cit., p. 26; cf. acima, no primeiro capítulo, a discussão sobre Mahony, em que também se tocou nesse problema.

por diante.[189] No passado se acreditou, com base nisso, que a percepção das cores varia conforme as culturas. Hoje sabemos que todas as culturas, todos os seres humanos (e mesmo alguns não humanos) "utilizam a mesma paleta para colorir seu mundo".[190] Mas não há concordância em toda a gama de cores. Assim também é possível imaginar que o mundo dos sentimentos se divida diferentemente em cada idioma: os alemães, como vimos, têm uma só palavra para "medo" e "angústia", e palavras diversas para "saudade".

Em suma, um dado importante a respeito das palavras mais comuns é não possuírem o que John Lyons chamou de *a single clearcut meaning* ("um sentido único, claramente 'recortado'").[191] Elas se caracterizam pela imprecisão e fluidez de contornos, e sua utilização na psicanálise — como em qualquer das ciências "humanas" — será sempre alvo de controvérsia. Freud tinha ciência do maior ou menor grau de incerteza inerente a todo saber, a toda

[189] Mounin, op. cit., p. 79; Steven Pinker, *The language instinct*. Nova York: Harper, 1995, p. 62.

[190] Pinker, ibidem, p. 62. Resumindo essa questão — num livro que é uma síntese fascinante do conhecimento atual sobre a gênese e as características da linguagem —, Pinker diz que as línguas podem divergir quanto às cores num jogo de 64 lápis coloridos, mas tendem a concordar quanto a um conjunto de oito lápis, isto é, em relação às cores mais básicas. Quando elas se diferenciam na denominação de cores, fazem-no de modo previsível. Se uma língua tiver somente dois termos para cores (existem línguas assim!), eles serão preto e branco; se tiver três, serão preto, branco e vermelho; se tiver quatro, serão preto, branco, vermelho e amarelo ou verde; cinco, tanto verde como amarelo são incluídos; seis, também entra o azul; sete, marrom; e assim por diante. Há uma base fisiológica para isso. "Os olhos não registram o comprimento de ondas como um termômetro registra a temperatura", diz Pinker. "Eles contêm três tipos de cones, cada um com um pigmento diferente, e os cones são conectados a neurônios de um modo que faz os neurônios responderem melhor a manchas vermelhas contra um fundo verde ou vice-versa, a azul contra amarelo, preto contra branco"; cf. também Lyons, op. cit, pp. 313-4.

[191] Lyons, op.cit, p. 138.

ciência. O mestre podia se resignar ou se dar ao luxo da imprecisão. Mas os discípulos têm maior necessidade de certeza e nitidez, daí as querelas infindáveis em torno da terminologia. "*Die Schüler verhalten sich* [...] *terminologischer als ihre Lehrer*" (literalmente, "Os discípulos se comportam de maneira mais terminológica que o seu mestre"), disse um estudioso da linguagem freudiana.[192] As razões para isto são muitas: a submissão à autoridade, à "letra" do fundador, o cultivo do jargão como reforço do sentimento de pertencer a um grupo de iniciados, a própria evolução e sofisticação da teoria psicanalítica etc. Há a considerar, igualmente, que o uso constante de determinados vocábulos, num âmbito limitado de contextos, tende a criar conotações e mesmo denotações peculiares, e que tal movimento já se encontra nos textos de Freud.

[192] Pörksen, "Zur Terminologie der Psychoanalyse", op. cit., p. 28.

IV. Conclusão

Uma das maiores qualidades desse estilo tão poético reside, a meu ver, na precisão que consiste em dar por forma imprecisa um pensamento que, como dado imediato, é impreciso, em vez de o mascarar de pseudoprecisão.

Tendo chegado ao fim desse périplo pelo vocabulário de Freud — ou, mais precisamente, por algumas das ilhas que formam a "Polinésia" de sua linguagem —, algumas conclusões se fazem necessárias, não porque esteja concluída a discussão, mas porque é preciso arrematar este trabalho.

A citação usada como epígrafe é de um crítico e historiador literário português. Ela diz respeito (muito respeito) ao "ficcionista" Guimarães Rosa.[1] Mas pode ser aplicada, em boa medida, ao "cientista" Sigmund Freud. Sem dúvida o estilo de Freud não é tão poético, nem poderia sê-lo. Mas a precisão que aí se define é aquela que,

[1] Apud Meyer-Clason, "João Guimarães Rosa e a língua alemã", op. cit., p. 118; o crítico citado é "o admirável Óscar Lopes".

a meu ver, caracteriza a atitude de Freud para com sua obra, e essa atitude freudiana — eis a tese que defendo — deveria caracterizar igualmente a tradução de sua obra.

Tomemos as demais epígrafes deste trabalho. Relacionando umas às outras, elas talvez se revelem como sinalizadores amplos de nosso percurso. Primeiramente aquelas das duas partes dedicadas à *Standard* e às *Œuvres complètes*. A primeira delas diz, em português: "Conceitos fundamentais claros e definições nitidamente traçadas são possíveis apenas nas ciências do espírito, na medida em que pretendam acomodar todo um âmbito de fatos na moldura de um sistema intelectual. Nas ciências da natureza, entre as quais se inclui a psicologia, uma tal clareza dos conceitos-mor é supérflua, e mesmo impossível".[2] E a segunda diz: "Acho que não se deve fazer teorias — elas devem aparecer de repente em sua casa, como hóspedes que não foram convidados, enquanto nos ocupamos em examinar os detalhes [...]".[3]

Na primeira, chama inicialmente a atenção o fato de Freud pôr a psicologia, da qual é parte a psicanálise, entre as *Naturwissenschaften*, enquanto a filosofia, na medida em que produz sistemas totalizadores, é por ele situada entre as *Geisteswissenschaften*. Isso constitui expressão da sua notória crença de que estava a fazer ciência "positiva", e talvez seja indício de que subestimava o quanto de "inefável", de "irracional" estava em jogo no que fazia, ou de que superestimava o alcance do método da ciência. De todo modo, não é pertinente a este trabalho (nem da competência deste douto-

[2] GW XIV, 84; SE XX, 57-8.

[3] Freud, carta a Ferenczi, 13 de julho de 1915, apud Lydia Flem, *L'homme Freud*. Paris: Seuil, 1991, p. 203. A frase foi deixada em francês na epígrafe, porque não dispus do texto alemão. As cartas a Ferenczi, de maneira análoga à correspondência com Jones, foram publicadas antes em outra língua que não o alemão.

rando) discutir esse problema. Importa retermos a ênfase na impossibilidade da absoluta clareza conceitual.

Colocada à frente de uma discussão dos termos controversos da *Standard*, essa frase remete às dificuldades com que se defrontaram os mentores dessa edição — se a ela juntarmos a citação de Shakespeare que fizemos bem no princípio: "Peço-lhe que entenda um homem franco (*plain*) no seu franco sentido".[4] Ernest Jones e James Strachey certamente não viam como supérflua e impossível a nitidez conceitual, pois em busca dela fizeram reuniões, trocaram cartas, adotaram neologismos estrangeiros etc. Pareciam não duvidar da existência de um *plain meaning* em cada palavra do mestre. Mas o adjetivo *plain* tem vários sentidos ou nuances: "plano, comum, liso, livre, evidente, sincero, simples, comum, desafetado, banal" etc. Freud foi um *plain main*, e também foi tudo menos isso. A sua prosa podia ser sintaticamente *plain*, não abstrusa, e ao mesmo tempo veicular conceitos nada *plain*.

O próprio título afinal adotado para a edição remete à postura "positiva" (e impositiva...) de seus diretores: *standard* vem do latim *extendere*, através do provençal *estendart*;[5] é estandarte, bandeira que se levava à frente de um exército, para representá-lo e incentivá-lo. Daí o significado de "padrão, modelo". Não devemos esquecer que a *Standard* surgiu para remediar a situação caótica das traduções inglesas da época, que eram de nível irregular, avulsas, feitas e publicadas por tradutores e editores diversos. Mas ela terminou por carregar o estandarte da *plainness*. Por isso tende a simplificar ocasionalmente. O recurso a uma só palavra (*structure*, por exemplo) para traduzir diferentes vocábulos alemães (*Bildung*, *Gefüge* etc.) é mais injustificável que a utilização de termos do grego e do latim.

[4] Em *O mercador de Veneza*, ato III, cena 5; citado conforme a edição Oxford: Clarendon, 1989.

[5] Segundo o *Dicionário etimológico* de Antenor Nascentes.

Está fora de dúvida que essa e outras características apontadas pelos críticos da *Standard* a tornam mais pobre em matizes que o original. Mas parece-me digno de nota que, apesar de na Inglaterra as obras do criador da psicanálise já pertencerem ao domínio público desde 1989, até o momento não foram editadas novas traduções. Fala-se, isto sim, na republicação da *Standard* com os originais dos termos controversos acrescentados à margem, e com os textos (poucos) vindos à luz após sua edição incluídos no final do volume ao qual pertenceriam cronologicamente. Para isso, a "nova *Standard*" teria formato maior que a atual, conservando a paginação. O texto de Strachey não seria tocado, exceto nas passagens (três ou quatro, até hoje) em que se verificaram evidentes erros de leitura. Desse modo continuariam válidas todas as milhares de referências feitas à *Standard* na bibliografia especializada e nas obras de ciências humanas em geral, e permaneceria intacto o que já se tornou um patrimônio da cultura anglo-saxã. Essa solução razoável não exclui, naturalmente, que outras edições venham a ser realizadas. Mas devo dizer que, das traduções atualmente disponíveis nas principais línguas europeias, a *Standard* é ainda a melhor, ou a menos insatisfatória.[6]

Ligada à questão da clareza vem a citação de Johann Georg Hamann que apareceu como segunda epígrafe: "Nitidez é a correta distribuição de luz e sombra",[7] disse ele. Se emparelharmos "luz" a "precisão", e "sombra" a "imprecisão", teremos aí uma definição que

[6] [Nota acrescentada em 2009] As novas traduções inglesas lançadas pela editora Penguin parecem ser literariamente superiores à *Standard*, a julgar por alguns dos volumes que tive em mãos. Cada volume é traduzido por um profissional diferente, sob a coordenação do psicanalista e ensaísta Adam Phillips. Mas são livros avulsos; a coleção não pretende ser sistemática e completa.

[7] Citado por Nietzsche, "Darstellung der antiken Rethorik", em Gilman, Blair e Parent, *Friedrich Nietzsche on rhetoric and language*. Nova York: Oxford University Press, 1989, p. 40.

contribui para iluminar — e à sua vez é por elas iluminada, como faróis trocando piscadelas — tanto a epígrafe como a primeira das passagens de Freud acima. Luz e sombra se complementam e se necessitam. A precisão das linhas desenhadas por dunas, num deserto sob o luar (neste mundo sublunar) não pode ser almejada por uma teoria que se ocupe do simplesmente humano. A palavra alemã vertida por "nitidez", *Deutlichkeit*, é aparentada a *Deutung*, que aparece no título fundamental de Freud (*Traumdeutung*). O verbo *deuten* significa "indicar, dar a conhecer, interpretar", e o adjetivo *deutlich*, "distinto, claro, discernível". A fidelidade, em tradução, implica reconhecer o que houver de sombra no original, e não querer lançar luz ali onde o autor tateia na penumbra.

Essa última postura me parece caracterizar a tradução orientada por Jean Laplanche. O extremado anseio de delimitação e clarificação o levou a enxergar diferenças que não se evidenciam nos textos originais. Isso vai de encontro à atitude de Freud ante a teoria, manifestada na epígrafe a toda a parte sobre a edição francesa. Se para ele a teoria é um conviva inesperado (nem por isso menos bem-vindo), para Laplanche ela é buscada, requisitada e ocupa lugar de honra no banquete, enquanto os fatos (o "exame dos detalhes") têm papel de figurantes.

A teorização se vê justificada como parte da busca por precisão, mas vigora como justificativa para a pseudoprecisão. Tendo imposto a si mesmos a camisa de força (*Zwangsjacke*) da fidelidade ao significante, os tradutores das *Œuvres complètes* são obrigados a despi-la inúmeras vezes: ao longo do volume XIII, há mais de vinte notas de pé de página com o termo alemão, quando a palavra usada no texto difere da preconizada no volume *Traduire Freud*. A essas transgressões da própria lei que decretaram, juntam-se infrações à norma básica da tradução: na *História de uma neurose infantil*, que ocupa 40% do volume, contei meia dúzia de omissões e erros de leitura. Eis dois exemplos: na nota nº 5 do autor, à página 35, *durch diese Projektion* ("por meio dessa projeção") foi traduzido como *par là*; à página 113, *Le courant poussant à être homme* é versão equivocada para *Die zum Manne drängende Strömung* (Strachey diz, corretamente, embora mais prolixamente: "*the mental current which impelled him to turn to men as sexual objects*").[8] Isso sem comentar o estilo, verdadeiro atentado à prosa francesa, que levou pelo menos um crítico a designar tal linguagem como "laplanchês".

Entretanto, se lidei polemicamente (e às vezes mordazmente) com o volume *Traduire Freud* e com o *Vocabulário da psicanálise*, isso não implica menosprezo pelos esforços de seus autores. O fato de eles nos ocuparem tanto é uma prova da riqueza das questões que levantaram. Em todo trabalho intelectual, a crítica aos predecessores é também um reconhecimento de dívida. Quanto ao tom da crítica, ele pode ser atribuído em parte à natureza tão ambiciosa e combativa do trabalho de Laplanche — ela tornou mais difícil resistir à comichão da ironia...[9]

Seria tentador finalizar com um "Decálogo para tradutores de Freud", parodiando o "Decálogo para leitores", de Robert de Holt. Mas isso, felizmente, não é possível. Em vez de dez mandamentos, seguem três considerações, que talvez pareçam óbvias a essa altura:

1) É bom procurar manter a uniformidade, mas sem descuidar

[8] Cf. GW XII, 64n e 152 (SE XVII, 37n e 116). Outros erros se encontram nas seguintes páginas das OC..P XIII: 64, 81, 97, 117; cf. GW XII, 98, 116, 134, 156 (SE XVII, 67, 84, 100, 120).

[9] Não ignoro, porém, que na verdade, no fundo, o impulso (*Trieb*) a pelejar, disputar, combater, está no âmago de toda argumentação intelectual. E isso não apenas nas ciências "humanas", como demonstraram B. Latour e P. Fabbri em "La réthorique de la science: pouvoir et devoir dans un article de science exacte" (*Actes de la recherche en sciences sociales*, v. 13, 1977, pp. 81-95).

do contexto. Vimos que o vocabulário de Freud — e dos pensadores alemães em geral — deve muito à polissemia e à capacidade de lidar com abstrações a partir de palavras comuns e concretas. Isso às vezes torna difícil apegar-se a um só termo, para exprimir sentidos ou matizes que se depreendem do contexto. Deve-se tentar empregar um só termo, mas tomando isso por um princípio, não por um axioma.

2) É bom evitar a excessiva literalidade, que pode chegar à servilidade. Esta é uma tendência das novas traduções para o francês e o castelhano, e se mostra particularmente no caso das palavras compostas. Para formar um substantivo, em alemão, basta justapor dois ou três ou mais substantivos existentes. Em princípio, o que vem antes qualifica o(s) que o segue(m), o que normalmente pede a preposição "de", na versão para uma língua românica. Mas nem sempre a relação é tão clara. Assim, quando Freud se refere à angústia (ou medo) do "Homem dos Lobos" ante a *Darmtod* (em que *Darm* = "intestino" e *Tod* = "morte"), é absurdo falar em *mort intestinale*, como faz Laplanche, ou *muerte intestinal*, como Etcheverry. Retornemos à velha tradução, ridicularizada por Laplanche: *mort par suite de maladie intestinale*, ou à versão mais sucinta de Strachey: *death in connection with the bowels.*[10]

3) É bom ter cuidado com a excessiva liberdade. Jones relata que Freud, ao traduzir Charcot e Bernheim, lia uma passagem ou período, fechava o volume e pensava como pôr aquilo em alemão. No caso dele, funcionou (apesar de alguns erros constatados por Pollak-Cornillot). Mas não é um exemplo a ser seguido. Não é preciso fechar o livro para imaginar (*sich vorstellen*) como sairá o trecho em tradução. E neste imaginar deve-se incluir a "imagem acústica" da palavra, a sonoridade da frase: não apenas intuir como será, mas ouvir como soará.

Falta apenas comentar a terceira epígrafe, já repetida anterior-

[10] Cf. *Traduzir Freud*, pp. 17-8 / 16; GW XII, 111; SE XVII, 79; AE XVII, 73.

mente, no capítulo sobre *Besetzung*: "[...] *tordant les mots pour les besoins de l'ineffable*" ["torcendo as palavras para atender às necessidades do inefável"], disse Proust numa carta, referindo-se à prosa de uma amiga.[11] Em nosso contexto, a frase talvez sintetize a dificuldade-mor encontrada pelos que se propõem traduzir ou apenas ler Freud. Deliberadamente ou não, ele "torceu", ampliou, torneou os sentidos de várias palavras, mantendo suas antigas ressonâncias e constituindo-as em noções para exprimir o que em última instância talvez se revele inefável. Quando, no final de um belo (embora conservador) ensaio sobre o casamento, Thomas Mann usou a palavra *Verdrängung* entre aspas, num sentido mais freudiano, deu testemunho da "mutação" a que ela era submetida.[12]

Da tensão entre a naturalidade e riqueza semântica dos termos freudianos e a sua tendência a tornar-se "técnicos", que é a tensão entre o artista e o cientista, o prosador e o pensador Freud, nutre-se o debate sobre o vocabulário da psicanálise — debate que jamais terá fim, porque a própria natureza desses vocábulos (e desse saber) presta-se muito bem para as exegeses e interpretações de uma época propensa à introspecção e à teoria.

Com este trabalho não creio haver esclarecido de vez a questão; mas espero, ao menos, ter tornado mais claras as imprecisões. No entanto, o maior problema que se coloca para a tradução de Freud, aquele que até agora retardou o surgimento de uma boa edição de suas obras em português — não só dele, mas de outros autores de língua alemã — parece-me ser, mais que terminológico, sintático e estilístico. Mais que o conhecimento do alemão, o que tem faltado é a misteriosa arte de construir frases, de ordenar e combinar os termos numa estrutura precisa e harmoniosa (a palavra grega

[11] Apud Ullmann, "The writer and his tools", op. cit., p. 140.
[12] "O casamento" ("Über die Ehe", 1925), *Folha de S.Paulo*, caderno Mais, tradução de Paulo César de Souza, 6 de dezembro de 1992.

syntaxis pode ser traduzida por "ordenação", do verbo *syntattein*, "colocar junto").[13] É por isso que, afinal, os senões feitos às versões de Freud não diferem essencialmente daqueles que se faz às traduções de grandes obras literárias.

Quanto à versão dos termos, Ernest Jones teria sido mais indulgente com o que lhe pareceu negligência de Freud ante as traduções, se pudesse entender e subscrever esta frase de seu contemporâneo Wittgenstein: "Diga o que quiser, desde que isso não o impeça de ver como se dão as coisas [*wie es sich verhält*]". Ou se tivesse um sorriso cúmplice para o conselho que Roman Jakobson ouviu de um mestre: "Não nos atormentemos com a terminologia; se você tem um fraco pelos neologismos, empregue-os. Você pode até chamar a isto [apontando um objeto] 'Ivan Ivanovitch', desde que todos saibamos o que você quer dizer".[14]

[13] Cf. a ênfase na *ordre* do excelente tradutor Bernard Lortholary, em seu artigo "Linguistique structurale et théorie de la traduction", *Babel*, v. 25, n. 4, 1979, pp. 197-203.

[14] A citação de Wittgenstein encontra-se nas *Investigações filosóficas* (1953), § 79; foi lembrada por Thomä e Cheshire, "Metaphor, neologism and 'open texture'", op. cit., p. 450; a do mestre de Jakobson está em *Linguística e comunicação*, op. cit., p. 20.

Agradecimentos

Sem o estímulo e a simpatia de Willi Bolle, meu orientador, este trabalho dificilmente teria sido realizado.

Com sua carta de aceitação, Patrick Mahony tornou possível minha pesquisa bibliográfica na Universidade de Montreal, na McGill University e outras durante seis meses.

A estadia em Montreal teve o apoio afetuoso de Naomar de Almeida Filho, Denise Coutinho e demais membros da ilustrada colônia *bahianaise-québequoise* que lá vivia em 1994 (Jorge, Mônica, Joselita, Celso, Hervé, Marc-Antoine). De Bill Readings lembrarei a generosidade (intelectual e material) e o exemplo de alegre dedicação ao saber. Infelizmente só é possível lembrar, e não agradecer, por causa de sua morte trágica e tão prematura, num acidente aéreo próximo a Chicago.

A hospitalidade de Noah Elkin e de David Teppler, em Nova York, facilitou-me as andanças pelas livrarias e bibliotecas que eles conhecem tão bem. Em Paris, Gisele e Cécile deram-me abrigo e afeto, e Colette Chiland me forneceu importantes referências. Na Alemanha, Adriana Nunes me ajudou a coletar e fotocopiar artigos na biblioteca da Universidade de Colônia. Andrea Stadler, de Munique, enviou-me artigos que haviam "escapado".

Luis Carlos Menezes, da diretoria da Sociedade Brasileira de Psicanálise de São Paulo (SBPSP), convidou-me para dar várias palestras sobre o tema e emprestou-me livros valiosos. O mesmo direi de Maria Eunice Santos Tabacof, diretora dos Seminários Interdisciplinares de Psicanálise, em Salvador. Tanto em relação a ele como a ela, o impulso (*Trieb*) à gratidão é mais profundo que qualquer eventual diferença teórica.

Monique Balbuena, do Rio de Janeiro, fez a cortesia de arranjar traduções italianas de alguns textos de Freud. Em São Paulo, Renato Mezan escreveu gentilmente uma carta de recomendação para a Capes. Vera e Irene, da biblioteca da Sociedade Brasileira de Psicanálise de São Paulo, no bairro de Higienópolis, sempre foram de uma gentileza e solicitude bem mais que profissional.

Sem a bolsa de doutorado da Capes esta tese seria impensável. Sem a "bolsa-sanduíche" da Capes não teria havido viagem ao Canadá (e, por extensão, as visitas breves, mas proveitosas, aos Estados Unidos e à Europa). Por fim, sem a bolsa da Fapesp, no último ano, eu não teria chegado a concluir a tese.

Pós-escrito: Além do orientador, a banca foi composta pelos professores Izidoro Blikstein, Renato Mezan, Luís Cláudio Figueiredo e Antonio Medina Rodrigues. A todos eles agradeço a demorada e estimulante arguição.

Apêndices

A) PERTO DA PALAVRA, LONGE DO TEXTO[1]

O primeiro vocabulário psicanalítico, publicado em 1924 como suplemento ao *International Journal of Psycho-Analysis*, era apenas um glossário de quinze páginas, destinado ao uso dos tradutores ingleses de Freud. Duas décadas depois, Alix Strachey compilou o *New German-English psycho-analytical vocabulary*, que, constituindo uma ampliação (oitenta páginas) do anterior, estabelecia os termos que seriam adotados na edição *Standard* dirigida por James Strachey, marido da autora.

Em 1968 veio à luz o *Dicionário crítico de psicanálise*, de Charles Rycroft. Mas o adjetivo ostentado no título assentava melhor em outro livro, publicado na mesma época: o *Vocabulário da psicanálise*, de J. Laplanche e J. B. Pontalis. Calcado no modelo do dicioná-

[1] Resenha do *Dicionário comentado do alemão de Freud*, de Luiz Alberto Hanns. Rio de Janeiro: Imago, 1996. Publicada originalmente, em versão um pouco abreviada, no *Jornal de Resenhas*, n. 24, 14 de março de 1997.

rio filosófico de André Lalande, o *Vocabulário* (editado no Brasil pela Martins Fontes) firmou-se como a mais competente obra do gênero, como "referência obrigatória" — tão obrigatória que, num país onde não existe uma tradução confiável dos textos de Freud, tornou-se quase um "missal" para os estudantes de psicologia e psicanálise, desobrigando-os da leitura do próprio Freud.

Considerando que Laplanche e Pontalis nos apresentam um Freud mais ordenado e coerente do que o original vienense, pois tendem a definir de modo inequívoco fenômenos que por vezes se esquivam a definições e se comprazem no equívoco, será lícito questionar o valor da sua influência. Não é difícil dar exemplos de parcialidade na argumentação de alguns verbetes do seu *Vocabulário*, de momentos em que eles, na deliciosa expressão portuguesa, "puxam a brasa para a sua sardinha"; mas também não é este o lugar de fazê-lo. Para os propósitos desta resenha, basta lembrarmos uma outra deficiência: eles tendem a ignorar a semântica dos termos originais, o modo como a terminologia freudiana se liga aos usos tradicionais e comuns dos vocábulos.

É justamente dessa omissão que cuida o *Dicionário comentado do alemão de Freud*, de Luiz Alberto Hanns. Na bibliografia brasileira (e mesmo internacional, posso afirmar), é a primeira obra a adotar esse enfoque linguístico. Ela se compõe de quarenta verbetes, escolhidos pelo autor segundo critérios de relevância teórica e dificuldade para a tradução. Cada verbete é constituído de cinco "módulos", dedicados à composição e sentidos do termo, à sua etimologia e derivados, à comparação com o termo geralmente empregado em português, a exemplos do seu uso por Freud e, por último, a comentários.

Os três primeiros módulos representam uma compilação — que envolve síntese, tradução e paráfrase — de verbetes dos principais dicionários da língua alemã: *Brockhaus*, *Duden*, *Grimm* e *Wahrig*. No caso do terceiro, central em todo aspecto, já que nele são confrontados o alemão e o português, surge uma complicação: na tabela que resume as diferenças de significados e conotações, o autor vê como conotação o que não é explicitado nos dicionários e o que lhe parecem "decorrências lógicas de aspectos conotativos". Ora, denotação é o significado básico de um termo; conotação é o significado secundário, mais dependente do contexto. Ao ampliar esta última, a ponto de nela incluir "ilações e deduções", Luiz Alberto Hanns talvez esteja abrindo a porta para as *associações*. Por outro lado, o recurso a apenas um dicionário da língua portuguesa (o *Aurélio*) é injustificável. Deveriam ser consultados ao menos dois outros: o *Caldas Aulete* e o da Melhoramentos/ Mirador.

O quarto módulo traz amostras do uso do termo em Freud, com frases e parágrafos extraídos de um bom número de textos. Todos os exemplos são citados conforme a edição *Standard* brasileira. Sendo esta notoriamente ruim, quase cada trecho vem acompanhado de notas em que o autor corrige os erros ou imprecisões; ocasionalmente, toda a passagem é retraduzida. Cabe perguntar por que o autor não dispensou as citações da *Standard*, traduzindo ele mesmo diretamente os exemplos, e por que em nenhum momento utilizou um adjetivo para qualificá-la. Tudo o que diz, num curioso eufemismo, é que suas notas visam "esclarecer algum aspecto não abrangido pela tradução".

Os comentários reunidos na quinta parte de cada verbete são feitos com base nos exemplos do módulo anterior. É possível, aqui e ali, discordar de certas afirmações: a de que "há termos bem mais próximos de angústia do que *Angst*" (p. 73), ou de que o substantivo *Nachträglichkeit* é frequente em Freud (p. 81), por exemplo. Mas no conjunto é impossível não admirar o grau de conhecimento da teoria freudiana exibido por Luiz Alberto Hanns.

É igualmente difícil não estranhar a sua afirmação, várias vezes repetida, de que não pretende se imiscuir nos "debates entre tradutores". Afinal, seu dicionário é essencialmente uma obra de tradução

— de um *traducteur malgré lui*. Ao se colocar olimpicamente acima das "querelas" (outro termo que usa), ele parece imaginar-se além das questões de tradução. Na realidade, está aquém delas, por não perceber o maior problema com que se debate.

Algumas considerações do linguista Eugenio Coseriu podem ajudar a explicitar esta crítica. Num ensaio sobre a teoria da tradução (incluído no volume *O homem e sua linguagem*, Rio de Janeiro: Presença, 1987), Coseriu lembra que muitos conteúdos de duas línguas são "incomensuráveis". Em geral, e equivocadamente, isso é considerado o grande obstáculo à tradução. Diz-se que palavras como "saudade", em português, ou *esprit*, em francês, são intraduzíveis. Na verdade, diz o linguista romeno, a maioria das palavras do vocabulário fundamental de duas línguas que não sejam histórica e culturalmente próximas — e às vezes até mesmo dessas — é "intraduzível". Um mero "Bom dia!", por exemplo, não tem equivalente em inglês: os que falam esta língua dizem "Boa manhã!" ou "Boa tarde!".

Para designar o fato de em certo ponto a água de um rio ou uma praia ser pouco profunda, os espanhóis dizem *Aquí se hace pié*; os italianos dizem *Qui si tocca*; e os alemães, *Hier kann man stehen* ("Aqui se pode ficar em pé"). Os significados são diferentes, são específicos de cada língua. Segundo Coseriu, pode-se transpor para outra língua a "designação". Ela se dá mediante os significados, mas não coincide com eles. A pergunta a fazer não é: "Como se traduz este ou aquele significado desta língua?", mas sim: "Como se denomina o mesmo fato em outra língua, na mesma situação?". O tradutor procede, primeiro, como um falante da língua de partida, ao entender ou "decodificar" um texto; depois, como um falante da língua de chegada, ao produzir ou "codificar" um texto — com a diferença de que o conteúdo a ser expresso já lhe é dado de antemão, em todos os detalhes.

Ao longo de todo o *Dicionário*, Hanns se empenha em analisar os significados (intralinguísticos) dos vocábulos freudianos que escolheu — um trabalho de mérito, que torna o seu livro mais útil, para estudantes e profissionais, do que o *Vocabulário* de Laplanche e Pontalis. Ao mesmo tempo, ao contrastar as palavras portuguesas e alemãs, medindo âmbitos de sentido, não se dá conta de estar sempre às voltas com a incomensurabilidade básica de que fala Coseriu (e não apenas ele; John Lyons chama a essa característica de "não isoformismo léxico").

A indiferença para com os debates entre tradutores se manifesta no uso indiferenciado de "pulsão" e "instinto" para *Trieb*, de "catexia" e "investimento" para *Besetzung* etc. É algo que tem um aspecto positivo, ao ilustrar como pode ser secundária a escolha terminológica, desde que os envolvidos estejam de acordo quanto ao que entendem por isso e aquilo. Ao mesmo tempo é indício, na constituição intelectual do autor, de algo que Freud censurava reservadamente em Goethe: a dificuldade em emitir juízos, em "trancher", como dizem os franceses.

Por fim, há uma contradição essencial em redigir uma obra desse tipo. Isoladamente, as palavras são plenas de lacunas. São as relações trazidas pelo texto que preenchem tais lacunas. Uma palavra isolada é burra como uma porta sozinha num ermo: é preciso uma casa para lhe dar sentido. Enquanto não houver um texto confiável de Freud em português, o dicionário de Luiz Alberto Hanns será útil. Tomara que ele também deseje que o seu livro venha a se tornar supérfluo.

B) NOTA SOBRE A TRADUÇÃO DOS COMPOSTOS ALEMÃES

Em princípio — mas apenas em princípio — não há dificuldade em traduzir termos compostos alemães. Normalmente eles se formam pela simples justaposição de dois ou mais vocábulos, sendo que o último é qualificado pelo(s) que o precede(m). A especificação do sentido vai crescendo da direita para a esquerda, partindo do último, que é o mais geral. De modo que, ao vertê-los para o português (ou qualquer outra língua "analítica"), a ordem é invertida e os componentes podem ser ligados por preposições. Eis dois exemplos, um coloquial-urbano e o outro biológico (ou "biopsicanalítico"): *Kranken* (doentes) + *Haus* (casa) = *Krankenhaus* (hospital); *Erhaltung* (conservação) + *Trieb* = *Erhaltungstrieb* (instinto de conservação). As duas palavras podem se tornar parte de novos compostos: se juntarmos *Parkplatz* (*parken* = estacionar; *Platz* = lugar) à primeira, teremos *Krankenhausparkplatz* (estacionamento do hospital); se juntarmos *selbst* à segunda, teremos *Selbsterhaltungstrieb* (instinto de conservação do Eu/ de si mesmo).

Se pudéssemos traduzir todas as palavras compostas usando simplesmente a preposição "de", ou transformando em adjetivos os substantivos que no original atuam como atributos dos que os seguem, a coisa seria muito simples. Como vimos no exemplo de *Darmtod* — citado na conclusão — é o que se fez na nova edição francesa, em nome de uma pseudofidelidade. Mas é preciso atentar para a relação entre o composto e o contexto, para melhor entender o nexo entre os termos do composto.

Vejamos o seguinte trecho de "Considerações atuais sobre a guerra e a morte" (1915): "O mais terno e mais íntimo de nossos laços amorosos tem, com ressalva de bem poucas situações, um quê de hostilidade que pode incitar o desejo inconsciente de morte. Mas o que resulta desse *Ambivalenzkonflikt* não é, como outrora, a doutrina da alma e a ética, e sim a neurose, que nos permite profundos relances também da vida psíquica normal" (GW X, 353; SE XIV, 298; AE XIV, 300; OC.P XIII, 154). Como traduzir a palavra que deixamos no original? Simplesmente por "conflito de ambivalência", como está nas edições francesa e argentina, ou por *conflict due to* [devido a] *ambivalence*, como em inglês, ou *conflitto contenuto in questa ambivalenza*, como na versão italiana (*Opere*, v. 8, p. 146)? Sem dúvida houve alguma reflexão por parte desses dois tradutores, que os fez evitar a cômoda preposição "de". Em português, poderíamos usar "conflito ligado à ambivalência".

Na história do "Homem dos Lobos", *Zwangsleiden* (em que *Leid* = doença) pode ser vertido por *obsessional disorder*, *afección obsesiva*, "enfermidade obsessiva". Se na nova edição francesa optou-se por *souffrance de contrainte*, há que lamentar a desatenção ao registro da linguagem de Freud e ao contexto mais amplo da própria língua francesa.

No caso de outra palavra composta, na mesma obra, não é preciso sequer invocar o contexto imediato: *Kotbedeutung* traduz-se por *significado de las heces*, *meaning of the faeces* (AE XVII, 77; SE XVII, 83). Utilizar *signification-excrement* (OC.P XIII, 80) é ignorar primariamente os recursos sintáticos da língua (a mesma crítica foi feita neste livro, no final do capítulo sobre *Vorstellung*, às versões de *Zielvorstellung* por *representación-meta* e *représentation-but*).

Para os compostos formados a partir de *Trieb*, há inicialmente a questão de optar entre as duas principais opções para traduzi-lo. (É notório que há sempre ganhos e perdas em tradução; no caso de "pulsão", as perdas me parecem maiores que os ganhos; em "instinto", os ganhos ainda superam as perdas.) Num composto como *Triebleben*, deparamos com a dificuldade da forma adjetiva para *Trieb*. Havendo optado por "instinto", a forma que primeiro se oferece, "instintivo", traz a marca da "biologização", da limitação claramente injustificável do conceito: "vida instintiva" diz respeito às atividades pré-programadas, hereditárias, próprias da espécie. A alternativa seria a forma "instintual", já inscrita nos dicionários e usada também em inglês. Quem usar "pulsão" não terá problema, pois "pulsional" é inequívoco (e também inequivocamente feio...).

Dificuldade de outra ordem aparece em *Triebregung*, por conta do segundo substantivo que a forma. Tomemos esta frase de "Os instintos e seus destinos": "O amor deriva da capacidade do Eu para satisfazer autoeroticamente, pela obtenção do prazer de órgão, uma parte de seus *Triebregungen*" (GW X, 231; SE XIV, 138; AE XIV, 133). Deveríamos verter essa expressão por "impulso instintual", como faz Strachey? Mas então prejudicaríamos talvez a eventual tradução de *Trieb* por impulso, como em *Schautrieb* ("impulso de olhar"). Deveríamos abonar o uso de "moção", como se acha nos franceses e em Etcheverry (*motion pulsionnel, moción pulsional*)? *Regung* significa originariamente "movimento, agitação"; mas *Bewegung* também traz esses significados, tendo a conotação adicional de deslocamento no espaço, ausente naquele. Já "moção", embora etimologicamente ligado a "mover", significa, em português como em francês, uma proposta que se apresenta para discussão numa assembleia.

Talvez o substantivo *Regung* possa ser omitido sem maiores problemas na versão das palavras compostas onde aparece. Essa afirmação, à primeira vista herética, encontra respaldo no interior do texto de Freud. Por exemplo, num trecho de "O inconsciente" (segundo parágrafo da terceira parte) que citei no capítulo sobre *Vorstellung*, Freud faz uso alternado de *Trieb* e *Triebregung*, claramente com o mesmo sentido. E há outros casos em que a versão por uma palavra simples é aceitável e mesmo requerida. Por exemplo, no segundo parágrafo de "A dinâmica da transferência" (1912), onde se lê: "Aquele cuja necessidade de amor não é completamente satisfeita pela realidade se voltará para toda pessoa nova com expectativas libidinais [...]". Essa última expressão, no original, é *libidinöse Erwartungsvorstellungen*. Ora, *Erwartung* já significa "expectativa"; minha tradução omitiu a palavra *Vorstellungen*, e o leitor não sentiu falta dela.

Outro respaldo, exterior ao texto de Freud, vem de Paulo Rónai, grande talento linguístico e mestre da tradução, que no seu livrinho *Escola de tradutores*, num artigo tratando justamente das "ciladas da tradução técnica", observa: "Mais de uma vez a preferência alemã por substantivos compostos torna-se um alçapão para o tradutor brasileiro, hesitante quanto à escolha da preposição para ligar os elementos insuscetíveis de fusão em português. Acresce que às vezes o equivalente não se obtém pela análise dos termos da composição: pode ser um termo simples da língua para a qual se traduz" (citado da 4ª edição. Rio de Janeiro: Educom, 1976, p. 56). Em outras palavras: é raro, mas pode ocorrer que a melhor tradução seja a eliminação.

c) AS OBJEÇÕES AO TERMO "FRUSTRAÇÃO"

O verbo *versagen* tem, segundo o contexto, as significações de "recusar, negar; falhar (máquina); não conseguir". *Versagung* tem sido vertido, nos textos de Freud, por "frustração". No "Glossário" de Jones havia *privation*, mas a praxe tem sido *frustration*. Em latim, *frustrare* significa "enganar, tornar vão". Dicionários modernos da língua portuguesa registram o significado psicológico de "frustração". No *Caldas Aulete* lemos: "(Psicol.) Situação em que um impulso, um desejo ou certo plano organizado de ação é temporária ou permanentemente impedido de consumar-se". Já no *Aurélio* temos uma definição psicanalítica (um testemunho mais da difusão das ideias freudianas, comparado ao dicionário anterior): "*Psican.* Estado daquele que, pela ausência de um objeto [*sic*] ou por um obstáculo externo ou interno, é privado da satisfação dum desejo ou duma necessidade" (como se o desejo não fosse uma necessidade...). Como era de esperar, os léxicos do século XIX não apresentam denotação ostensivamente psicológica para esse substantivo. O *Morais* limita-se a: "ato ou efeito de frustrar ou frustrar-se; malogro".

Embora o aceitem, devido ao uso generalizado e à dificuldade de achar outro termo mais satisfatório, Laplanche e Pontalis fazem reservas a "frustração". A primeira delas está em que a psicologia da aprendizagem tende a ligar o conceito à simples ausência de um estímulo agradável para um organismo, contrapondo-o à gratificação, em que haveria a presença desse estímulo. Esse ponto de vista tem algo em comum com certos usos freudianos do termo — no artigo "Formulações sobre os dois princípios do funcionamento psíquico" (1911), por exemplo. Mas em geral, argumentam Laplanche e Pontalis, *Versagung* tem outras conotações mais: designa igualmente "uma relação que implica uma recusa [*refus*] (como indica a raiz *sagen*, que significa *dizer*) por parte do agente e uma exigência mais ou menos formulada em demanda por parte do sujeito" (*Vocabulário da psicanálise*, p. 203/ 173). Em português dispomos de "interdizer", que guarda com "dizer" um nexo semelhante àquele entre *sagen* e *versagen* (e também *untersagen,* na verdade um empréstimo-versão do latim *interdicere*), num dos sentidos deste: significa "interpor uma proibição entre um indivíduo e uma ação", conforme o *Dicionário etimológico.*

Prosseguindo, Laplanche e Pontalis afirmam que em "frustração" o sujeito seria frustrado passivamente, "enquanto *Versagung* não designa de modo nenhum *quem* recusa". Além disso, às vezes parece predominar o sentido reflexivo de "recusar-se a" (*se refuser à*).[2]

Na "Terminologie raisonnée", Laplanche dedica um verbete mais longo ao novo termo que propõe para traduzir *Versagung*: *refusement* — que em português seria algo como "recusamento" (sendo que *refus*, "recusa", fica reservado para *Verweigerung* e, "excepcionalmente", para *Ablehnung*). Ele teria a vantagem de abranger tanto o processo como o resultado do processo, graças ao sufixo -*ent*, correspondente ao -*ung* alemão. Pois, para Laplanche, é absolu-

[2] Na edição brasileira do *Vocabulário*, após "recusar-se a" está, entre parênteses, a expressão "(sair do jogo)", como se fosse o objeto do verbo precedente. Consultando o original, descobre-se que é tradução de *déclarer forfait* ("desistir de uma competição esportiva"), que os autores oferecem como sinônimo de *se refuser à.*

tamente necessário ter uma só palavra que denote, além da recusa que parte da realidade, de outra pessoa ou do próprio sujeito, também "(sobretudo)" a condição do sujeito depois que a gratificação lhe foi negada por uma dessas três instâncias. Quanto ao verbo, seria *refuser*, quando o original fosse transitivo, e *faire défaillance; être défaillant*, quando fosse intransitivo. Esse último caso corresponde aos sentidos de "falhar, fracassar, não conseguir realizar", apontados acima. Para a forma substantivada, *das Versagen*, Laplanche usa *défaillance*.

Parece um tanto complicado, mas os problemas com que se debate Laplanche podem ser reduzidos a dois, acredito. Um deles é a impossibilidade de manter a mesma palavra estrangeira para *versagen* na regência intransitiva, quando tem o sentido de "falhar, fracassar; deixar de fazer". Um exemplo está na seguinte frase: "Em seguida ... impôs-se a tarefa de descobrir, a partir dos pensamentos espontâneos do analisando, o que ele não conseguia recordar." (em "Recordar, repetir e elaborar", de 1914). Aqui, "não conseguia" traduz *versagte;* acompanhado de outro verbo no infinitivo, este sempre denota fracasso em realizar a ação. Algumas versões consultadas trazem: *no conseguía, denegaba, n'arrivait pas, failed.* O tradutor argentino usa *denegaba* — que soa estranho — para manter a relação com *Versagung*, que ele verte por *denegación* ou por *frustración*.

O outro problema para Laplanche — do qual ele parece não se dar conta — consiste em que o verbo francês *frustrer* não admite a forma reflexiva. Essa limitação implicaria a incapacidade do substantivo *frustration* denotar o obstáculo interno na *Versagung*, a recusa que o próprio indivíduo se impõe. Em suma — e finalizando —, a palavra portuguesa "frustração" e seu verbo "frustrar(-se)" cobrem um espectro semântico maior que seus correspondentes franceses, de sorte que nós, falantes e escreventes do português, não encontramos maior dificuldade em aceitá-la como versão de *Versagung*.

Referências bibliográficas

FREUD, Sigmund. *Gesammelte Werke. Chronologisch geordnet*, 17 vols. Londres: Imago, 1940-52.

______. *The standard edition of the complete psychological works of Sigmund Freud*, 24 vols. Londres: Hogarth Press, 1953-74.

______. *Œuvres complètes. Psychanalyse*. Paris: PUF, iniciada em 1988.

______. *Obras completas*, tradução de José L. Etcheverry, 25 vols. Buenos Aires: Amorrortu, 1978-85.

______. *Obras completas*, tradução de Luis López-Ballesteros y de Torres, 3 vols. Madri: Biblioteca Nueva, 3ª ed., 1973.

______. *Opere*, direção de Cesare Musatti, 12 vols. Turim: Boringhieri, 1966-80.

______. *Nederlandse editie*, 28 vols. Amsterdã: Boom Meppel, 1979-92.

______. *Briefe 1873-1939*, seleção de Ernst L. Freud. Frankfurt: Fischer, 1960.

______. *The complete correspondence of Sigmund Freud and Ernest Jones*, 1908--1939, A. Pakauskas (org.). Cambrige (Mass.): Harvard University Press, 1993.

______. *The diary of Sigmund Freud 1929-1939*, edição fac-similar, tradução, notas e introdução de Michael Molnar. Londres e Nova York: The Freud Museum/ Macmillan, 1992.

AULETE, Caldas. *Dicionário contemporâneo da língua portuguesa*, 5 vols. Rio de Janeiro: Delta, 5ª ed., 1964.

AZEVEDO, Domingos. *Grande dicionário francês/ português*. Lisboa: Bertrand, 8ª ed., 1984.

BENVENISTE, Émile. "Nature du signe linguistique", em *Problèmes de linguistique générale*. Paris: Gallimard, 1966.

BERMAN, Antoine. *L'épreuve de l'étranger: culture et traduction dans l'Allemagne romantique*. Paris: Gallimard, 1984.

BETTELHEIM, Bruno. *Freud and man's soul*. Nova York: Knopf, 1983 [Ed. bras.: *Freud e a alma humana*, tradução de Álvaro Cabral. São Paulo: Cultrix, 1994].

BIDERMAN, Maria Tereza. "A estruturação mental do léxico", em *Estudos de filologia e linguística em homenagem a Isaac Nicolau Salum*. São Paulo: T. A. Queiroz/ Edusp, 1981.

BINSWANGER, Ludwig. *Sigmund Freud: reminiscences of a friendship*. Nova York: Grune & Stratton, 1957 (trad.).

BLACKALL, Eric A. *The emergence of German as a literary language 1700-1775*. Ithaca: Cornell University Press, 2ª ed., 1978.

BLIKSTEIN, Izidoro. *Kaspar Hauser ou a fabricação da realidade*. São Paulo: Cultrix, 3ª ed., 1990.

BOURGUIGNON, André. *O conceito de renegação em Freud e outros ensaios*, organização de Marco Antonio Coutinho Jorge. Rio de Janeiro: Jorge Zahar, 1991.

BRANDT, Lewis. "Some notes on English freudian terminology", *Journal of the American Psychoanalytic Association*, v. 9, n. 2, 1961, pp. 331-9.

_______. "Process or structure?", *Psychoanalytical Review*, v. 53, 1966, pp. 774-8;

_______. "'Psychoanalyse' versus 'Psychoanalysis': traduttore, traditore", *Psyche*, v. 31, n. 11, 1977.

BRECHT, Bertolt. *Gedichte über die Liebe*. Frankfurt: Suhrkamp, 1982.

BROME, Vincent. *Ernest Jones: Freud's alter ego*. Londres: Caliban Books, 1982.

BRULL, Frank. "A reconsideration of some translations of Sigmund Freud", *Psychotherapy: Theory, Research and Practice*, v. 12, 1975, pp. 273-9 .

BRUN, Danièle. "*Traduire Freud* en débat", *Revue Française de Psychanalyse*, 1990/ 1, pp. 267-83.

BÜCHMANN, Georg. *Geflügelte Worte*. Stuttgart: Johannes Asmus, ed. revista, 1953.

CAMÕES, Luís de. *Os lusíadas*, organização de Emanuel Paulo Ramos. Porto: Porto Editora, [s.d.].

CARONE, Marilene. "Freud em português: uma tradução selvagem", em Souza, Paulo César (org.), *Sigmund Freud & o gabinete do dr. Lacan*. São Paulo: Brasiliense, 2ª ed., 1990.

_______. "'A negação': um claro enigma de Freud", *Discurso*, revista do Departamento de Filosofia da USP, n. 15, 1983, pp. 125-32.

CHESHIRE, Neil e THOMÄ, Helmut. "Metaphor, neologism and 'open texture': implications for translating Freud's scientific thought", *International Review of Psychoanalysis*, v. 18, n. 3, 1991, pp. 429-55.

CHILAND, Colette. "Rêves et regrets", *Revue Française de Psychanalyse*, n. 4, 1988, pp. 995-1001.

COSERIU, Eugenio. "Falsche und richtige Fragestellungen in der Übersetzungstheorie", em GRAEHS, L.; KORLÉN, G.; e MALMBERG, B. (orgs.), *Theory and practice of translation, Nobel Symposium 39*. Berna: Peter Lang, [1976], pp. 17-32 [Ed. bras.: "O certo e o errado na teoria da tradução", em Coseriu, *O homem e a sua linguagem*, tradução de Carlos Alberto da Fonseca e Mário Ferreira. Rio de Janeiro: Presença/ São Paulo: Edusp, 1987, pp. 155-71].

COTET, P.; BOURGUIGNON, A.; LAPLANCHE J. e ROBERT, François. *Traduire Freud*. Paris: PUF, 1989 [Ed. bras. da primeira parte, sem o último autor: *Traduzir Freud*, tradução de Cláudia Berliner. São Paulo: Martins Fontes, 1992].

COTET, P. e RAUZY, A. "Singularité d'une langue", *Revue Française de Psychanalyse*, n. 6, 1983, pp. 1281-1295.

DAVIDOVITCH, Elias. Depoimento a Sieni Campos. *Ao pé da letra*, Caderno do Sindicato Nacional dos Tradutores, v. I, n. 1, agosto de 1992, pp. 6-7.

DRUMMOND DE ANDRADE, Carlos. *Poesia e prosa*. Rio de Janeiro: Nova Aguilar, 5ª ed., 1983.

DUDEN Deutsches Universalwörterbuch. Mannheim: Dudenverlag, 2ª ed., 1989.

ETCHEVERRY, José Luis. *Sobre la versión castellana: volumen de presentación de las Obras completas de Sigmund Freud*. Buenos Aires: Amorrortu, 1978.

FARRELL, B. A. "A psicologia freudiana e suas implicações", em MILLER, Jonathan (org.), *Estados de espírito: diálogos com investigadores de psicologia*. Lisboa: Presença, 1989, pp. 237-52.

FERNANDES, Francisco. *Dicionário de verbos e regimes*. Porto Alegre: Globo, 4ª ed., 13ª impressão, 1968.

FICHTNER, Gerhard. "Freuds Briefe als historische Quelle", *Psyche*, v. 43, 1989, pp. 803-29.

FLEM, Lydia. *L'homme Freud*. Paris: Seuil, 1991.

FORMIGLI, Francisco. "Memória não é lembrança", manuscrito inédito, Salvador, 1995.

FRANCO DA ROCHA. *A doutrina de Freud*. São Paulo: Nacional, 2ª ed., 1930.

GAUGER, Hans-Martin. "Le langage chez Freud", *Confrontations Psychiatriques*, n. 19, 1981, pp. 189-210.

GAY, Peter. *Freud: a life for our time*. Nova York: Norton, 1988.

GILMAN, Sander L.; BLAIR, Carole e PARENT, David J. *Friedrich Nieztzsche on rhetoric and language*. Nova York: Oxford University Press, 1989.

GOLDSCHMIDT, Georges-Arthur. *Quand Freud voit la mer: Freud et la langue allemande*. Paris: Buchet/ Castel, 1988.

GRINSTEIN, Alexander. "J. B. Strachey", *American Imago*, v. 24, 1967, pp. 371-3.

GRUBRICH-SIMITIS, Ilse. *Zurück zu Freuds Texten: Stumme Dokumente sprechen machen*. Frankfurt: Fischer, 1993 [Ed. bras.: *De volta aos textos de Freud: dando voz a documentos mudos*, tradução de Inês Lohbauer e Susana Kampff Lages. Rio de Janeiro: Imago, 1995].

HEINE, Heinrich. *Ludwig Börne: eine Denkschrift*, em *Sämtliche Schriften*, v. 4. Munique: Carl Hanser, 1971.

HOLDER, Alex. "A historical-critical edition", em ORNSTON, Darius (org.), *Translating Freud*. New Haven e Londres: Yale University Press, 1992, pp. 75-96.

_______. "Problems in translating Freud", manuscrito inédito, Hamburgo, 1987.

HOLROYD, Michael. *Lytton Strachey: a critical biography*. Nova York: Holt, Rinehart & Winston, 1967-8.

HOLT, Robert. *Freud reappraised: a fresh look at psychoanalytic theory*. Nova York e Londres: Guilford, 1989.

HYPPOLITE, Jean. "Commentaire parlé sur la *Verneinung* de Freud", em LACAN, *Écrits*. Paris: Seuil, 1966, pp. 879-87.

JACCARD, Roland. "Les habits neufs du docteur Sigmund", *Le Monde*, 15 de abril de 1988.

JAKOBSON, Roman. *Linguística e comunicação*, tradução de Izidoro Blikstein e José Paulo Paes. São Paulo: Cultrix, 13ª ed., 1988.

JAMES, Henry. "The art of fiction", em ZABEL, M. D. (org.), *The portable Henry James*. Nova York: Penguin, 1979.

JASPERS, Karl. *Allgemeine Psychopathologie*. Berlim: Springer, 9ª ed., 1973.

JENS, Walter. "Ein jüdischer Faust", *Die Zeit*, 23 de fevereiro de 1962. Publicado também em JENS, W. *Zueignungen*. Munique: Piper, 1962, pp. 63-8.

JONES, Ernest. "Glossary for the use of translators of psycho-analytical works", suplemento n. 1 a *International Journal of Psycho-Analysis*, Londres: Baillière, Tindall & Cox, [1924].

_______. *Sigmund Freud: life and work*, 3 vols. Londres: Hogarth Press, 1953-7 [Ed. bras.: *A vida e a obra de Sigmund Freud*, tradução de Júlio Castañon Guimarães. Rio de Janeiro: Imago, 1989].

_______. *Free associations*. Londres: Hogarth Press, 1959.

_______. *The complete correspondence of Sigmund Freud and Ernest Jones, 1908--1939*, organização de A. Pakauskas. Cambridge, Mass.: Harvard University Press, 1992.

KARDINER, Abraham. "Freud: the man I knew, the scientist, and his influence", em

NELSON, Benjamin (org.), *Freud and the 20th Century*. Londres: Allen & Unwin, 1958, pp. 46-58.

KAUFMANN, Walter. "Freud and his poetic science", em *Discovering the mind*, v. III: *Freud vs. Adler and Jung*. Nova York: McGraw-Hill, 1980.

KLUGE, Friedrich. *Etymologisches Wörterbuch der deutschen Sprache*. Berlim: De Gruyter, 20ª ed., 1967.

KUSPIT, Donald. "A mighty metaphor: the analogy of archeology and psychoanalysis", em GAMWELL, L. e WELLS, R. (orgs.), *Sigmund Freud and art: his personal collection of antiquities*. Londres: Thames and Hudson, 1989, pp. 133-51.

LACAN, Jacques. *Écrits*. Paris: Seuil, 1966.

LALANDE, André. *Vocabulaire technique et critique de la philosophie*. Paris: PUF, 16ª ed., 1988 [Ed. bras.: *Vocabulário técnico e crítico da filosofia*, tradução de Fátima Sá Correia. São Paulo: Martins Fontes, 1993].

LAPA, M. Rodrigues. *Estilística da língua portuguesa*. São Paulo: Martins Fontes, 2ª ed. bras., 1988.

LAPLANCHE, Jean. "Clinique de la traduction freudienne", *L'Écrit du Temps*, n. 7, 1984, pp. 7-14.

_______. "Os dilemas da tradução freudiana", entrevista a Rubens Marcelo Volich, *Folha de S.Paulo*, Folhetim n. 602, 30 de julho de 1988.

LAPLANCHE, Jean e PONTALIS, J.-B. *Vocabulaire de la psychanalyse*. Paris: PUF, 2ª ed., 1968 [Ed. bras.: *Vocabulário da psicanálise*, tradução de Pedro Tamen. São Paulo: Martins Fontes, 11ª ed., 1991].

_______. "Connaître Freud avant de le traduire", *Le Monde*, 1º de março de 1967.

LATOUR, B. e FABBRI, P. "La réthorique de la science: pouvoir et devoir dans un article de science exacte", *Actes de la recherche en sciences sociales*, v. 13, 1977, pp. 81-95.

LEPAPE, Pierre. "Freud au complet", *Le Monde*, 15 de abril de 1988.

LIKIERMAN, Meira. "'Translation in transition': some issues surrounding the Strachey translation of Freud's works", *International Review of Psycho-Analysis*, v. 17, 1990, pp. 115-20.

LORTHOLARY, Bernard. "Linguistique structurale et théorie de la traduction", *Babel*, v. 25, n. 4, 1979, pp. 197-203

LYONS, John. *Language and linguistics*. Cambridge University Press, 1981.

MACHADO, Aníbal. "Viagem aos seios de Duília", em *A morte da porta-estandarte e outras histórias*. Rio de Janeiro: José Olympio, 4ª ed., 1972.

MACHADO DE ASSIS. *Helena*, em *Obra completa*, v. I. Rio de Janeiro: Nova Aguilar, 1959.

MAHONY, Patrick. *Freud as a writer*. New Haven: Yale University Press, 2ª ed. ampliada, 1987.

MAHONY, Patrick. "A psychoanalytic translation", em ORNSTON, Darius (org.), *Translating Freud*. New Haven e Londres: Yale University Press, 1992.

MANN, Thomas. "Freud und die Zukunft", em *Leiden und Größe der Meister*. Frankfurt: Fischer, 1982, pp. 905-29.

_______. "O casamento", tradução de Paulo César de Souza, *Folha de S.Paulo*, caderno Mais, 6 de dezembro de 1992.

MEISEL, Perry e KENDRICK, Walter. *Bloomsbury/ Freud: the letters of James and Alix Strachey 1924-1925*. Nova York: Norton, 1990.

MENEZES, Luis Carlos. "A tradução de Freud: da atualidade de um debate", *Revista Brasileira de Psicanálise*, v. XXIII, n. 4, 1989, pp. 33-44.

_______. "Notícia sobre a nova edição brasileira do *Vocabulário da psicanálise*", manuscrito, 1991.

MEYER-CLASON, Curt. "João Guimarães Rosa e a língua alemã", em VÁRIOS AUTORES, *João Guimarães Rosa*. [Porto Alegre:] Universidade Federal do Rio Grande do Sul, Edições da Faculdade de Filosofia, 1969, pp. 103-34.

MEZAN, Renato. *Freud: a trama dos conceitos*. São Paulo: Perspectiva, 1987.

MICHAELIS, H. *Deutsch-Portugiesisches Wörterbuch*. Nova York: Ungar, 14ª ed. [s.d.].

MOORE, Burness e FINE, Bernard. *Termos e conceitos psicanalíticos*, tradução de José Octavio de Aguiar Abreu. Porto Alegre: Artes Médicas, 1992.

MOUNIN, Georges. *Os problemas teóricos da tradução*, tradução de Heloysa de Lima Dantas. São Paulo: Cultrix, 1975.

MURET-SANDERS. *Deutsch-Englisches Wörterbuch*. Berlim: Langenscheidt, 16ª ed., 1910.

MUSCHG, Walter. "Freud als Schriftsteller", em *Die Zerstörung der deutschen Literatur*. Berna: Francke, 1958, pp. 303-47.

NASCENTES, Antenor. *Dicionário etimológico da língua portuguesa*. Rio de Janeiro: Instituto Nacional do Livro, 1932; 2ª ed., 1955.

NIETZSCHE, Friedrich. *Além do bem e do mal*, tradução e notas de Paulo César de Souza. São Paulo: Companhia das Letras, 1992.

_______. *Aurora*, tradução e notas de Paulo César de Souza. São Paulo: Companhia das Letras, 2004.

_______. *Ecce homo*, tradução e notas de Paulo César de Souza. São Paulo: Companhia das Letras, 1995.

_______. *A gaia ciência*, tradução e notas de Paulo César de Souza. São Paulo: Companhia das Letras, 2001.

_______. *Humano, demasiado humano*, tradução e notas de Paulo César de Souza. São Paulo: Companhia das Letras, 2000.

ORNSTON, Darius. "Strachey's influence: a preliminary report", *International Journal of Psycho-Analysis*, v. 63, 1982, pp. 409-26.

_______. "The invention of 'cathexis' and Strachey's strategy, *International Journal of Psycho-Analysis*, v. 12, 1985, pp. 391-9.

_______. "Freud's conception is different from Strachey's", *Journal of the American Psychoanalytical Association*, v. 33, 1985, pp. 379-412.

_______. Resenha de *Freud and man's soul*, de Bruno Bettelheim, *Journal of the American Psychoanalytical Association*, v. 33, 1985, Book Supplement, pp.189-200.

_______ (org.). *Translating Freud*. New Haven e Londres: Yale University Press, 1992.

OXFORD English dictionary, the compact edition, 2 vols. Oxford e Nova York: 1987 [1971].

PEDERSON-KRAG, Geraldine. "The use of metaphor in analytic thinking", *Psychoanalytic Quarterly*, v. 25, 1956, pp. 66-71.

PESSOA, Fernando. *O livro do desassossego, por Bernardo Soares*, seleção e introdução de Leyla Perrone-Moisés. São Paulo: Brasiliense, 1986.

PINES, Malcolm e outros, "Problems of translation", em TIMMS, E. e SEGAL, N. (orgs.), *Freud in exile*. New Haven: Yale University Press, 1988, pp. 175-219.

PINKER, Steven. *The language instinct*. Nova York: Harper, 1995.

POLITZER, Heinz. Resenha de *Sigmund Freuds Prosa*, de Walter Schönau, *The German Quarterly*, v. 42, 1969, pp. 739-31.

POLLAK-CORNILLOT, Michèle. "Freud traducteur: une contribution à la traduction de ses propres œuvres", *Revue Française de Psychanalyse*, v. 53, n. 4, 1986, pp. 1235-46.

_______. "Note sur la traduction de *Zwang*", *Revue Française de Psychanalyse*, n. 4, 1989, pp.1223-35.

_______. "Freud traducteur: introduction à la traduction des œuvres de Freud", tese de doutoramento inédita, Université René Descartes, 1990.

PÖRKSEN, Uwe. "Zur Terminologie der Psychoanalyse", *Deutsche Sprache*, n. 3, 1973, pp. 7-36.

PRAWER, S. S. "Psyché traduite", *Revue Française de Psychanalyse*, n. 6, 1983, pp. 1337-50.

PROUST, Marcel. *Em busca do tempo perdido*, v.1: *No caminho de Swann*, tradução de Mário Quintana. Lisboa: Livros do Brasil, [s.d.].

REICH-RANICKI, Marcel. *Lauter Verrisse*. Stuttgart: DVA, 1984.

RIVIERE, Joan. "A character trait of Freud's", em RUITENBEEK, H. (org.), *Freud as we knew him*. Detroit: Wayne State University Press, 1973.

ROBERT, Marthe. "Traduire Freud: un entretien avec M. R.", *Le Monde*, 8 de fevereiro de 1967.

ROUDINESCO, Elisabeth. *História da psicanálise na França*, v. 1: 1885-1939, tradução de Vera Ribeiro. Rio de Janeiro: Jorge Zahar, 1989.

ROUSTANG, François. "Du style de Freud", em *...Elle ne lâche plus*. Paris: Minuit, 1980, pp. 9-46.

SACHS-VILLATTE. *Deutsch-Französisches Wörterbuch*. Berlim: Langenscheidt, 1908.

SAUSSURE, Ferdinand de. *Curso de linguística geral*, tradução de I. Blikstein, A. Chelini e J. P. Paes. São Paulo: Cultrix, 5ª ed., 1973.

SCHÖNAU, Walter. *Sigmund Freuds Prosa: literarische Elemente seines Stils*. Stuttgart: J. B. Metzler, 1968.

SCHOTTE, Jacques. Notas à tradução de Muschg. "Freud écrivain", *La Psychanalyse*, n. 5, 1959, pp. 106-24.

SHAKESPEARE, William. *The merchant of Venice*. Oxford: Clarendon, 1989.

SONDEREGGER, Stefan. "Nietzsche und die Sprache", *Nietzsche-Studien 2*, 1973, pp. 1-30.

SOUZA, Paulo César de. "Nosso Freud", em *Sigmund Freud & o gabinete do dr. Lacan*. São Paulo: Brasiliense, 2ª ed., 1990, pp.155-9.

_______. "A nova edição francesa de Freud", *Jornal de Psicanálise*, v. 27, n. 52, 1994, pp. 115-27.

_______. *Freud, Nietzsche e outros alemães*. Rio de Janeiro: Imago, 1995.

STAROBINSKI, Jean. "Introduzione", em Freud, *Interpretazione dei sogni*. Milão: Rizzoli, 1979.

STEINER, Riccardo. "'A world wide international trade mark of genuineness'?: some observations on the history of the English translation of the work of Sigmund Freud, focusing mainly on his technical terms", *The International Review of Psychoanalysis*, v. 14, 1987, pp. 33-102.

STRACHEY, Alix. *A new German-English psycho-analytical vocabulary*. Londres: Baillière, Tindall & Cox, 1943.

STRACHEY, James. "Joan Riviere (1883-1962)", *The International Journal of Psychoanalysis*, v. 44, n. 2, 1963, pp. 228-35.

THÖMA, Helmut e CHESHIRE, Neil. "Freud's *Nachträglichkeit* and Strachey's 'deferred action': trauma, constructions and the direction of causality", *International Review of Psycho-wanalysis*, v. 18, 1991, pp. 407-27.

TOCHTROP, Leonardo. *Dicionário alemão-português*. Porto Alegre: Globo, 5ª ed., 1968.

TRILLING, Lionel. *Literatura e sociedade*, tradução de Rubem Rocha Filho. Rio de Janeiro: Lidador, 1965.

ULLMANN, Stephen. *Semântica: uma introdução à ciência do significado*, tradução de Osório Mateus. Lisboa: Fundação Calouste Gulbenkian, 2ª ed., 1970.

_______. *Meaning and style*. Nova York: Barnes & Noble, 1973.

_______. *Lenguaje y estilo*, tradução de Juan Martín Ruiz-Werner. Madri: Aguilar, 1968.

VÁRIOS AUTORES. *Cinquièmes assises de la traduction littéraire (Arles 1988)*. Arles: Actes Sud, 1989.

VÁRIOS AUTORES. "Translation in transition: the question of the Standard edition", *International Review of Psycho-analysis*, v. 18, n. 3, 1991.

VILLARREAL, Inga. "Spanish translations of Freud", em ORNSTON, Darius (org.), *Translating Freud*. New Haven e Londres: Yale University Press, 1992, pp. 114-34.

WAHRIG, Gerhard. *Deutsches Wörterbuch*. Gütersloh: Bertelsmann, 1875.

WANDRUSZKA, Mario. *Wörter und Wortfelder*. Tübingen: Tübinger Beiträge zur Linguistik, 1970.

WILSON, Emmett. "Did Strachey invent Freud?", *International Review of Psychoanalysis*, v. 14, 1987, pp. 299-315.

WINNICOTT, D. W. e FREUD, Anna, "James Strachey 1887-1967", *International Journal of Psycho-analysis*, v. 50, 1969, pp. 129-32.

WITTELS, Fritz. *Freud and his time*. Nova York: Liveright, 1931.

WITTGENSTEIN, Ludwig. *Philosophische Untersuchungen*, em *Werkausgabe*, v. 1. Frankfurt: Suhrkamp, 1989.

WORTIS, Joseph. *Fragments of an analysis with Freud*. Nova York: Charter, 1963.

1ª EDIÇÃO [2010] 1 reimpressão
2ª EDIÇÃO [2025]

ESTA OBRA FOI COMPOSTA PELA SPRESS EM MINION E IMPRESSA
EM OFSETE PELA GRÁFICA PAYM SOBRE PAPEL PÓLEN NATURAL DA SUZANO S.A.
PARA A EDITORA SCHWARCZ EM FEVEREIRO DE 2025

FSC
www.fsc.org
MISTO
Papel produzido a partir de fontes responsáveis
FSC® C133282

A marca FSC® é a garantia de que a madeira utilizada na fabricação do papel deste livro provém de florestas que foram gerenciadas de maneira ambientalmente correta, socialmente justa e economicamente viável, além de outras fontes de origem controlada.